초보자를 위한

JSP 프로그래밍

Java Server Pages Programming

조혁현 · 정희택 · 이영록 공저

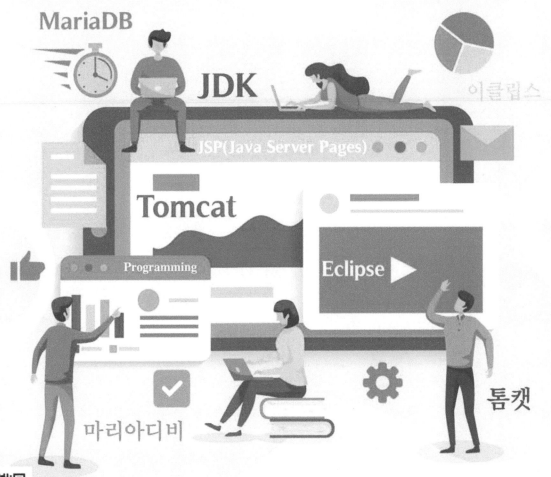

MariaDB

JDK

이클립스

JSP(Java Server Pages)

Tomcat

Programming

Eclipse ▶

마리아디비

톰캣

21세기사

PREFACE

정보통신 기술의 발달과 함께 인터넷 웹 서비스는 생활 주변의 다양한 분야에서 많은 변화를 가져왔고 우리들의 일상생활의 필수 도구로 활용되고 있다. 이러한 환경 변화에 많은 사람들이 웹 프로그램에 대한 관심을 갖게 되고 더 나아가서는 자신만의 웹 사이트를 만들어 보려는 독자들이 늘어나고 있다.

JSP는 자바 기반의 스크립트 언어로 서버에서 동작하는 동적 웹 프로그래밍 언어 중 하나이다. 자바 언어에 기반을 두고 있기 때문에 자바 가상 머신(JVM, Java Virtual Machine)이 설치된 어떤 운영체제 환경에서도 개발이 가능하며 자바가 제공하는 풍부한 라이브러리를 웹 프로그램 개발에 활용할 수 있다는 장점을 가지고 있다.

이 책은 웹 프로그램 개발에 관심을 가지고 처음 접하는 독자를 대상으로 JSP 프로그램을 배우는 과정에서 필요한 자바는 물론 HTML, CSS, Java Script에 대한 기본 문법과 기초 지식을 빠른 시간에 습득할 수 있도록 고려하였다. 그리고 기본 이론에 대한 설명과 함께 다양한 예제를 통해 독자 스스로 실습하면서 프로그래밍 기법과 응용 능력을 습득하도록 구성하였다. 또한 주요 관련 용어와 개념은 참고에 따로 요약 정리하였다.

이 책의 내용은 JSP 프로그램의 기초에서부터 실전 프로젝트까지 10개의 장으로 구성되었다. 1장은 웹의 기초와 JSP 관련 웹 서비스에 대해 살펴보고 2장에서는 JSP 프로그램 개발 환경으로 JDK, 톰캣, 그리고 자바 기반 웹 애플리케이션 개발을 위한 통합 개발 환경인 이클립스를 설치하는 방법을 소개한다. 또한 이클립스와 톰캣을 연동한 개발 환경과 개발 후 인터넷 서비스를 제공하는 방법에 대해 설명한다. 3장은 JSP 웹 페이지의 구조와 동작 원리를 바탕으로 기초적인 JSP 프로그래밍과 함께 자바의 기본 문법과 사용법에 대해 학습한다. 4장은 JSP 내장객체의 종류와 사용법에 대해 설명한다. 특히 클라이언트의 요청과 관련된 HTML, CSS, 정보 전송 방법을 추가하였다. 5장은 프로그램 모듈화와 액션 태그의 사용법을 설명한다. 6장에서는 클라이언트와 서버 간의 상태 정보를 관리하는 기법인 쿠키와 세션에 대해 설명한다. 7장은 데이터베이스 개발 환경으로 MariaDB와 JDBC를 설치하고 이클립스와 MariaDB를 연동하는 방법을 소개한다. 그리고 MariaDB를 사용한 SQL 질의문 사용법을 학습한다. 8장은 JDBC를 이용한 동적 애플리케이션 프로그래밍 과정을 소개하고 이를 7장의 대학 데이터베이스에 적용한다. 9장에서는 자바를 사용하지 않고 보다 간결하고 이해하기 쉬운 JSP 프로그램을 개발할 수 있는 표현 언어와 표준 태그 라이브러리에 대해 설명한다.

마지막 10장은 지금까지 학습한 내용을 종합하는 실전 프로젝트로 요구 분석, 시스템 설계, 구현 과정을 단계별로 상세히 설명한다. 그리고 일반 웹 사이트에서 사용되고 있는 페이지 제어와 세션을 이용한 로그인 및 메뉴 관리 기법을 포함하고 있다. 특히 이 장은 개인 홈 페이지, 게시판, 쇼핑몰등과 같은 특정 응용 분야에 대한 웹 사이트 구축과 운영을 위한 기초 자료로 활용될 수 있다.

끝으로 본 교재가 웹 응용 프로그램에 관심을 가지고 배우려는 독자에게 조금이라노 도움이 되는 길잡이가 되었으면 하는 바램을 가져본다. 어려운 집필 과정을 함께해 주신 동료 교수님 그리고 이 책이 출판되기 까지 도움을 주신 21세기사 사장님과 출판사 관계자분들께 감사의 마음을 전한다.

저자 드림

CONTENTS

웹 프로그래밍 개요

1.1 월드 와이드 웹

월드 와이드 웹(World Wide Web, Web, WWW, W3, 웹)은 인터넷에 연결된 컴퓨터를 이용하여 인터넷 상에 분산되어 존재하는 다양하고 풍부한 정보를 사용자가 가장 쉽고 간편하게 그리고 통일된 방법으로 찾아볼 수 있게 하는 인터넷 기반의 정보 공유 서비스이다.

웹은 1989년 유럽 입자물리학 연구소(CERN : Conseil European pour la Recherche Nucleaire)의 팀 버너스 리(Tim Berners-Lee)에 의해 정보의 유기적 관리를 위한 방법으로 제안된 이후, 1992년 미국 국립 슈퍼컴퓨터활용센터(NCSA : National Center for Supercomputing Applications)에서 웹 브라우저(web browser)인 모자익(Mosaic)을, 1996년 마이크로소프트사에서 인터넷 익스플로러(IE : Internet Explorer)를 개발 배포하게 됨으로써 인터넷을 중심으로 급속히 성장 발전하여 지금은 일상생활의 다양한 응용에 활용되고 있다.

1.1.1 웹의 구성 요소

웹은 통신 네트워크가 전 세계로 확장된 인터넷상의 클라이언트/서버 시스템(client/server system)이다.

클라이언트는 서버에게 서비스를 요청하고 서버는 클라이언트의 요청에 따라 서비스를 제공한다.

즉 클라이언트는 서버에게 원하는 정보를 요청하고 서버로부터 서비스 정보를 받아서 실행한 후 출력한다. 서버는 다수의 클라이언트로부터 서비스 요청을 받아서 서비스 요청에 따른 정보 자원들을 검색하거나 프로그램을 실행한 후 결과를 클라이언트에게 전송한다.

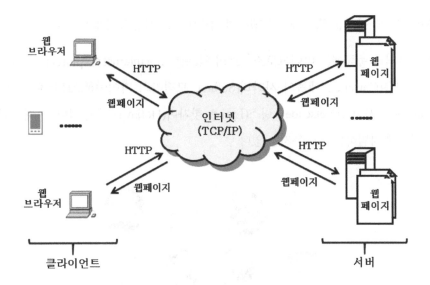

웹의 구성 요소

(1) 웹 페이지

웹의 가장 큰 특징 중 하나는 하이퍼텍스트(hypertext) 개념이다. 하이퍼텍스트는 다른 정보 자원과의 연결 관계(links)를 가지고 있다. 이러한 연결을 하이퍼 링크(hyper link) 라 한다. 일반 텍스트는 순차적 접근 구조를 갖는데 비해 하이퍼텍스트는 하이퍼 링크로 연결된 정보로 바로 이동할 수 있는 임의 접근 구조를 갖는다.

하이퍼텍스트 문서는 대표적인 웹 표준 언어인 HTML(HyperText Markup Language) 로 작성한다. 이런 이유로 하이퍼텍스트를 HTML 문서, 웹 페이지라 부르기도 한다.

또한 하이퍼텍스트는 하이퍼미디어(hypermedia)를 포함한다. 즉, 텍스트, 이미지, 사운 드, 동영상 등 다양한 형식의 정보 자원들이 연결 관계를 갖고 있음을 의미한다. 이처럼 웹을 가장 강력하게 만드는 이유는 모든 형식의 인터넷 자원이 연결 구조를 갖는다는 것 이다.

(2) 웹 브라우저

웹 서비스를 이용하기 위해서는 하이퍼텍스트와 하이퍼미디어를 지원하는 브라우저라 는 소프트웨어가 있어야 한다. 클라이언트에 설치된 브라우저는 서버로부터 전송받은

HTML 형식의 문서를 해석하고 실행하여 클라이언트 사용자에게 보여준다.

웹 브라우저의 종류에는 마이크로소프트의 익스플로러(Internet Explorer), 엣지(Edge), 구글의 크롬(Chrome), 애플의 사파리(Safari), 모질라의 파이어폭스(Firefox), 오페라(Opera), 넷스케이프(Netscape), 링스(Lynx), 핫자바(Hotjava) 등이 있다. 현재 HTML5를 완벽하게 지원하는 브라우저는 없다.

웹 브라우저의 종류

(3) 클라이언트

클라이언트는 웹 브라우저를 사용하여 서비스를 요청하는 사용자 또는 웹 브라우저를 의미하기도 한다. 특정 웹 페이지를 요구하기 위해 HTTP 형태의 서비스를 요청한다.

(4) HTTP(HyperText Transfer Protocol)

HTTP는 인터넷 공간에 존재하는 다양한 정보 자원들에 접근하기 위해 표준 인터넷 프로토콜인 TCP/IP(Transmission Control Protocol/Internet Protocol) 위에서 실행되며, 웹 서버와 웹 브라우저 사이에서 HTML과 같은 하이퍼텍스트 문서를 전송하는 프로토콜이다.

HTML로 작성된 웹 페이지의 요구는 URL(Uniform Resource Locator) 형식에 근거하여 원하는 웹 페이지를 지정한다. 표준 URL 형식은 접근 프로토콜, 서버 이름(도메인 이름 또는 IP 주소), 정보자원 이름(경로와 이름) 등으로 구성된다.

http	:	//www.korea.ac.kr	/	index.jsp
프로토콜		서버 이름		정보자원(경로)

URL 구성

(5) 웹 서버

웹 서버는 제공하고자 하는 웹 페이지들을 보유하고 있으며, 클라이언트의 서비스 요청을 URL을 통해 전달받아 클라이언트의 HTTP 서비스 요구에 대한 해당 웹 페이지를 단순히 찾아서 전송하거나 또는 서버 스크립트를 포함하고 있을 경우에는 스크립트를 실행한 후 결과를 전송한다.

이때 서버의 실행 결과는 반드시 클라이언트의 웹 브라우저가 해석하고 실행할 수 있는 HTML 문서 형태로 클라이언트에게 전송한다.

대표적인 웹 서버에는 아파치(Apache), 톰캣(tomcat), 인터넷정보서버(IIS : Internet Information Server), 웹로직(WebLogic), 엔진엑스(Nginx), 몽구스(Mongoose) 등이 있다. IIS는 윈도우즈 환경에서만 사용 가능하다는 단점이 있는 반면, 아파치와 톰캣의 경우에는 유닉스, 리눅스, 윈도우즈, 매킨토시(MAC OS X) 등 대부분의 운영체제를 지원하며 무료인 프리웨어(freeware)라는 장점을 가지고 있어서 전 세계적으로 가장 널리 사용되고 있다.

(6) 데이터베이스 관리 시스템

다양한 웹 서비스를 지원하기 위해 데이터베이스 서버를 사용한다. 방대한 양의 정보를 통합 저장하고 효율적인 이용을 지원하는 데이터베이스 관리 시스템(DBMS : Database Management System)에는 오라클(Oracle), 인포믹스(Informix), 사이베이스(Sybase), DB2, MS SQL, 엑세스(Access), MySQL, MariaDB 등이 있다.

1.1.2 웹 서비스 구조

웹 서비스는 클라이언트가 URL을 통해 웹 서버에게 웹 페이지를 요청하면 웹 서버는 클라이언트의 서비스 요구에 대한 해당 웹 페이지를 단순히 찾아서 전송하거나 또는 요청하는 웹 페이지가 서버 스크립트를 포함하고 있을 경우에는 스크립트를 실행한 후 결과를 클라이언트에게 전송한다.

이때 웹 서버는 제공하고자 하는 웹 페이지들을 보유하고 있어야 하며, 클라이언트에게 전송되는 웹 페이지는 반드시 웹 브라우저가 해석하고 실행할 수 있는 HTML 문서 형태이어야 한다.

HTTP 프로토콜을 이용한 웹 서비스 구조는 클라이언트의 서비스 요청(request)과 웹 서버의 응답(response)으로 이루어지며 다음 그림과 같은 과정을 통하여 서비스된다.

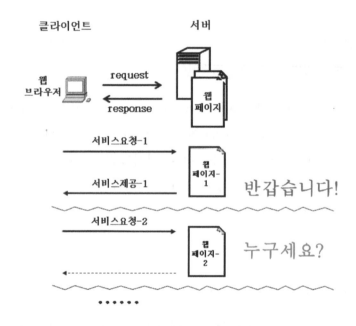

HTTP 프로토콜과 웹 서비스 구조

클라이언트가 URL을 통해 웹 서버에게 HTML 웹 페이지를 요청하면 웹 서버는 해당 HTML 문서를 클라이언트에게 전송한 후 접속을 종료한다. 즉, HTTP 프로토콜은 한 번의 클라이언트 요청에 대한 한 번의 서버 응답으로 연결을 자동으로 종료하는 비 연결 (connectionless) 특성을 갖는다. 그러므로 매번 클라이언트의 서비스 요청을 새로운 서비스 요청으로 인식한다. 이러한 비 연결 특성은 클라이언트와 웹 서버 사이에 1:1 접속 상태를 계속 유지하지 않고 종료함으로써 웹 서버의 부담을 줄이고 여러 클라이언트에게 효율적인 서비스를 제공할 수 있는 장점을 갖는다.

또한, HTTP 프로토콜은 비 연결 특성과 함께 클라이언트의 상태 정보를 유지하지 않는 비 상태유지(stateless) 특성을 갖는다. 이 특성은 클라이언트의 이전 접속에 대한 정보가 서버에 유지되지 않기 때문에 다수의 클라이언트로부터의 요청들 중 어떤 요청들이 특정 클라이언트로부터 발생한 일련의 요청인지 인식하지 못하는 단점이 있다.

이러한 HTTP 프로토콜의 비 연결과 비 상태유지 문제는 쿠키(cookies)와 세션(session) 정보를 이용하여 해결한다. 쿠키(cookies)와 세션(session)에 관한 내용은 6장에서 다루기로 한다.

1.1.3 웹 프로그래밍 언어

사람들은 서로 원활한 의사소통을 하기 위해 한글, 영어, 중국어, 일본어, 독일어 등과 같은 문법적 체계를 갖는 언어(자연언어)라는 도구를 사용한다. 마찬가지로 사람과 컴퓨터 사이에 정보 교환을 위한 문법적 체계를 갖는 매개체 또는 대화 수단을 프로그래밍 언어(PL : Programming Language)라 한다.

프로그래밍 언어에는 역사적으로 기계어(machine language), 어셈블리어(assembly language)를 비롯하여 자연언어와 유사한 FORTRAN, COBOL, BASIC, PASCAL, C, C++, c#, Java 등 많은 고급 언어들이 개발되어 사용되고 있다.

프로그램(program)은 프로그래밍 언어를 사용하여 사람이 처리하려고 하는 일의 방법이나 절차를 기술한 일련의 명령문들의 집합이라고 정의한다. 그러나 컴퓨터는 이러한 고급 언어로 작성된 프로그램을 곧바로 실행하지 못한다. 정상적으로 동작되기 위해서는 먼저 언어 번역 프로그램인 컴파일러(complier)나 인터프리터(interpreter)에 의해 컴퓨터가 이해하고 실행할 수 있는 기계어 프로그램으로 번역되어야 한다. 이때 언어 번역 프로그램의 기능은 서로 다른 언어를 사용하는 사람간의 통역관 역할과 동일하다.

웹 프로그래밍 언어는 웹에서 사용하는 프로그래밍 언어를 총칭하는 개념으로 대표적인 웹 표준 언어인 HTML을 비롯하여 CSS, Java script, JSP, PHP, ASP, Perl, XML(eXtensible Markup Language), jQuery, Ajax, JSON 등 다양한 종류의 언어들이 사용되고 있다.

이들 웹 프로그래밍 언어는 웹 서비스를 제공하는 프로그램이 어디에서 실행되느냐에 따라서 클라이언트 측 프로그래밍 언어(client-side programming language)와 서버 측 프로그래밍 언어(server-side programming language)로 구분한다.

클라이언트 측 프로그래밍 언어는 정적 웹 서비스를 제공하는 프로그램이 클라이언트에서 해석되고 실행되는 언어로 HTML, CSS, Java script 등이 있다. 그리고 서버 측 프로그래밍 언어는 동적 웹 서비스를 제공하는 프로그램이 서버에서 해석되고 실행되는 언어로 현재 많이 사용되는 대표적인 서버 측 스크립트 언어에는 JSP(Java Server Pages), PHP(PHP:Hypertext Preprocessor), ASP(Active Server Page)가 있다.

1.2 JSP 서버 환경

1.2.1 자바 가상 머신(JVM)

자바 가상 머신(JVM : Java Virtual Machine)은 한 번 작성된 자바 프로그램이 특정 하드웨어(H/W)나 운영체제(OS)에 영향을 받지 않고 동작시킬 수 있는 환경("write once, run everywhere")을 제공해 주는 소프트웨어이다. 이를 플랫폼 독립이라 한다.

일반적인 고급언어의 경우에는 사용하는 특정 하드웨어(H/W)나 운영체제(OS)에 따라서 각각 프로그램을 작성하고 기계어로 컴파일해 주어야 하는 번거로운 과정을 반복해야 한다. 이를 플랫폼 종속이라 한다.

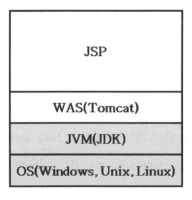

자바 가상 머신(JVM)

JSP 프로그램은 자바를 기반으로 하는 스크립트 언어이기 때문에 JVM만 설치되어 있다면 하드웨어나 운영체제에 상관없이 단 한 번만 자바 바이트 코드로 컴파일하면 된다. JVM은 자바 바이트 코드를 해석하고 실행한다.

JDK를 다운 받아 설치하면 자바 개발 도구(JDK : Java Development Kit)와 자바 실행 환경(JRE : Java Runtime Environment)의 다양한 자바 응용 프로그램 인터페이스(API : Application Programming Interface)를 JSP 프로그램에서 활용할 수 있다.

> ### 참고 자바 API 패키지
>
> 자바 API는 자바 개발자들이 프로그램을 쉽게 구현할 수 있도록 미리 구현해 놓은 클래스와 인터페이스 라이브러리의 집합을 말하며 유사한 기능의 클래스들을 패키지로 묶어 계층 구조로 설계되어 있다.
>
> - java.lang : 자바 프로그래밍을 위한 가장 기본적인 클래스(생략하고 사용)
> - java.io : 파일 입출력 관련 클래스
> - java.util: 프로그램 유틸리티(제어, 데이터 저장 등) 클래스
> - java.sql : 데이터베이스 관련 클래스
> - java.awt: GUI 개발 관련 클래스

1.2.2 웹 애플리케이션 서버(WAS)

웹 애플리케이션 서버(WAS, Web Application Server)는 웹 애플리케이션이 실행 될 수 있는 환경을 제공하는 서버이다. 톰캣(Tomcat)은 아파치 소프트웨어 재단(ASF, Apache Software Foundation)에서 개발한 웹 애플리케이션 서버로 전 세계적으로 가장 많이 사용되고 있다.

웹 애플리케이션 서버도 자바 프로그램이며 JVM 위에서 실행된다. 따라서 대부분의 운영 체제에서 소스 코드 변경이나 재 컴파일 없이 실행시킬 수 있으며 특히 유닉스 계열에 적합하다.

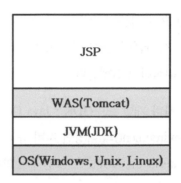

웹 애플리케이션 서버(WAS)

웹 애플리케이션 서버(WAS)는 웹 서버(Web Server)와 웹 컨테이너(Web container)로 구성되어 있다. 웹 컨테이너는 Servlet container, JSP container, JSP engine이라고도 한다. 웹 서버와 웹 컨테이너는 마치 역할을 서로 분담하는 형태이다.

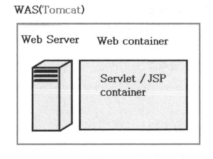

WAS(Tomcat) 구성

(1) 웹 서버

웹 서버는 제공하고자 하는 웹 페이지들을 보유하고 있으며, 클라이언트의 HTTP 서비스 요청에 해당 웹 페이지를 단순히 찾아서 클라이언트에게 결과를 전송한다. 발견하지 못할 경우 오류 메시지를 클라이언트에게 전송(오류 코드 404)한다.

(2) 웹 컨테이너

JSP 스크립트를 포함하는 클라이언트의 HTTP 서비스 요청을 웹 서버로 부터 전달받아 웹 컨테이너에서 자바 코드로 변환되고 컴파일 과정을 거쳐 실행한 후 그 결과를 웹 서버에게 전달하는 역할을 담당한다.

하나의 JSP 페이지가 하나의 자바 클래스이기 때문에 JSP 프로그램 개발에 모든 자바 라이브러리를 활용할 수 있다.

> 🔍 **참고** **웹 서버와 웹 애플리케이션 서버 차이점**
>
> • 웹 서버 : HTML, 이미지 등 정적 페이지에 의한 정적 웹 서비스를 제공하는 서버
> • 웹 애플리케이션 서버 : 동적 처리에 의한 동적 웹 서비스를 제공하는 서버

1.3 정적 웹 서비스와 동적 웹 서비스

웹 애플리케이션 서버는 정적 웹 페이지 처리 및 동적 웹 페이지 처리를 모두 할 수 있다. WAS의 동작 원리는 웹 서버는 클라이언트로부터 요청을 받아 정적 웹 페이지를 응답해준다. 만일 클라이언트가 동적인 웹 페이지를 요청하면 웹 컨테이너를 통해 동적으로 웹 페이지를 처리한 결과를 받아 클라이언트에게 전달한다.

1.3.1 정적 웹 서비스

초창기 웹 서비스 형태는 클라이언트가 요청하는 웹 페이지가 단순한 HTML 문서인 경우로 클라이언트에게 전달되는 정적 텍스트인 웹 페이지의 내용이 항상 바뀌지 않는다. 그러므로 어떤 클라이언트가 요청하더라도 항상 동일한 웹 페이지를 전송하게 된다. 이를 정적 웹 페이지(static web page)에 의한 정적 웹 서비스(static web service)라 한다. 이러한 정적 웹 서비스는 소스코드의 공개와 사용자와 상호작용을 할 수 없다는 단점이 있다.

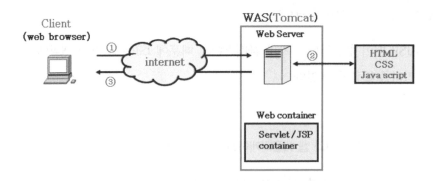

정적 웹 서비스

다음은 클라이언트가 요청하는 웹 페이지(HTML, CSS, Java script 등 포함)에 대한 웹
애플리케이션 서버(WAS)의 정적 웹 서비스 동작 원리에 대한 설명이다.

① 사용자가 웹 브라우저(URL)를 통해 웹 페이지(HTML)를 요청한다.

② 웹 서버는 자신이 관리하는 웹 페이지(HTML)를 확인한다.

③ 웹 서버는 웹 페이지(HTML)를 클라이언트에게 전송한다. 그리고 사용자는 웹 브라
우저를 통해 요청 결과를 확인한다.

실행 결과를 확인한 후 웹 브라우저 메뉴의 [새로고침]을 클릭해 보자. 실행을 반복하여
도 같은 결과가 출력될 것이다. 정적 웹 서비스는 어떤 사용자의 요청에도 항상 동일한
웹 페이지가 전송되기 때문이다.

1.3.2 동적 웹 서비스

사용자와 상호작용이 가능한 웹 서비스 형태는 클라이언트가 요청하는 웹 페이지가 서
버 스크립트를 포함하고 있는 경우로 클라이언트가 서비스를 요청할 때마다 서버에서
해석되고 실행된 후 결과만 클라이언트로 전송되기 때문에 전달되는 웹 페이지의 내용
이 바뀌게된다.

그러므로 어떤 클라이언트가 요청하더라도 항상 서로 다른 웹 페이지를 전송하게 된다. 이를 동적 웹 페이지(dynamic web page)에 의한 동적 웹 서비스(dynamic web service)라 한다. 이러한 동적 웹 서비스는 스크립트 실행 결과만 전송하기 때문에 소스코드의 확인이 불가능하지만 접속자 증가에 따라 서버의 부하 증가로 처리 속도가 늦어지는 단점이 있다.

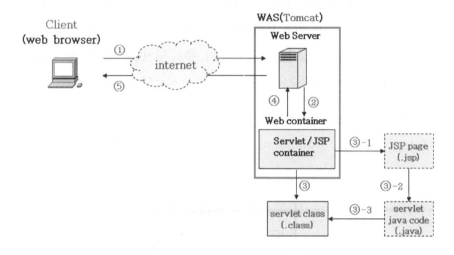

동적 웹 서비스

다음은 클라이언트가 요청하는 웹 페이지(JSP 스크립트 포함)에 대한 웹 애플리케이션 서버(WAS)의 동적 웹 서비스 동작 원리에 대한 설명이다.

① 사용자가 웹 브라우저(URL)를 통해 웹 서버에게 웹 페이지(.jsp) 서비스를 요청한다.

② 웹 서버는 JSP 스크립트 페이지인 것을 확인하고 웹 컨테이너에게 처리를 요청한다.

③ 웹 컨테이너는 웹 페이지(.jsp)에 대한 서블릿 클래스(.class)를 이용하여 클라이언트의 요청을 처리한다.

④ 웹 컨테이너는 요청에 대한 실행 결과를 웹 서버로 전달한다.

⑤ 웹 서버는 웹 컨테이너로 부터 전달받은 웹 페이지(HTML)를 클라이언트에게 전송한다. 그리고 사용자는 웹 브라우저를 통해 요청 결과를 확인한다.

1.4 JSP 개요

대표적인 동적 웹 프로그래밍 언어에는 JSP, PHP, ASP가 있다. PHP는 주로 중·소규모 사이트 구축에 주로 사용되며 PHP를 지원하는 호스팅 업체들도 많이 존재한다. ASP는 특정 플랫폼에 종속적이라는 약점을 가지고 있다.

JSP는 썬 마이크로시스템즈(현재 오라클)에서 개발한 자바 기반 서버 측 스크립트 언어로 안정적이고, 유지보수가 쉽다. 특히 자바를 기반으로 하기 때문에 자바의 풍부한 라이브러리를 모두 사용할 수 있다는 장점이 있다. 주로 대기업이나 금융권, 관공서 등 규모가 크고 안정적인 서비스가 중요한 대규모 기업용 시스템 구축에 사용된다.

JSP는 CSS, java script를 포함하는 HTML 코드에 자바 코드를 삽입하여 동적 웹 페이지를 구성하는 스크립트 언어이다. 이 절에서는 JSP 프로그램의 구성 요소에 대해 간단히 살펴보기로 한다.

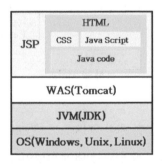

JSP 웹 페이지의 구성 요소

1.4.1 HTML

HTML(현재 HTML5 표준화)은 Hyper Text Markup Language의 약자로 하이퍼텍스트 기능을 갖는 웹 페이지 내용(contents, '무엇을 보여 줄 것인가')을 작성하는 언어이다.

HTML로 작성한 정적 웹 페이지에 의한 정적 웹 서비스 만이 가능하며 클라이언트 측의 사용자와 상호 작용이 불가능하다는 단점이 있다.

W3C는 2014년 10월 28일 HTML5의 최종 권고안을 표준으로 지정하였고 현재에도 표준화 작업을 계속 추진하고 있다.

```
<!DOCTYPE html>
<html>
<head>
 <meta charset="UTF-8">
 <title>HTML_CSS_js(HTML_CSS_js.html)</title>
</head>
<body>

</body>
</html>
```

🔍 **참고** HTML 표준화

- W3C(World Wide Web Consortium) : 1994년 미국 MIT 컴퓨터과학연구소와 프랑스 INRIA 등 주도로 창립한 국제 컨소시엄, HTML 표준화 추진
- WHATWG(Web Hypertext Application Technology Working Group) : 2004년 애플, 구글, 모질라 재단, 오페라 소프트웨어 등 주도로 설립한 단체, 독자적인 새로운 웹 표준 추진

1.4.2 CSS

CSS(현재 CSS3 표준화)는 Cascading Style Sheet의 약자로 HTML과 같은 마크업 언어가 실제 화면에 표시되는 방법(style, '어떻게 보여 줄 것인가')을 기술하는 언어이다. HTML과 CSS를 혼합하여 사용하였던 기존 형식에서 분리하여 주로 웹 페이지의 화면 레이아웃을 정의할 때 사용한다.

```
<!DOCTYPE html>
<html>
<head>
 <meta charset="UTF-8">
 <title>HTML_CSS_js(HTML_CSS_js.html)</title>
 <style>
  /* 내부 CSS */
 </style>

 <!-- 외부  CSS -->
 <link rel="stylesheet" href="../../common/CSS/.css">
</head>
<body>

</body>
</html>
```

1.4.3 Java script

자바 스크립트는 자바와 다른 넷스케이프 커뮤니케이션즈(Netscape Communication) 사가 동적 웹 페이지 구현을 위해 개발한 객체 기반의 스크립트 언어이다. 클라이언트의 웹 페이지에 대한 추가적인 동작(event)이나 행위(action)에 동적으로 반응함으로써 HTML의 단점을 보완하여 사용자와의 상호작용을 가능하게 한다.

자바 스크립트를 포함하는 HTML 웹 페이지는 클라이언트로 전송되고 브라우저에 의해 해석되고 실행된다. 자바 스크립트 소스 코드의 노출 문제와 재사용을 목적으로 외부 자바 스크립트(확장자 .js)를 사용하는 경우도 있다.

```
<!DOCTYPE html>
<html>
<head>
 <meta charset="UTF-8">
 <title>HTML_CSS_js(HTML_CSS_js.html)</title>
 <script>
  // 내부 java script
 </script>

 <!-- 외부  java script -->
 <script src="../../common/js/.js"></script>
</head>
<body>

</body>
</html>
```

1.4.4 java

자바는 미국의 선 마이크로시스템즈(Sun Microsystems)사가 개발한 객체지향 프로그
래밍 언어로 1991년 제임스 고슬링(James Gosling)이 고안 하였고 초기에는 오크(Oak),
또는 그린(Green)이라고 불렸다. 현재는 2009년 오라클과 인수 합병되어 자바에 대한
권리 및 유지보수 또한 오라클이 가지고 있다.

자바의 특징을 살펴보면 다음과 같이 요약 정리할 수 있다.

- 객체지향 언어이다.

 객체지향 개념을 반영한 언어로 캡슐화(encapsulation), 상속(inheritance), 다형성
 (polymorphism)을 지원한다.

- 컴파일 언어인 동시에 인터프리터 언어이다.

 자바로 작성한 프로그램의 원시 코드(.java)는 자바 컴파일러(java compiler)에 의해
 자바 바이트 코드(java byte code)라는 중간 코드(.class)를 생성한다. 그리고 이 중간
 코드를 자바 가상 머신(JVM)이 해석해서 실행한다.

- 이식성이 높다.

  자바 가상 머신(JVM)이 설치되어 있는 특정 하드웨어(H/W)나 운영체제(OS)에 관계 없이 동일한 바이트 코드를 변경하지 않고 실행할 수 있다.

- 동적 로딩(loading)과 자동으로 메모리를 관리한다.

  실행시 모든 클래스를 로딩하지 않고 필요시 해당 클래스를 로딩하며, 객체의 생성과 사용 후 메모리 영역 할당과 쓰레기 수집(garbage collection)을 자동으로 관리해 준다.

- 분산 환경을 지원한다.
- 풍부한 오픈소스 라이브러리를 제공한다.

  자바 개발자들이 프로그램을 쉽게 구현할 수 있도록 미리 구현해 놓은 방대한 양의 API 패키지를 제공한다.

자바 프로그램의 실행 환경은 다음 그림과 같다.

java program
JVM(JDK)
OS(Windows, Unix, Linux)

자바 프로그램의 실행 환경

 **참고** 자바 바이트 코드(java byte code)

자바 컴파일러에 의해 자바 가상 머신(JVM)이 이해할 수 있는 언어로 변환된 자바 코드를 말한다. 이때 변환되는 코드의 명령어 크기가 1바이트이기 때문에 자바 바이트 코드라고 부른다. 자바 바이트 코드의 확장자는 .class 이며 자바 가상 머신만 설치되어 있다면 어떤 운영체제 환경에서도 실행 가능하다.

```
public class Hellow {

    public static void main(String[] args) {
        System.out.print("Hello 자바!");
    }

}
```

자바 프로그램의 작성과 실행과정은 다음 그림과 같이 자바 컴파일러는 자바 원시 프로그램 파일(.java)을 컴파일하여 자바 가상 머신(JVM)이 해석할 수 있는 자바 바이트 코드인 클래스 파일(.class)을 생성한다. 실행시 클래스 파일은 자바 가상 머신(JVM) 내로 적재(loading)되고 실행엔진(execution engine)에 의해 해석(interpret)되고 실행된다.

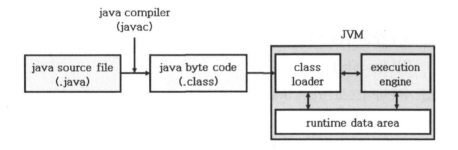

앞에서 JSP 웹 페이지의 구성 요소에서 살펴보았듯이 JSP 프로그램을 작성하기 위해서는 자바, HTML, CSS, Java Script에 대한 선행 학습이 반드시 필요한 부분이다. 처음 접하는 독자를 위해 자바는 3장, HTML과 CSS는 4장에서 JSP 프로그래밍을 학습하는 과정에서 빠른 시간에 이들에 대한 기초 지식을 습득할 수 있도록 배려하였다.

연습문제

1. 다음 용어에 대한 개념을 간단히 정의하시오.

   ① 인터넷(internet)

   ② HTTP(HyperText Transfer Protocol)

   ③ TCP/IP(Transmission Control Protocol/Internet Protocol)

   ④ URL(uniform resource locator)

   ⑤ 클라이언트(client)와 서버(server)

   ⑥ 웹 서버(web server)

   ⑦ 웹 애플리케이션 서버(WAS)

   ⑧ 자바 가상 머신(JVM)

   ⑨ 서블릿(servlet)

   ⑩ 자바 바이트 코드(java byte code)

2. 클라이언트 측 프로그래밍 언어(client—side programming language)와 서버 측 프로그래밍 언어(server—side programming language)를 비교 설명하시오.

3. 정적 웹 서비스(static web service)와 동적 웹 서비스(dynamic web service)를 비교 설명하시오.

4. 자바 언어의 특성과 장·단점에 대해 설명해 보시오.

5. 자바 프로그램의 작성과 실행 과정에 대해 설명해 보시오.

JSP 프로그래밍 개발 환경과 인터넷 서비스

2.1 JSP 프로그래밍 개발 환경

이 절에서는 동적 웹 애플리케이션 프로그램 개발 환경으로 자바 가상 머신(JVM)과 톰캣(Tomcat) 웹 애플리케이션 서버 설치 그리고 자바기반 웹 애플리케이션 개발을 위한 통합개발 환경으로 이클립스를 다운로드하여 설치한다.

동적 웹 애플리케이션 프로그램 개발과 관련된 MariaDB와 JDBC(Java DataBase Connectivity) 드라이버 다운로드 및 설치는 7장에서 자세히 다루기로 한다.

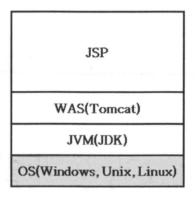

웹 애플리케이션 서버 환경

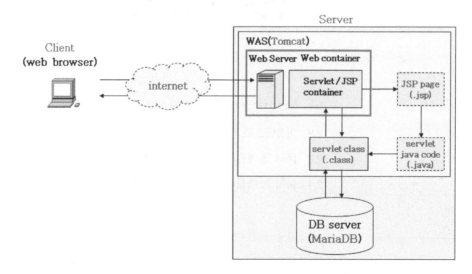

동적 웹 애플리케이션 개발 환경

- JDK(Java Development Kit)

  - 자바 개발 도구이며 컴파일하고 톰캣을 실행할 때 사용

  - 어떠한 플랫폼에도 설치 가능(플랫 폼 독립)

  - 무료 제공

  - http://www.oracle.com 다운로드

- 톰캣(Tomcat)

  - 웹 애플리케이션 서버(WAS, Web Application Server)

  - 오픈 소스 프로젝트로 개발되어 무료 제공

  - http://tomcat.apache.org 다운로드

- 이클립스(Eclipse)

  - 자바기반 웹 애플리케이션 개발을 위한 통합개발 환경

  - 무료 제공

  - http://www.eclipse.org 다운로드

2.1.1 JDK 다운로드 및 설치(JVM 구축)

01 사이트(http://www.oracle.com) 접속 → 좌측상단 [메뉴] → [Developers] → [java]

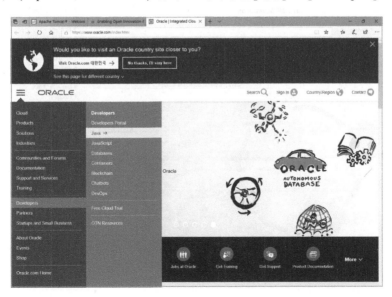

02 Java Standard Edition (Java SE) → [download] 클릭

 java SE(Standard Edition)

- 가장 기본이 되는 자바 표준 에디션
- 대부분 자바 패키지 포함
- java.lang.*, java.io.*, java.util.*, java.awt.*, javax.rmi.*, javax.net.* 등

03 Java SE 12.0.2 [download] 클릭

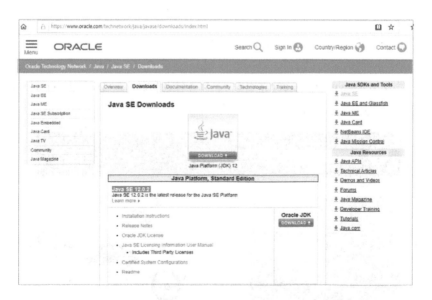

04 Accept License Agreement 선택

Java SE Development Kit 12.0.2

You must accept the Oracle Technology Network License Agreement for Oracle Java SE to download this software.

○ Accept License Agreement   ● Decline License Agreement

Product / File Description	File Size	Download
Linux	155.14 MB	⬇ jdk-12.0.2_linux-x64_bin.deb
Linux	162.79 MB	⬇ jdk-12.0.2_linux-x64_bin.rpm
Linux	181.68 MB	⬇ jdk-12.0.2_linux-x64_bin.tar.gz
macOS	173.63 MB	⬇ jdk-12.0.2_osx-x64_bin.dmg
macOS	173.98 MB	⬇ jdk-12.0.2_osx-x64_bin.tar.gz
Windows	158.63 MB	⬇ jdk-12.0.2_windows-x64_bin.exe
Windows	179.57 MB	⬇ jdk-12.0.2_windows-x64_bin.zip

Java SE Development Kit 12.0.2

You must accept the Oracle Technology Network License Agreement for Oracle Java SE to download this software.

Thank you for accepting the Oracle Technology Network License Agreement for Oracle Java SE; you may now download this software.

Product / File Description	File Size	Download
Linux	155.14 MB	⬇ jdk-12.0.2_linux-x64_bin.deb
Linux	162.79 MB	⬇ jdk-12.0.2_linux-x64_bin.rpm
Linux	181.68 MB	⬇ jdk-12.0.2_linux-x64_bin.tar.gz
macOS	173.63 MB	⬇ jdk-12.0.2_osx-x64_bin.dmg
macOS	173.98 MB	⬇ jdk-12.0.2_osx-x64_bin.tar.gz
Windows	158.63 MB	⬇ jdk-12.0.2_windows-x64_bin.exe
Windows	179.57 MB	⬇ jdk-12.0.2_windows-x64_bin.zip

참고 **내 컴퓨터 사양 확인**

• 운영체제(Windows, Linux, macOS), 프로세서(32bit, 64bit) 확인 후 다운

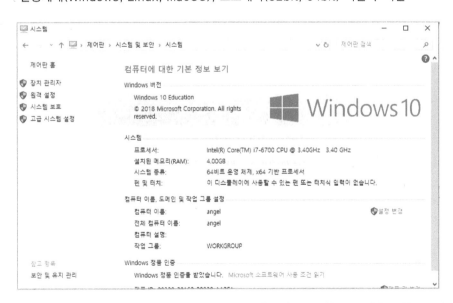

05 JDK 실행파일 실행 → jdk-12.0.2_windows-x64_bin.exe(159MB)

06 [Next] 클릭

<u>07</u> 설치경로(C:\Program Files\Java\jdk-10.0.2\) 선택 - [Next] 클릭(필요시 설치경로 변경)

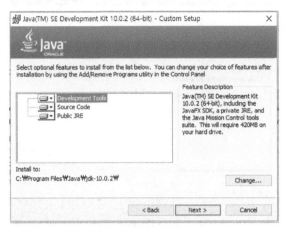

<u>08</u> JDK 설치 중

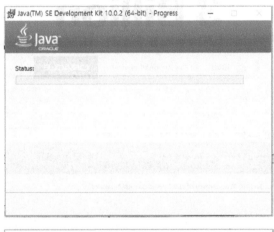

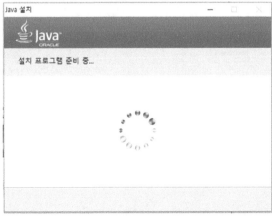

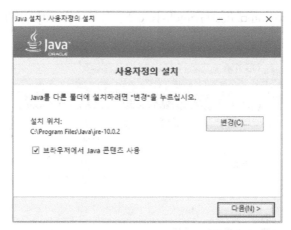

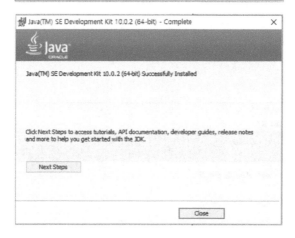

09 설치완료 → [Close] 클릭

참고 **JDK 설치**

- JDK(Java Development Kit) : 자바 개발 도구
- JRE(Java Runtime Environment) : 자바 실행 환경

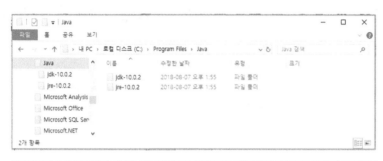

10 시스템 환경변수 설정 – Path

참고 **환경변수(사용자 변수, 시스템 변수) 설정**

- 사용자 변수 : 해당 사용자 이름으로 로그인 하였을 경우에만 적용
- 시스템 변수 : 어느 사용자 이름으로 로그인하든 상관없이 모두 적용
- 시스템 변수 설정하는 것을 권장
- 환경변수 존재하는 경우 [편집], 없는 경우 [새로 만들기] 버튼 클릭
- Path : 자바, 톰캣, 또는 데이터베이스 관련 명령어의 설치 위치를 운영체제에게 알려줌 으로써 폴더이동 없이 명령 프롬프트 창에서 편리하게 사용
- Path변수 더블클릭-[새로 만들기]-[위/아래 이동]-[확인]

  예 C:\Program Files\Java\jdk-10.0.2\bin

  예 C:\apache-tomcat-9.0.10-windows-x64\apache-tomcat-9.0.10\bin

  예 C:\Program Files\MariaDB 10.3\bin

ⓐ [제어판] → [시스템 및 보안] → [시스템] 또는 [내 PC/컴퓨터] → [속성]

ⓑ [고급 시스템 설정] → [시스템 속성] → [고급] → [환경변수]

ⓒ Path 환경변수 설정

Path변수 선택 → [편집] → [새로 만들기] → [찾아보기] → [위로/아래로 이동] →
[확인]

C:\Program Files\Java\jdk-10.0.2\bin

11 자바 설치 확인

㉠ 자바 컴파일러(javac.exe)

명령 프롬프트 창에서 javac filename.java를 입력하면 자바 컴파일러는 자바 소스 프로그램(filename.java)을 컴파일 한 후 바이트 코드인 클래스 파일(filename.class)을 생성된다.

---

javac [옵션] 소스파일이름

```
명령 프롬프트                                                    —    □    ×

Microsoft Windows [Version 10.0.17763.615]
(c) 2018 Microsoft Corporation. All rights reserved.

C:\Users\cho>javac
Usage: javac <options> <source files>
where possible options include:
  @<filename>                   Read options and filenames from file
  -Akey[=value]                 Options to pass to annotation processors
  --add-modules <module>(,<module>)*
        Root modules to resolve in addition to the initial modules, or all modules
        on the module path if <module> is ALL-MODULE-PATH.
  --boot-class-path <path>, -bootclasspath <path>
        Override location of bootstrap class files
  --class-path <path>, -classpath <path>, -cp <path>
        Specify where to find user class files and annotation processors
  -d <directory>                Specify where to place generated class files
  -deprecation
        Output source locations where deprecated APIs are used
  -encoding <encoding>          Specify character encoding used by source files
  -endorseddirs <dirs>          Override location of endorsed standards path
  -extdirs <dirs>               Override location of installed extensions
  -g                            Generate all debugging info
  -g:{lines,vars,source}        Generate only some debugging info
  -g:none                       Generate no debugging info
  -h <directory>
        Specify where to place generated native header files
```

㉡ 자바 인터프리터(java.exe)

명령 프롬프트 창에서 java filename(.class 생략)을 입력하면 자바 컴파일러가 생성한 클래스 파일을 실행하고 그 결과를 출력해 준다.

---

java [옵션] 클래스파일이름 [인수, ...]
java [옵션] -jar JAR파일이름 [인수, ...]

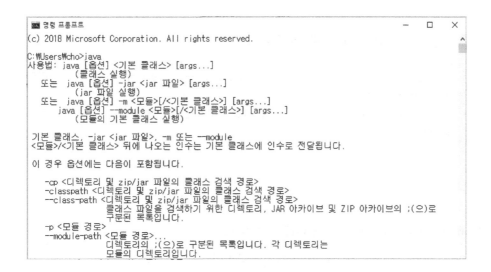

2.1.2 톰캣(Tomcat) 다운로드 및 설치

<u>01</u> 사이트(http://tomcat.apache.org) 접속 → 좌측 [download] → [Tomcat 9] 클릭

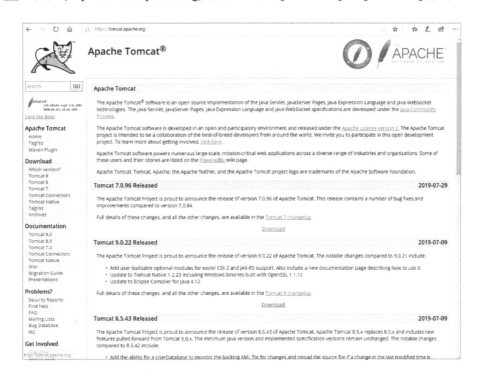

🔍 **참고**   **톰캣(Tomcat) 다운로드 및 설치**

- 실행파일(exe) : id와 pw 설정 요구(\conf\tomcat-users.xml), JSP 웹 애플리케이션 인터넷 서비스 환경
- 압축파일(zip) : 해제 설치, 톰캣 버전 관리를 용이하게 하기 위해 선택, JSP 웹 애플리케이션 개발 환경

<u>02</u> 64-bit Windows zip (pgp, sha512) 다운로드

- apache-tomcat-9.0.22-windows-x64.zip(12.3MB)

<u>03</u> 압축풀기 폴더 C:\

※ 톰캣 설치 후 폴더 구조

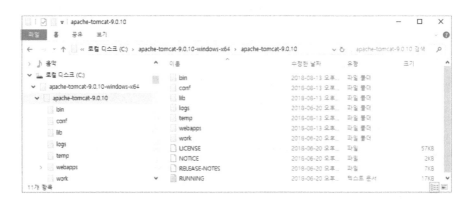

폴더명	설명
bin	톰캣 실행파일과 배치파일
conf	톰캣 설정 파일(server.xml)
lib	각종 라이브러리 파일
logs	서버 상황 로그파일
temp	임시 폴더
work	작업 폴더(.java, .class)
webapps	톰캣 웹 서버 루트 폴더(http://127.0.0.1:8080 경우 /webapps/ROOT 루트 폴더)

04 시스템 환경변수 설정

- CATALINA_HOME, JAVA_HOME, Path 환경변수 설정
  JDK 환경변수 설정과 같이 [제어판] → [시스템 및 보안] → [시스템] 또는 [내 PC/컴퓨터] → [속성]에서 [고급 시스템 설정] → [시스템 속성][고급][환경변수]

- CATALINA_HOME : 톰캣이 설치된 경로를 설정한다. 따로 설정하지 않아도 톰캣은 정상적으로 동작한다. 특히 압축파일을 해제하여 여러 버전의 톰캣을 설치하였을 경우에는 실행하려는 톰캣의 CATALINA_HOME을 변경해 주어야 한다

- JAVA_HOME : JDK가 설치된 경로를 설정한다. 압축파일을 해제하여 톰캣을 설치하였을 경우 JAVA_HOME 환경변수를 설정해 주어야 한다.(단 실행파일 경우에는 톰캣 설치 과정에서 JVM 경로를 설정해 주었기 때문에 따로 설정하지 않아도 톰캣은 정상적으로 동작한다)

- Path : JDK 환경변수 설정처럼 톰캣관련 명령어의 설치 위치를 운영체제에게 알려줌으로써 폴더이동 없이 명령 프롬프트 창에서 편리하게 사용

ⓐ CATALINA_HOME 환경변수 설정

* [새로 만들기] → [변수이름 입력] → [디렉토리 찾아보기] → [확인]
  C:\apache-tomcat-9.0.10-windows-x64\apache-tomcat-9.0.10

ⓛ JAVA_HOME 환경변수 설정

• [새로 만들기] → [변수이름 입력] → [디렉토리 찾아보기] → [확인]

   C:\Program Files\Java\jdk-10.0.2

ⓒ Path 환경변수 설정

• Path변수 선택 → [편집] → [새로 만들기] → [찾아보기] → [위로/아래로 이동] →
[확인]

05 톰캣 설치 확인

🔍 **참고** **톰캣 서버 구동**

• **톰캣 서버 직접 구동** : JSP 웹 애플리케이션 인터넷 서비스 환경
• **이클립스에서 톰캣 서버 구동** : JSP 웹 애플리케이션 개발 환경

ⓐ 톰캣 bin 폴더의 startup.bat 파일 더블 클릭 또는 명령 프롬프트 창에서 startup.bat
입력(톰캣 서버 다운 경우 shutdown 입력)

• Path 환경변수 설정 경우

```
📟 명령 프롬프트                                                                    —    □    ×
Microsoft Windows [Version 10.0.17763.615]
(c) 2018 Microsoft Corporation. All rights reserved.

C:\Users\cho>startup.bat
Using CATALINA_BASE:   "C:\apache-tomcat-9.0.10-windows-x64\apache-tomcat-9.0.10"
Using CATALINA_HOME:   "C:\apache-tomcat-9.0.10-windows-x64\apache-tomcat-9.0.10"
Using CATALINA_TMPDIR: "C:\apache-tomcat-9.0.10-windows-x64\apache-tomcat-9.0.10\temp"
Using JRE_HOME:        "C:\Program Files\Java\jdk-10.0.2"
Using CLASSPATH:       "C:\apache-tomcat-9.0.10-windows-x64\apache-tomcat-9.0.10\bin\bootstrap.jar;
C:\apache-tomcat-9.0.10-windows-x64\apache-tomcat-9.0.10\bin\tomcat-juli.jar"
C:\Users\cho>
```

※ Path 환경변수 설정하지 않았을 경우 – bin 폴더로 이동

c:\Users\cho>cd c:\

c:\>cd apache-tomcat-9.0.10-windows-x64\apache-tomcat-9.0.10\bin

c:\apache-tomcat-9.0.10-windows-x64\apache-tomcat-9.0.10\bin>startup.bat

// 톰캣 서버 구동

c:\apache-tomcat-9.0.10-windows-x64\apache-tomcat-9.0.10\bin>shutdown.bat

// 톰캣 서버 다운

ⓛ 브라우저 주소 창에서 입력

톰캣 서버를 직접 구동(bin 폴더 startup.bat 파일 더블 클릭 또는 명령 프롬프트 창에서 startup.bat 입력)한 다음 브라우저 주소 창에 http://localhost:8080 또는 http://localhost:8080/index.jsp 입력한다. 다음과 같은 화면이 나타나면 톰캣 서버가 정상적으로 설치되어 동작함을 확인할 수 있다.

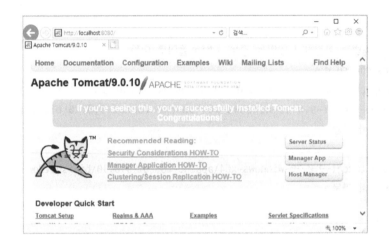

참고 톰캣의 홈 디렉토리

톰캣의 홈 디렉토리는 C:\apache-tomcat-9.0.10-windows-x64\apache-tomcat-9.0.10\webapps\ROOT이다. http://localhost(또는 127.0.0.1 또는 도메인이름이나 IP주소):8080"으로 접속했을 때 기본으로 참조하는 폴더를 말한다(index.jsp)
만일 localhost:8080/ 뒤에 추가 경로명이 올 경우에는 톰캣은 webapps 폴더 아래에서 찾는데 이 설정은 conf/server.xml 148번 라인의 appBase 속성 값 변경으로 바꿀 수 있다.

```
148     <Host name="localhost"  appBase="webapps"
149         unpackWARs="true" autoDeploy="true">
```

톰캣이 webapps 폴더에서 요청 URL 경로를 찾지 못했을 때는 ROOT 폴더에서 다시 찾기 시작한다. 즉, webapps 폴더 아래에 있거나 webapps/ROOT 폴더 아래에 있거나 접속 URL은 같다.

 포트(port)

클라이언트(웹 브라우저)와 웹 서버 사이의 데이터 전달 통로이다. 일반적으로 웹 서버는
80 포트, 톰캣(WAS)은 8080 포트를 기본 설정으로 한다.

2.1.3 이클립스(Eclipse) 다운로드 및 설치

<u>01</u> 사이트(http://www.eclipse.org) 접속 → [download] 클릭

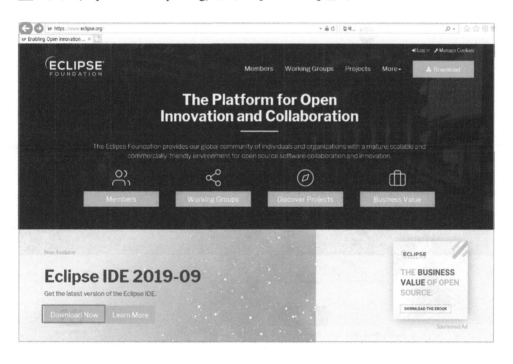

02 [download 64 bit] 클릭

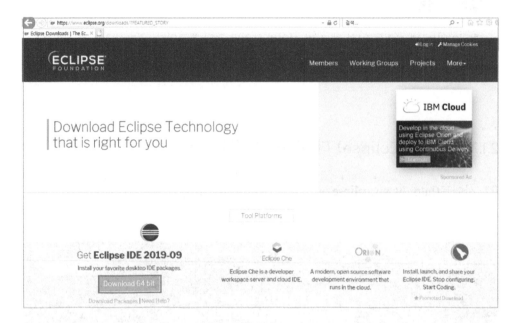

03 [download] 클릭

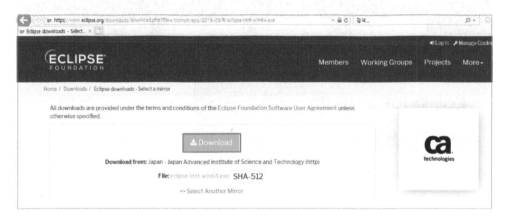

<u>04</u> eclipse-inst-win64.exe(52.1MB) [실행] 클릭

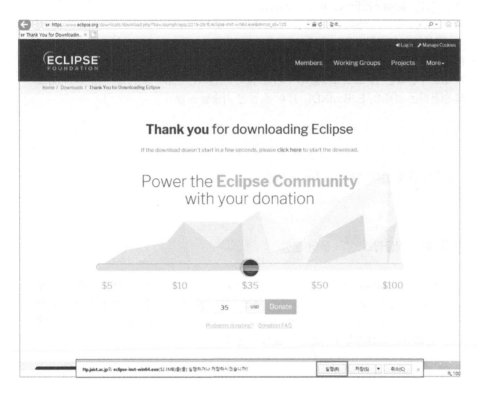

<u>05</u> eclipse installer에서 Eclipse IDE for Enterprise Java Developers 선택

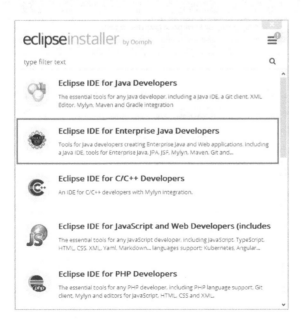

 **java EE(Enterprise Edition)**

- 자바 기업형 에디션
- 현업에서 사용되는 API들 집약
- 자바로 구현되는 웹 프로그래밍에서 가장 많이 사용되는 JSP, servlet, 데이터베이스에 연동하는 JDBC, EJB, JNDI, JTA 등 많은 기술들 포함

<u>06</u> 이클립스 설치 폴더 설정 → [install] 클릭

참고 **이클립스 설치 폴더 설정**

인스톨 화면에 "Folder 'jee-2019-09' cannot be created in the read-only folder 'C:\'"와 같은 오류가 발생하는 경우에는 탐색기를 통해 eclipse를 설치하고 싶은 폴더(C:\eclipse)를 만든 후 Installation Folder는 C:\eclipse로 선택한다. 이때 Java VM 폴더는 이클립스가 자동으로 설정해 준다.

07 license [Accept] 클릭

08 installing ... [Accept selected] 클릭 ... installing

<u>**09**</u> [LAUNCH] 클릭

<u>**10**</u> Workspace 설정 → [Launch] 클릭

작업공간(Workspace)은 이클립스를 사용하여 작업한 파일들이 저장되는 공간으로 원하는 위치에 이클립스 작업공간 폴더(C:\eclipse\workspace) 설정한다.

11 설치 완료

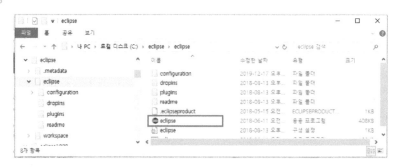

12 이클립스 실행 → 바탕화면 아이콘( ) 더블클릭 → [Launch] 클릭

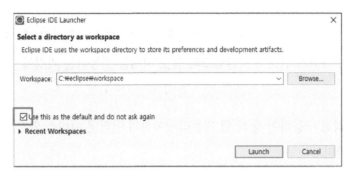

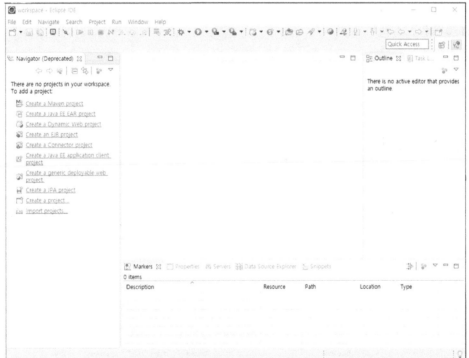

13 이클립스 종료 → [File] → [Exit] 또는 창 닫기 후 [Exit] 클릭

2.2 이클립스와 톰캣 연동

이 절에서는 이클립스를 사용하여 동적 웹 애플리케이션을 작성하고 테스트할 수 있는 개발 환경을 구축하기 위하여 이클립스와 톰캣 서버를 연동하는 과정에 대해 살펴보기로 하자.

톰캣 서버를 직접 구동하여 동적 웹 애플리케이션의 인터넷 서비스 환경 구축은 2-4에서 다루기로 한다.

01 이클립스 실행

02 톰캣서버 등록

[File] → [New] → [Other] → [Server] → [Server] → [Apache] - 웹 컨테이너 등록, 이클립스와 연동시킬 톰캣 서버 선택(Tomcat 최신 버전 선택) → [Next] 클릭

03 톰캣 설치 폴더 및 JRE 설치 폴더 지정 → [Finish] 클릭

🔍 **참고** 톰캣과 JRE 설치 폴더

- 톰캣 : C:\apache-tomcat-9.0.10-windows-x64\apache-tomcat-9.0.10
- JRE : Workbench default JRE

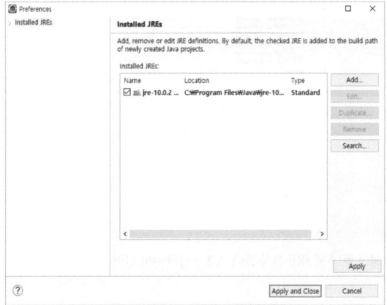

04 [Finish] 클릭

05 이클립스에서 톰캣 서버 Start/Restart/Stop

㉠ 톰캣 서버 시작/재시작

Start/Restart the server 아이콘 클릭 또는 마우스 오른쪽 버튼 - [Start/Restart] 메뉴 클릭

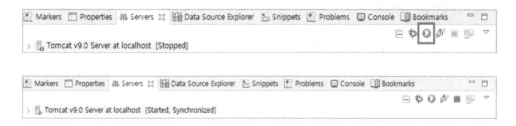

ⓛ 톰캣 서버 다운

Stop the server 아이콘 클릭 또는 마우스 오른쪽 버튼 → [Stop] 메뉴 클릭

2.3 동적 웹 애플리케이션 작성 및 실행

동적 웹 애플리케이션 개발 환경 구축이 완료된 상태에서 웹 애플리케이션 통합개발 도
구인 이클립스를 사용하여 웹 애플리케이션 프로그램을 작성하고 실행시켜 보자.

2.3.1 이클립스 기본 구성 화면

이클립스의 기본 구성 화면은 다음과 같이 5개의 영역으로 구분되어 있다.

- 퍼스펙티브(Perspective) : 메뉴와 여러 개의 창(view)들로 구성되어 있으며 사용 용도
  에 따라 구성을 변경할 수 있다.

- 창1 : 파일 탐색기 창

- 창2 : 프로그램 코딩 및 편집(editor) 창

- 창3 : 프로그램 실행 과정 및 결과 출력 창

- 창4 : 선택된 파일에 포함된 목록 표시 창

2.3.2 이클립스 환경 설정

웹 애플리케이션은 Java, HTML, css, java script, xml 등의 다양한 종류의 파일을 사용한다. 이때 파일마다 인코딩(encoding)하는 방법이 다르면 불편할 뿐만 아니라 특히 한글 사용의 경우에는 글자가 깨지는 현상이 발생한다.

이클립스의 템플릿(templete) 자동 생성 – 인코딩(EUC-KR)

```
🖹 first.jsp ⊠
1  <%@ page language="java" contentType="text/html; charset=EUC-KR"
2      pageEncoding="EUC-KR"%>
3  <!DOCTYPE html>
4  <html>
5  <head>
6  <meta charset="EUC-KR">
7  <title>Insert title here</title>
8  </head>
9  <body>
10
11  </body>
12  </html>
```

예 웹 애플리케이션 실행 - 오류 메시지의 한글 깨짐 현상

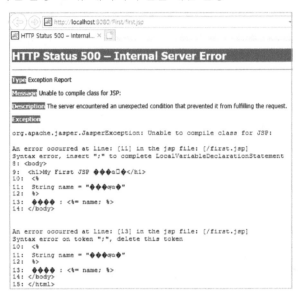

위 예에서 보았듯이 템플릿 자동 생성, 한글 깨짐 현상 등의 오류가 발생하지 않도록 동적 웹 애플리케이션을 처음 시작하기 전에 미리 환경 설정을 해주는 것이 바람직하다. 이클립스의 환경 설정 요소는 Workspace, Web(HTML, CSS, JSP)의 Encoding을 UTF-8로 통일하여 설정해 주면 편리하다.

01 이클립스 메뉴 [Window] → [Preferences]

02 워크스페이스 인코딩 설정

[General] → [Workspace] - Text file encoding – Other – UTF-8 수정 후 [Apply] 클릭

03 CSS 파일 인코딩 설정

[Web] → [CSS Files] - Encoding - Unicode(UTF-8) 수정 후 [Apply] 클릭

04 HTML 파일 인코딩 설정

[Web] → [HTML Files] - Encoding - Unicode(UTF-8) 수정 후 [Apply] 클릭

05 JSP 파일 인코딩 설정

[Web] → [JSP Files] - Encoding - Unicode(UTF-8) 수정 후 [Apply] 클릭

06 [Apply and Close] 클릭

2.3.3 JSP 프로그램 처음 만들기

동적 웹 애플리케이션 개발 환경 구축 후 JSP 프로그램이 정상적으로 실행되는지 확인
하기 위하여 이클립스를 사용하여 간단한 테스트 프로그램을 실습해 보기로 하자.

예제 2-1   **JSP 프로그램 처음 만들기**

■ **first.jsp**

```jsp
1   <%@ page language="java" contentType="text/html; charset=UTF-8" pageEncoding="UTF-8"%>
2   <!DOCTYPE html>
3   <html>
4   <head>
5    <meta charset="UTF-8">
6    <title>My First JSP(first.jsp)</title>
7   </head>
8   <body>
9    <h1>My First JSP 프로그램</h1>
10   <%
11    String name = "대한민국";
12   %>
13   국가 : <%= name %>
14   </body>
15   </html>
```

01 이클립스 실행

02 웹 프로젝트 생성

[File] → [New] → [Dynamic Web Project]

03 프로젝트 이름 입력

프로젝트 이름은 탐색기 작업 폴더의 이름으로 대소문자를 구분한다. 따라서 브라우저 URL주소 입력 경우에도 대소문자 구분에 유의해야 한다.

[Finish]

04 탐색기 역할을 하는 Project Explorer 창에서 생성한 프로젝트 이름 아래 [WebContent]
에서 마우스 오른쪽 버튼 → [New] → [JSP File] 클릭

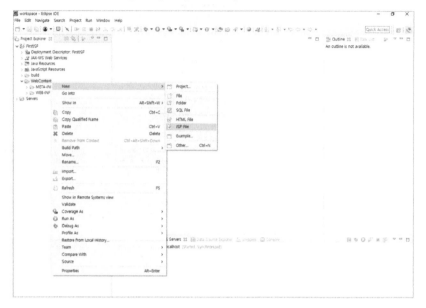

05 저장 jsp 프로그램 파일 이름 입력 후 [Finish] 클릭하면 프로그램의 기본 골격인 템
플릿(UTF-8)을 자동 생성해 준다. 이때 저장 jsp 프로그램 파일 이름도 프로젝트 이름처
럼 대소문자를 구분한다. 그러므로 브라우저 URL주소 입력 경우에도 대소문자 구분에
유의해야 한다.

06 프로그램 편집 후 저장 → [File] → [Save As] → [OK] 클릭

<u>07</u> 이클립스 내부 브라우저 실행 - (Run first.jsp)

[Finish] 클릭, 이때 체크 박스를 선택하면 자동 실행된다. 그리고 서버의 상태에 따라서 restart 또는 continue를 선택한다.

08 실행 결과

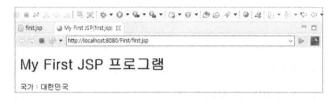

09 JSP 프로그램 처음 만들기 폴더 구조

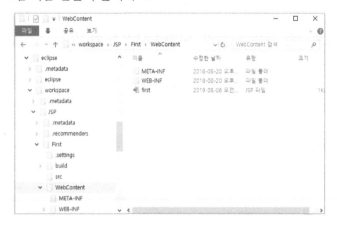

참고 실행 브라우저 선택 – 이클립스 [Window] → [Web Browser]

JSP 프로그램을 실행하면 이클립스 편집 창에 브라우저 실행 결과가 출력된다(기본). 편집 창과 실행 결과가 겹치는 번거로움을 피하기 위해 1, 2, 3을 선택하면 이클립스 편집 창과 실행 브라우저가 분리되어 실행된다.

0 Internal Web Browser   – 내부 브라우저
1 Default system web browser   – 기본 시스템 브라우저
2 Internet Explorer   – 익스플로러
3 Chrome   – 크롬

2.4 동적 웹 애플리케이션 인터넷 서비스

이 절에서는 동적 웹 애플리케이션의 개발 환경(development system)과 인터넷 서비스 환경(target system)에서의 동작 원리를 이해하고 이클립스기반 개발 환경에서 개발한 동적 웹 애플리케이션이 인터넷 서비스 환경에서 동작하도록 하는 방법과 과정에 대해 살펴보기로 하자.

2.4.1 JSP 프로그램 개발 환경과 인터넷 서비스 환경

앞 절에서 JSP 프로그램을 처음 만들고 성공적으로 실행해 보았다. 이번에는 인터넷 서비스 환경에서도 정상적으로 동작하는지 확인해 보자.

먼저 이클립스에서 톰캣 서버를 다운 또는 이클립스를 종료한 후 다음과 같이 first.jsp 프로그램을 실행해 보자.

인터넷 서비스를 위해 톰캣의 bin 폴더 아래 startup.bat 파일 더블 클릭하여 톰캣을 직접 구동시킨 후 브라우저를 다시 실행해 보자.

HTTP Status 404 – Not Found

Type Status Report

Message /First/first.jsp

Description The origin server did not find a current representation for the target resource or is not willing to disclose that one exists.

Apache Tomcat/9.0.10

위와 같은 오류가 발생하는 이유는 다음 그림과 참고에서 보는 바와 같이 한마디로 이클립스 기반 개발 환경과 인터넷 서비스 환경의 차이이다.

앞으로 우리가 실습하는 환경은 웹 컨테이너로 사용하는 톰캣이 독립적으로 설치된 것이 아니라 이클립스에 등록되어 연동하는 개발 환경이다.

따라서 이클립스기반 개발 환경에서 개발을 완료한 JSP 애플리케이션들은 톰캣 서버가 인터넷 서비스 환경에서 독립적으로 서비스를 제공할 수 있도록 톰캣 서버의 루트 (ROOT) 폴더 아래로 별도의 배포 과정을 거쳐야 한다.

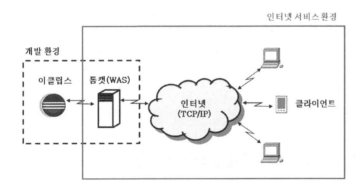

톰캣 서버가 인터넷 환경에서 독립적으로 서비스를 제공할 수 있도록 다음과 같은 작업을 해 주어야 한다.

① WAR 파일 생성 및 배포(이클립스 [Export] → [WAR file])

② 톰캣 구동(startup.bat)

③ 웹 애플리케이션 실행(http://localhost:8080/First/first.jsp 또는 http://IP주소:8080/First/first.jsp)

참고 **톰캣 서버의 루트 폴더 구조**

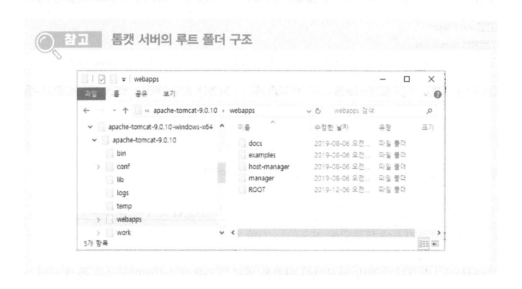

참고 WAR(Web Application aRchive)

- WAR는 웹 애플리케이션을 압축하여 저장해 놓은 파일이다. 개발한 웹 애플리케이션을 WAS(톰캣 등)에서 동작할 수 있는 구조로 되어 있다.
- 이클립스에서 WAR 파일을 자동으로 생성하고 배포할 수 있다.
- 톰캣 서버가 구동되면서 WAR 파일을 인지하고 압축을 해제함으로써 인터넷 서비스가 가능하게 된다.

참고 이클립스에서 jsp 파일을 컴파일 할 때 생성되는 java/class 파일 저장 위치

C:\eclipse\workspace\JSP\First\WebContent\first.jsp
C:\eclipse\workspace\JSP\.metadata\.plugins\org.eclipse.wst.server.core\
tmp0\work\Catalina\localhost\First\org\apache\jsp\first_jsp(JAVA 파일)
first_jsp(CLASS 파일)

2.4.2 WAR 파일 생성 및 배포

<u>01</u> 프로젝트 이름(First) 마우스 오른쪽 버튼 → [Export] → [WAR file]

<u>02</u> WAR 파일 저장

[Browse] 클릭한 후 다음과 같이 톰캣 서버의 root 폴더(C:\apache-tomcat-9.0.10-windows-x64\apache-tomcat-9.0.10\webapps)로 저장 폴더를 지정한 후 - [저장] → [Finish] 클릭

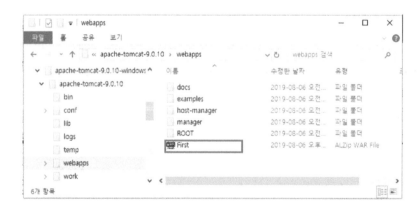

03 저장 후 폴더 보기

톰캣 서버의 root 폴더(webapps 폴더) 아래에 저장된 WAR 파일(First)을 확인할 수 있다.

2.4.3 톰캣 서버 직접 구동과 인터넷 서비스

이클립스기반 개발 환경에서 개발을 완료한 JSP 애플리케이션이 톰캣 서버가 인터넷 서비스 환경에서 독립적으로 서비스 해 주는 과정에 대해 살펴보기로 하자.

- 톰캣 서버 직접 구동
- 브라우저 실행

<u>01</u> 톰캣 서버 직접 구동

인터넷 서비스 환경을 위해 톰캣 서버를 직접 구동하는 방법은 명령 프롬프트 창에서
startup.bat 배치 파일을 실행 시키거나 톰캣의 bin 폴더 아래의 startup.bat 파일을 더블
클릭하면 된다.

톰캣이 실행되면서 자동으로 압축 WAR 파일 이름과 동일한 폴더를 생성한 후 압축을
해제시켜 인터넷 서비스가 가능하도록 다음과 같은 환경을 만들어 준다.

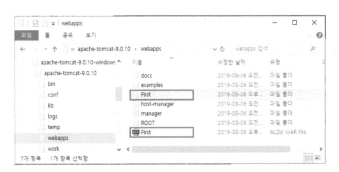

02 톰캣 서버가 실행 중인 상태에서 브라우저 URL 입력

예 익스플로러 실행

예 인터넷 환경에서 서버의 고정 IP 또는 서버 이름(도메인 네임)으로 접속해 보고 결과를 확인해 보자.

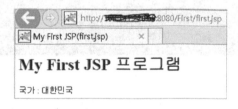

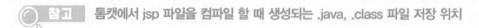

참고   톰캣에서 jsp 파일을 컴파일 할 때 생성되는 .java, .class 파일 저장 위치

C:\apache-tomcat-9.0.10-windows-x64\apache-tomcat-9.0.10\webapps\First\first.jsp
C:\apache-tomcat-9.0.10-windows-x64\apache-tomcat-9.0.10\work\Catalina\localhost\First\org\apache\jsp\first_jsp(JAVA 파일)
first_jsp(CLASS 파일)

 인터넷 서비스 환경에서 톰캣 서버 구동과 다운

① 톰캐 서버 구동(bin 폴더 아래 startup.bat 더블 클릭 또는 명령 프롬프트에서 실행)
② 톰캣 서버 다운(bin 폴더 아래 shutdown.bat 더블 클릭 또는 명령 프롬프트에서 실행))

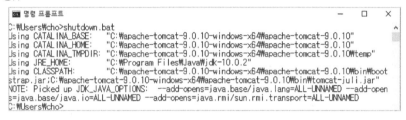

 80포트 충돌 오류

이클립스기반 개발 환경과 인터넷 서비스 환경의 반복되는 작업 과정 중에 자주 발생하는
80포트 충돌 오류이다. 이러한 오류는 하나 이상의 웹 서버를 동시에 사용하는 경우에도
발생한다. 이런 경우에는 작업 환경에 따라서 특정 웹 서버를 다운 또는 구동 시켜 주어야
한다.

CHAPTER 3

JSP 기본 문법과 동작 원리

3.1 JSP 웹 페이지 기본 구조

JSP는 HTML 태그 내에 자바 코드를 삽입하여 사용하는 스크립트 언어이다. 다음은 지시문, 선언문, 스크립트릿, 표현식, 주석문을 사용한 JSP 웹 페이지의 기본 구조에 대한 예이다.

```
1  <%-- 지시문(directive) --%>
2  <%@ page language="java" contentType="text/html; charset=UTF-8" pageEncoding="UTF-8"%>
3
4  <%@ page import="java.lang.*"%>
5
6  <!DOCTYPE html>
7  <html>
8  <head>
9    <meta charset="UTF-8">
10   <title>JSP 페이지 기본 구조(jsp_page_structure.jsp)</title>
11  </head>
12  <body>
13   <h3>JSP 페이지 기본 구조</h3>
14
15   <%--
16       주석문(comment)
17   --%>
18
19   <%!
20    /* 선언문(declaration)
21
22       자바 코드 ;
23
24    */
25   %>
26
27   <%
28    /* 스크립트릿(scriptlet)
29
30       자바 코드 :
31
32    */
33   %>
34
35   <b>표현식(expression) : <%= "자바 코드" %></b>
36
37  </body>
38  </html>
```

JSP 웹 페이지 기본 구조

3.2 JSP 웹 페이지 구성 요소

HTML 태그 외의 JSP 웹 페이지의 기본 구성 요소에는 지시문과 스크립트 요소인 선언문, 스크립트릿, 표현식, 주석문 그리고 액션태그 등이 있다.

이 절에서는 기본 구성 요소 중 지시문과 스크립트 요소 중심으로 설명하고 액션태그는 5장에서 따로 다루기로 한다.

구성 요소		태그	설명
지시문(directive)		〈%@　%〉	JSP 페이지 속성 지정
스크립트 요소	선언문(declaration)	〈%!　%〉	스크립트릿 또는 표현식에서 사용하는 변수나 메소드 선언(전역)
	스크립트릿(scriptlet)	〈%　%〉	JSP 페이지내 자바 코드 블록, 변수 선언만 가능
	표현식(expression)	〈%=　%〉	웹 브라우저에 결과 값 출력
	주석문(comment)	〈%--　--%〉	설명문
액션태그(action tag)		〈jsp:aciton〉 〈/jsp:action〉	xml 형식 태그, 다른 페이지 포함 또는 다른 페이지로 이동

3.2.1 지시문(directive)

지시문에는 **page, include, taglib**가 있으며 <%@ 지시문 속성 … %> 형태로 사용한다. 이 절에서는 JSP 웹 페이지에서 자주 사용하는 page 지시문 중심으로 설명한다.

지시문	형식	설명
page	〈%@ page … %〉	JSP 페이지에 대한 정보 설정
include	〈%@ include … %〉	JSP 페이지의 특정 영역에 다른 문서 포함
taglib	〈%@ taglib … %〉	JSP 페이지에서 사용할 태그 라이브러리 설정

(1) page 지시문

page 지시문은 JSP 웹 페이지에 대한 전체적인 속성을 지정하기 위해서 사용된다. 일반적으로 JSP 웹 페이지의 최상단에 선언하는 것을 권장하며 많이 사용하는 주요 속성은 다음 표와 같다.

속성	설명	기본 값
language	JSP 페이지가 사용할 프로그래밍 언어 설정	java
contentType	JSP 페이지가 생성할 문서의 콘텐츠 유형 설정	text/html
pageEncoding	JSP 페이지의 문자 인코딩 설정	ISO 8859-1(Latin-1)
import	JSP 페이지가 사용할 자바 클래스 설정	
session	JSP 페이지의 세션 사용 여부 설정	true

속성	설명	기본 값
buffer	JSP 페이지의 출력 버퍼 크기 설정	8KB
autoFlush	출력 버퍼의 동작 제어 설정	true
isThreadSafe	JSP 페이지의 멀티스레드 허용 여부 설정	true
info	JSP 페이지에 대한 설명 설정	
errorPage	JSP 페이지에 오류 발생 경우 출력 페이지 지정	
isErrorPage	JSP 페이지가 오류 페이지인지 여부 설정	false
isELIgnored	JSP 페이지의 표현 언어(EL) 지원 여부 설정	false
isScriptingEnabled	JSP 페이지의 스크립트 태그 사용 여부 설정	

㉠ page 지시문 – language, contentType, pageEncoding 속성

JSP 웹 페이지에서 사용하는 프로그래밍 언어, 콘텐츠 유형, 페이지 인코딩을 지정하는 지시문으로 모든 JSP 웹 페이지의 첫 줄에 정의하고 프로그래밍 하여야 한다.

```
<%@ page language="java" contentType="text/html; charset=UTF-8"
pageEncoding="UTF-8"%>
```

위 페이지 지시문은 "사용하는 프로그래밍 언어는 java, 콘텐츠 유형은 text/html, 한글 인코딩은 UTF-8로 처리하겠다"는 의미이다.

㉡ page 지시문 – import 속성

import는 JSP 프로그램에서 가장 많이 사용하는 속성으로 풍부한 자바 라이브러리를 이용할 수 있다. 따라서 JSP 프로그램에서 사용하려는 자바 클래스 또는 클래스가 속해 있는 패키지를 page 지시문의 import 속성을 이용하여 미리 지정해 주어야 한다.

java.lang 패키지의 경우는 자바 프로그래밍을 위한 가장 기본적인 클래스들을 포함하고 있는 라이브러리로 자동으로 import 되기 때문에 page 지시문을 생략하여도 된다.

```
<%@ page import="java.lang.*"%>
```

 **패키지**

유사한 역할을 하는 클래스들의 묶음

참고 **자바 API(Application Programming Interface) 패키지**

자바 API 패키지는 자바 개발자들을 위해 미리 구현해 놓은 클래스와 인터페이스들의 라이브러리 집합이다(JDK에서 제공). 즉, 자바 개발자들의 부담을 최소화하는 반면에 입출력, 화면 구성, 이미지, 네트워크와 같이 복잡하지만 필요한 클래스들을 미리 구현하여 사용자가 쉽게 사용하도록 하는 API이다. 이러한 자바 API는 유사한 기능의 클래스들을 묶어서 하나의 커다란 클래스 계층구조로 설계되어 있다.

패키지	설명
java.lang	자바 프로그래밍을 위한 가장 기본 기능 제공(생략 가능)
java.util	프로그램에 유용한 유틸리티 제공
java.io	입·출력 기능 제공
java.sql	sql 관련 기능 제공
java.time	날짜와 시간 관련 기능 제공(jdk 8 java.time 패키지 추가)

JSP 스크립트에서 자바 클래스를 사용할 경우에 page 지시문의 import 속성 값으로 사용하려는 클래스가 정의되어 있는 패키지를 선언해 주어야 한다. java.lang 패키지 경우는 자동으로 import 되기 때문에 import 문을 생략하여도 된다.

ⓒ page 지시문 – autoFlush 속성

jsp 페이지를 실행하기 전에 현재 출력 버퍼를 비울지 여부를 지정한다. true(기본값)이면 출력 버퍼를 비우고, false 이면 비우지 않는다. 기본 값이 true이므로 page 지시문을 생략하여도 된다.

```
<%@ page autoFlush = "true" %>
```

> **참고** **버퍼(buffer) 사용 이유**
>
> - 데이터 전송 성능 향상
> - JSP 실행 도중에 버퍼를 비우고 새로운 내용 전송가능
> - 버퍼가 다 차기 전까지 헤더 변경 가능

ㄹ page 지시문 – errorPage, isErrorPage 속성

errorPage는 JSP 페이지가 오류 페이지 인지 여부를 설정(기본 false)하고 만일 오류
페이지인 경우에는 오류 처리할 페이지(상대경로 또는 절대경로)를 isErrorPage 속
성으로 지정한다. 자세한 예는 다음 4절 예외처리를 참조하기 바란다.

```
<%@ page isErrorPage = "true" %>
                    <%-- 오류 페이지인지 여부 설정(기본 false) --%>
<%@ page errorPage = "오류처리 파일 경로" %>
                    <%-- 오류 발생 경우 출력 페이지 지정 --%>
```

(2) include 지시문

include 지시문은 현재 JSP 페이지 내에 다른 페이지를 포함할 경우 사용하는 지시문으
로 JSP 웹 페이지 어디에서든 선언 가능하다.

다수의 JSP 페이지에서 공통으로 사용되는 부분(머리글(header), 메뉴(menu), 꼬리글
(footer), 일부 기능 등)을 별도의 외부 파일(확장자 임의 지정 가능)로 모듈화하여 필요
한 경우 매번 코딩하지 않고 단순히 포함시킴으로써 매우 유용하게 사용된다. include
지시문 사용은 중복 중복된 코드의 재사용과 유지보수가 쉽다는 장점이 있다.

```
<%@ include file="포함할 파일 경로" %>
```

file 속성으로 지정한 페이지(상대경로 또는 절대경로)는 include 지시문 위치에 포함된
후 컴파일되어 실행된다. 액션태그 include와 매우 유사하지만 약간의 차이가 있다. 5장
액션태그에서 자세히 다루도록 한다.

(3) taglib 지시문

 taglib 지시문은 태그 라이브러리의 태그를 사용할 수 있는 기능을 제공한다. 현재 JSP 페이지에 표준 태그 라이브러리(JSTL: JSP Standard Tag Library)를 사용할 경우에 사용하며 prefix 속성과 uri 속성을 지정한다.

```
<%@ taglib prefix="접두어" uri="태그 라이브러리 경로" %>
```

prefix 속성은 uri에서 설정한 표준 태그 라이브러리를 식별하기 위한 고유 이름(접두어)이고 uri 속성은 태그 라이브러리의 경로 주소이다.

다음에 학습할 스크립트릿과 HTML의 혼합 형태인 복잡한 코드를 사용자 정의 태그를 사용하면 스크립트릿 코드의 사용을 줄이면서 xml 형식의 더욱 간결하고 이해하기 쉬운 JSP 페이지를 작성할 수 있다. 자세한 내용은 9장을 참조하기 바란다.

3.2.2 스크립트요소

JSP 웹 페이지 기본 구조에서 살펴본 바와 같이 JSP 페이지 내의 스크립트 요소로써 필요에 따라서 선언문, 스크립트릿, 표현식, 주석문 등을 사용할 수 있다.

(1) 선언문(declaration)

JSP페이지 내에서 사용되는 자바 변수나 메소드를 선언하는 데 사용한다. 선언된 변수와 메소드는 JSP 페이지 임의의 위치에서 선언해도 스크립트릿에서 사용 가능하며 각각 전역변수, 전역 메소드로 사용된다.

```
<%!
   자바 코드 ;
%>
```

(2) 스크립트릿(scriptlet)

JSP 페이지에서 자바 코드를 작성하기 위해 가장 많이 사용되는 요소로 자바 로직 코드를 작성하는데 사용한다. 스크립트릿에서는 선언문과 달리 변수(지역 변수)만 선언 가능하다.

JSP 페이지의 스크립트릿에서 사용되는 변수의 값, 계산식, 또는 메소드 호출 결과 값의 출력은 out 내장객체의 print()메소드를 사용한다.

```
<%
   자바 코드 ;
%>
```

참고   선언문과 스크립트릿의 차이점

- 선언문 : 변수(전역 변수), 메소드 선언 가능
- 스크립트릿 : 변수(지역 변수) 선언 가능

(3) 표현식(expression)

JSP페이지 내에서 사용되는 변수의 값, 계산식, 또는 메소드 호출 결과 값을 문자열 형태(String 타입)로 출력하는데 사용한다. 스크립트릿에서 표현식을 사용할 수 없으며 표현식에서는 ';' 를 사용 할 수 없다

```
<%= java 코드   %>
```

(4) 주석문(comment)

프로그램의 실행 또는 실행제어 흐름에 영향을 주지 않는 비실행문으로 단지 이해를 도와주는 설명문으로 웹 페이지 실행 결과 브라우저의 [보기]-[소스](익스플로러), 또는 [페이지 소스 보기](크롬)에 나타나지 않는다. 또한 자바에서 사용하는 1줄 주석(//), 여

러 줄 주석(/*   */) 사용도 가능하다.

```
<%--
   주석문
--%>
```

3.3 JSP 프로그램의 동작 원리

JSP 프로그램은 웹 컨테이너(WAS)를 통해 자바 서블릿 코드로 변환 후 컴파일되어 실행된다. 다음 그림은 클라이언트가 요청하는 웹 페이지(JSP 스크립트 포함)에 대한 웹 애플리케이션 서버(WAS)의 동적 웹 서비스 동작 원리에 대한 설명이다.

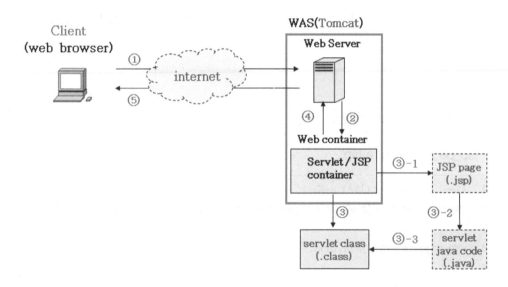

JSP 처리 과정

① 클라이언트는 웹 브라우저(URL)를 통해 웹 서버에게 웹 페이지(.jsp) 서비스를 요청한다.

② 웹 서버는 JSP 스크립트 페이지인 것을 확인하고 웹 컨테이너에게 처리 요청한다.

③ 웹 컨테이너는 웹 페이지(.jsp)에 대한 서블릿 클래스(.class)를 로딩하여 클라이언트의 요청을 처리한다.

③-1 만일 웹 페이지(.jsp)가 변경되었거나 서블릿 클래스(.class)가 없는 경우

③-2 변환(translation) 단계 : 웹 페이지(.jsp)를 자바 코드(.java)로 변환한다.

③-3 컴파일(compile) 단계 : 자바 코드(.java)를 컴파일하여 서블릿 클래스(.class)를 생성한다.

④ 웹 컨테이너는 요청에 대한 서블릿 클래스 실행 결과를 웹 서버로 전달한다.

⑤ 웹 서버는 웹 컨테이너로 부터 전달받은 웹 페이지(HTML)를 클라이언트에게 전송한다. 그리고 사용자는 웹 브라우저를 통해 요청 결과를 확인한다.

참고 JSP와 서블릿

- JSP : HTML 코드에 자바 언어를 삽입하여 웹 페이지 생성
- servlet : JSP와 반대로 자바 코드에 출력 객체를 사용하여 HTML 코드를 삽입한 웹 페이지 생성

예 이클립스 JSP 소스 코드(jsp_page_structure.jsp)

■ **jsp_page_structure.jsp**

```
1   <%-- 지시문(directive) --%>
2   <%@ page language="java" contentType="text/html; charset=UTF-8" pageEncoding="UTF-8"%>
3
4   <%@ page import="java.lang.*"%>
5
6   <!DOCTYPE html>
7   <html>
8   <head>
9    <meta charset="UTF-8">
10   <title>JSP 페이지 기본 구조(jsp_page_structure.jsp)</title>
11   </head>
12   <body>
13    <h3>JSP 페이지 기본 구조</h3>
14
```

```
15   <%--
16       주석문(comment)
17   --%>
18
19   <%!
20    /* 선언문(declaration)
21        자바 코드
22    */
23   %>
24
25   <%
26    /* 스크립트릿(scriptlet)
27        자바 코드
28    */
29    String var = "표현식";
30   %>
31
32   <b>표현식(expression) : <%= var %></b>
33
34   </body>
35   </html>
```

예 변환된 자바 코드(jsp_page_structure_jsp.java)

```
      ...... ( 생략 )  ......

    out.write("<!DOCTYPE html>\r\n");
    out.write("<html>\r\n");
    out.write("<head>\r\n");
    out.write(" <meta charset=\"UTF-8\">\r\n");
    out.write(" <title>JSP 페이지 기본 구조(jsp_page_structure.jsp)</title>\r\n");
    out.write("</head>\r\n");
    out.write("<body>\r\n");
    out.write(" <h3>JSP 페이지 기본 구조</h3>\r\n");
    out.write("\r\n");
    out.write(" ");
    out.write("\r\n");
```

```
    out.write("\r\n");
    out.write(" ");
    out.write("\r\n");
    out.write("\r\n");
    out.write(" ");

/* 스크립트릿(scriptlet)
   자바 코드
*/
String var = "표현식";

    out.write("\r\n");
    out.write("\r\n");
    out.write(" <b>표현식(expression) : ");
    out.print( var );
    out.write("</b>\r\n");
    out.write(" \r\n");
    out.write("</body>\r\n");
    out.write("</html>");

    ......  ( 생략 )  ......
```

🔍 **참고**   이클립스에서 jsp 파일을 컴파일 할 때 생성되는 .java와 .class 파일 저장 위치

C:\eclipse\workspace\JSP\Exam\WebContent\jsp_page_structure.jsp(JSP 소스 파일)
C:\eclipse\workspace\JSP\.metadata\.plugins\org.eclipse.wst.server.core \tmp0\work\Catalina\localhost\Exam\org\apache\jsp\jsp_005fpage_005fstr ucture_jsp.JAVA(자바 파일)
C:\eclipse\workspace\JSP\.metadata\.plugins\org.eclipse.wst.server.core \tmp0\work\Catalina\localhost\Exam\org\apache\jsp\jsp_005fpage_005fstr ucture_jsp>CLASS(클래스 파일)

예 브라우저 실행 결과(익스플로러)

예 브라우저 실행 결과 소스코드 보기

브라우저 실행 결과 소스 코드(익스플로러 [소스 보기]), 크롬 [페이지 소스 보기])와 이 클립스에서 작성한 소스코드와 비교해 보자. JSP 웹 페이지 구성 요소인 지시문, 선언문, 스크립트릿, 표현식, 주석문이 보이지 않는다.

3.4 JSP 프로그래밍 기초

JSP에서 사용되는 자바의 주요 개념은 변수와 상수, 기본 데이터 형과 레퍼런스 데이터 형, 연산자, 클래스와 메소드, new 키워드를 사용한 객체 생성과 메소드 실행, 반복문, 제어문, 패키지 사용 등이 있다.

3.4.1 변수와 데이터 형

(1) 변수

변수(variable)는 데이터를 저장하기 위한 저장 장소(메모리 영역)를 가리키는 이름을 말하며 값을 저장하거나 저장된 값을 변경할 수 있다. 저장 장소에 값을 저장하기 위해서는 먼저 데이터의 유형에 적합한 변수가 선언 되어야 한다.

```
데이터형   변수명 ;
```

변수는 전역 변수(global variable)와 지역 변수(local variable)로 구분한다. 선언문에서 선언한 변수를 전역 변수라고 하며 스크립트릿에서 선언한 변수를 지역 변수하고 한다. 이렇게 구분하는 이유는 변수로서의 적용 범위가 다르기 때문이다.

예제 3-1

전역 변수와 지역 변수의 적용 범위에 대한 프로그램을 작성해 보자.

실행 결과를 확인한 후 반복적으로 재실행(새로 고침)하면서 값의 변화를 비교해 보자. 전역 변수 값은 계속 1씩 증가하는 반면 지역 변수의 값은 항상 1(메모리 할당 및 초기화)이다.

■ var_global_local.jsp

```
1  <%@ page language="java" contentType="text/html; charset=UTF-8" pageEncoding="UTF-8"%>
2
3  <!DOCTYPE html>
4  <html>
5  <head>
6   <meta charset="UTF-8">
7   <title>전역변수와 지역변수(var_global_local.jsp)</title>
8  </head>
9  <body>
```

```
10   <b>전역변수와 지역변수 적용범위</b><Br>
11   <%!
12    // 선언문 - 전역변수 선언
13    int global_var = 0;
14   %>
15
16   <%
17   // 스크립트릿 - 지역변수 선언
18    int local_var = 0;
19
20    out.print("global_var = " + global_var++ + "<Br>");
21    out.print("local_var = " + local_var++);
22   %>
23
24   </body>
25   </html>
```

http://localhost:8080/Exam/jsp_basic/basic/var_global_local.jsp

전역변수와 지역변수(var_g... ×

전역변수와 지역변수 적용범위
global_var = 1
local_var = 1

http://localhost:8080/Exam/jsp_basic/basic/var_global_local.jsp

전역변수와 지역변수(var_g... ×

전역변수와 지역변수 적용범위
global_var = 2
local_var = 1

참고   식별자(identifier)

변수, 상수, 클래스, 객체, 메소드, 등을 구분하기 위해 사용자가 만드는 이름으로 다음 규칙에 따라 의미 있는 이름을 작명하여 사용하여야 한다.

- 영문자(a~z, A~Z), _(under bar), $, 숫자(0~9) 조합으로 구성
- 첫 글자 영문자(숫자 사용 불가)
- 대 • 소문자 구분
- 예약어(reserved word) 사용 불가
- 길이 제한 없음

> **참고**   **자바 코딩 규약**
>
> 프로그램은 다수 개발자에 의해 개발되고 유지보수 된다. 따라서 프로그램에 대한 이해와 유지보수를 용이하게 할 목적으로 간단한 자바 코딩 규약을 제시하고 있다.
>
> - 변수명 : 첫 문자는 소문자, 다음 단어의 첫 문자는 대문자
>   예 int pageNo = 3 ;
> - 상수명 : 통상 모두 대문자
>   예 int MAX_SIZE = 10 ;
> - 클래스와 인터페이스명 : 첫 문자는 대문자, 다음 단어의 첫 문자는 대문자
>   예 class명   BankAccount
>   예 interface명   AccountGubun
> - 메소드명 : 첫 문자는 소문자, 다음 단어의 첫 문자는 대문자
>   예 accountBalance

(2) 데이터 형

변수에 저장되는 데이터는 다양한 형태의 값을 가질 수 있는데 이를 데이터 형(data type)이라 한다. 데이터 형에는 기본 데이터 형(primitive data type)과 참조 데이터 형(reference data type)이 있다. 기본 데이터 형 변수는 직접 연산에 필요한 값(숫자, 문자 등)을 저장한다. 참조 데이터 형은 값이 저장되어 있는 저장소의 주소 값(참조 값)을 갖는다. 문자열, 배열, 클래스가 이에 속한다.

자바의 기본 데이터 형에는 숫자형, 문자형, 논리형이 있다.

구분		데이터 형	유효 값의 범위
숫자형	정수형	byte	1byte(-128 ~ 127)
		short	2byte(-32768 ~ 32767)
		int	4byte($-2^{32} \sim 2^{31}-1$)
		long	8byte($-2^{63} \sim -2^{63}-1$)
	실수형	float	4byte
		double	8byte
문자형		char	2byte
논리형		boolean	true, false

예 변수 선언 후 값 할당

```
int  su ;            // 변수 선언
su = 100 ;           // 값 할당
```

예 변수 선언과 초기화(값 할당)

```
int su = 100 ;
float ave = 99.5f ;
char ch = 'k' ;
```

 참고 실수형 데이터 표현

float의 경우 값 뒤에 double과 구분 위해 f 또는 F 붙임
double의 경우 값 뒤에 d 또는 D 붙임 (생략 가능)

3.4.2 상수

상수(constant)는 값 대신 사용하는 이름으로 그 값이 변하지 않는다. 변수는 메모리 공간에 값을 저장하거나 변경하는 것이 가능하지만 상수는 프로그램 실행 도중에 값을 변경하거나 다시 정의할 수 없다.

상수명은 변수처럼 식별자 규약을 따르며 관례적으로 대문자를 사용한다.

```
데이터형   상수명 ;
```

예

```
int  MAX_SIZE = 10 ;
String ID = "root" ;
boolean FLAG = true ;
```

3.4.3 연산자

자바에서는 다양한 연산자(operator)들을 제공하고 있다. 그리고 피 연산자의 수에 따라 1항, 2항, 3항 연산자로 구분한다. 특히 연산식에서 괄호('()') 사용은 연산의 우선순위를 임의로 변경하거나 프로그램의 가독성을 높여주기 위해 사용한다.

구분	연산자	설명
할당연산자	=	
산술연산자	+	덧셈
	−	뺄셈
	*	곱셈
	/	나눗셈 몫
	%	나눗셈 나머지
관계연산자	==	같다
	!=	같지 않다
	〉	크다
	〈	작다
	〉=	크거나 같다
	〈=	작거나 같다
논리연산자	&&	논리 곱(and)
	||	논리 합(or)
	!	부정
(선 • 후)증감연산자	++	연산 전 +1(피 연산자 앞 경우), 연산 후 +1(피 연산자 뒤 경우)
	−−	연산 전 −1(피 연산자 앞 경우), 연산 후 −1(피 연산자 뒤 경우)
복합할당연산자	+=	
	−=	
	*=	
	/=	

예제 3-2

2개의 정수를 비교하여 수1이 수2 보다 크거나 같으면 정수의 덧셈을, 아니면 2개의 정수 값을
교환한 후 수1에서 수2를 뺄셈하는 프로그램을 작성해 보자.
실행 결과를 확인한 후 수2(su1)를 수1(su1) 보다 큰 수로 변경하고 실행 결과를 확인 해 보자.

■ **var_op.jsp**

```
1    <%@ page language="java" contentType="text/html; charset=UTF-8" pageEncoding="UTF-8"%>
2
3    <!DOCTYPE html>
4    <html>
5    <head>
6     <meta charset="UTF-8">
7     <title>변수와 연산자 사용(var_op.jsp)</title>
8    </head>
9    <body>
10   <b>변수와 연산자</b><Br>
11   <%!
12    // 선언문(declaration)
13    int su1 = 10;
14    int su2 = 1;
15   %>
16
17   <%
18   // 스크립트릿(scriptlet)
19   int result = 0;
20   int temp = 0;
21
22   if ( su1 >= su2) {
23      result = su1 + su2;
24   } else {
25    // su1과 su2 교환
26    temp = su1;
27    su1 = su2;
28    su2 = temp;
29    result = su1 - su2;
```

```
30    }
31
32    %>
33
34    <!-- 표현식(expression) -->
35    <%=su1 %><Br>
36    <%=su2 %><Br>
37    연산 결과 = <%=result %>
38
39    </body>
40    </html>
```

3.4.4 배열

배열(array)은 같은 유형의 여러 개 데이터들을 하나의 이름으로 저장하고 사용하는 데이터 구조로 여러 개의 변수를 사용하는 불편함을 해소하고 반복적인 처리를 하고 싶을 경우 유용하게 사용된다. 배열은 1차원부터 다 차원 구조를 가질 수 있다.

배열을 사용하기 위한 배열의 선언과 생성은 선언과 생성의 2단계를 거치거나 또는 선언과 생성을 하나의 명령문으로 표현할 수 있다.

(1) 1차원 배열

```
데이터형[]  배열명 ;   또는  데이터형  배열명[] ;  // 배열 선언

배열명  = new 데이터형[원소 수] ;              // 배열 생성
```

```
데이터형[]  배열명 = new 데이터형[원소 수] ;    // 배열 선언과 생성

데이터형  배열명[] = new 데이터형[원소 수] ;    // 배열 선언과 생성
```

jumsu

[0]	[1]	[2]

예 1차원 점수배열 선언과 생성

```
int[] jumsu ;                        // 또는 int jumsu[] ;
jumsu  = new[3];
```

예 1차원 점수배열 선언과 생성 및 초기화(값 할당)

```
int jumsu[] =  new  int[3] ;      // 1차원 정수형 점수배열 선언과 생성
jumsu[0] = 89 ;                    // 1번째 원소 값 할당
jumsu[1] = 90 ;                    // 2번째 원소 값 할당
jumsu[2] = 91 ;                    // 3번째 원소 값 할당
```

예 1차원 점수배열 선언과 생성 및 초기화(값 할당)

```
int  jumsu[]  =  {89, 90, 91} ;
```

예제 3-3

3과목의 점수와 과목명을 각각 1차원 배열로 정의하고 총점과 평균을 구하는 성적처리 프로그램을 작성해 보자.

■ array1.jsp

```
1   <%@ page language="java" contentType="text/html; charset=UTF-8" pageEncoding="UTF-8"%>
2
3   <!DOCTYPE html>
4   <html>
5   <head>
6    <meta charset="UTF-8">
7    <title>1차원 배열과 활용(array1.jsp)</title>
8   </head>
9   <body>
10   <b>1차원 배열 성적처리</b><Br>
11
12   <%
13    // 1차원 점수배열 선언과 생성
14    // int[] jumsu ;              // 또는 int jumsu[]
15    // jumsu  = new int[3];
16    // 또는
17    // int jumsu[] = new int[3];
18
19    // 배열 초기화
20    // jumsu[0] = 89;
21    // jumsu[1] = 90;
22    // jumsu[2] = 91;
23
24    // 1차원 점수배열 선언과 생성 및 초기화
25    int jumsu[] = {89, 90, 91};
26
27    // 1차원 과목명배열 선언과 생성 및 초기화
28    String title[] = {"JSP", "HTML", "Java", "총점", "평균"};
29
30    // 변수 초기화
31    int total = 0;              // 총점
```

```
32   float average = 0;          // 평균
33
34   // 성적처리 - 총점, 평균 계산
35   total = jumsu[0] + jumsu[1] + jumsu[2];
36   average = total / 3;
37   %>
38
39   <!-- 성적처리 결과출력 - 1차원 배열 출력 -->
40   <%=title[0] %> = <%=jumsu[0] %><Br>
41   <%=title[1] %> = <%=jumsu[1] %><Br>
42   <%=title[2] %> = <%=jumsu[2] %><p>
43
44   <%=title[3] %> = <%=total %><Br>
45   <%=title[4] %> = <%=average %>
46
47   </body>
48   </html>
```

http://localhost:8080/Exam/jsp_basic/array/array1.jsp

1차원 배열과 활용(array1.j... ×

1차원 배열 성적처리
JSP = 89
HTML = 90
Java = 91

총점 = 270
평균 = 90.0

(2) 2차원 배열

데이터형[][] 배열명 = new 데이터형[행 원소 수][열 원소 수] ;

데이터형 배열명[][] = new 데이터형[행 원소 수][열 원소 수] ;

jumsu

[0][0]	[0][1]	[0][2]
[1][0]	[1][1]	[1[2]

예 2차원 점수배열 선언과 생성 및 초기화(값 할당)

```
int jumsu[][] = new int[2][3] ;      // 2차원 정수형 점수배열 선언과 생성
jumsu[0][0] = 89 ;                    // 1행의 1열 원소 값 할당
jumsu[0][1] = 90 ;                    // 1행의 2열 원소 값 할당
jumsu[0][2] = 91 ;                    // 1행의 3열 원소 값 할당
jumsu[1][0] = 79 ;                    // 2행의 1열 원소 값 할당
jumsu[1][1] = 80 ;                    // 2행의 2열 원소 값 할당
jumsu[1][2] = 81 ;                    // 2행의 3열 원소 값 할당
```

예 2차원 점수배열 선언과 생성 및 초기화(값 할당)

```
int jumsu[][] = {{89, 90, 91}, {79, 80, 81}} ;
```

예제 3-4

학생 2명의 3과목의 점수를 2차원 배열로 정의하고 학생별 총점과 평균을 구하는 성적처리 프로그램을 작성해 보자.

■ array2.jsp

```
1   <%@ page language="java" contentType="text/html; charset=UTF-8" pageEncoding="UTF-8"%>
2
3   <!DOCTYPE html>
4   <html>
5   <head>
6    <meta charset="UTF-8">
7    <title>2차원 배열과 활용(array2.jsp)</title>
8   </head>
9   <body>
10   <b>2차원 배열 성적처리</b><Br>
11
12   <%
13    // 2차원 점수배열 선언과 생성
14    // int[][] jumsu ;           // 또는 int jumsu[][]
15    // jumsu  = new int[2][3];
16    // 또는
```

```
17   //int jumsu[][] = new int[2][3];
18
19   // 배열  초기화
20   // jumsu[0][0] = 89;
21   // jumsu[0][1] = 90;
22   // jumsu[0][2] = 91;
23   // jumsu[1][0] = 79;
24   // jumsu[1][1] = 80;
25   // jumsu[1][2] = 81;
26
27   // 2차원  점수배열 선언과 생성 및 초기화
28   int jumsu[][] = {{89, 90, 91}, {79, 80, 81}};
29
30   // 학생별 총점, 평균 1차원 배열 선언과 생성
31   int total[] = new int[2];          // 총점
32   float average[] = new float[2];    // 평균
33
34   // 성적처리 - 학생별 총점, 평균 계산
35   total[0] = jumsu[0][0] + jumsu[0][1] + jumsu[0][2];
36   total[1] = jumsu[1][0] + jumsu[1][1] + jumsu[1][2];
37   average[0] = total[0] / 3;
38   average[1] = total[1] / 3;
39   %>
40
41   <!-- 성적처리 결과출력 - 2차원 배열 출력 -->
42   1행 1열([0][0]) = <%=jumsu[0][0] %><Br>
43   1행 2열([0][1]) = <%=jumsu[0][1] %><Br>
44   1행 3열([0][2]) = <%=jumsu[0][2] %><Br>
45   학생1 총점 = <%=total[0] %>  평균 = <%=average[0] %><p>
46
47   2행 1열([1][0]) = <%=jumsu[1][0] %><Br>
48   2행 2열([1][1]) = <%=jumsu[1][1] %><Br>
49   2행 3열([1][2]) = <%=jumsu[1][2] %><Br>
50   학생2 총점 = <%=total[1] %>  평균 = <%=average[1] %>
51
52 </body>
53 </html>
```

3.4.5 클래스, 객체, 메소드

객체(object)는 현실 세계에 존재하는 서로 구별되는 구체적 대상을 가리킨다. 클래스 (class)는 유사한 객체들의 그룹을 의미하며 각각의 객체들을 구별하기 위해 속성 (attribute)과 메소드(method)로 구성된다. 속성은 객체의 고유한 성질을 나타내며 메소 드는 객체의 동적 행위를 기술한다. 클래스 인스턴스(instance)가 바로 객체이다.

(1) 클래스 정의

```
[접근제어자]  class  클래스명  {

    // 변수


    // 생성자(생성자 메소드)
    [접근제어자]  리턴데이터형  생성자명([데이터형1 파라미터1, ... 데이터형n 파라미터n]) {

    }


    // 메소드
    [접근제어자]  리턴데이터형  메소드명([데이터형1 파라미터1, ... 데이터형n 파라미터n]) {

    }

}
```

> 🔍 **참고** **생성자**(constructor)
>
> 생성자(생성자 메소드)는 클래스로부터 객체가 생성될 때 가장 먼저 자동적으로 수행(단
> 한번 호출)되는 특별한 메소드이다. 생성자명은 클래스명과 동일한 이름을 사용하며 주로
> 생성되는 객체의 초기화 과정을 정의한다.

(2) 객체 선언과 생성

```
클래스명   객체참조변수명 ;                    // 객체 선언
객체참조변수명  = new  클래스명() ;             // 객체 생성

클래스명   객체참조변수명  = new  클래스명() ;   // 객체 선언 및 생성
```

예제 3-5

다음 은행 계좌(Account) UML 클래스 다이어그램(class diagram)을 참조하여 계좌 클래스를
정의하고 입금과 출금을 처리하는 계좌관리 프로그램을 작성해 보자.

단, 임의의 계좌 객체를 생성한 후 5000원을 입금한다. 그리고 잔액을 확인한다.

이 계좌에서 3000원을 출금한다. 그리고 잔액을 확인한다.

이 계좌에서 3000원을 출금한다. 이때 출금액이 잔액을 초과할 경우에는 "잔액 부족"이
라는 오류 메시지를 출력한다.

Account
String   account_no int   balance
int deposit(int amount) int payment(int amount)

UML 은행 계좌 클래스

■ class.jsp

```
1   <%@ page language="java" contentType="text/html; charset=UTF-8" pageEncoding="UTF-8"%>
2
3   <!DOCTYPE html>
4   <html>
5   <head>
6    <meta charset="UTF-8">
7    <title>클래스와 메소드 사용(class.jsp)</title>
8   </head>
9   <body>
10  <b>클래스와 메소드(은행 계좌관리)</b><Br>
11
12  <%!
13    // 계좌 클래스 정의
14    class Account {
15       String account_no = "";       // 계좌번호
16       int balance = 0;              // 잔액
17
18       // 생성자
19       Account(String account_no) {
20          this.account_no = account_no;
21       }
22
23       // 예금 메소드
24       int deposit(int amount) {
25          balance += amount;
26          return balance;
27       }
28
29       // 출금 메소드
30       int payment(int amount) {
31
32          if (balance >= amount) {
33             balance -= amount;
34             return balance;
35          } else {
36             return balance;
```

```
37          }
38      }
39
40  }
41  %>
42
43  <%
44  int deposit_don = 0;      // 입금액
45  int payment_don = 0;      // 출금액
46  int balance = 0;          // 잔액
47
48  // 객체 생성
49  Account account = new Account("11-01-0011");
50  out.print("계좌번호 : " + account.account_no + "<Br>");
51  out.print("잔액 : " + account.balance + "<p>");
52
53  deposit_don = 5000;
54  account.deposit(deposit_don);
55  out.print(deposit_don + " 입금 후 잔액 : " + account.balance + "<p>");
56
57  payment_don = 3000;
58  balance = account.payment(payment_don);
59  out.print(payment_don + " 출금 후 잔액 : " + account.balance + "<p>");
60
61  payment_don = 3000;
62  balance = account.payment(3000);
63
64  if (balance < payment_don) {
65      out.print(payment_don + " 출금 후 잔액 : " + account.balance + "<Br>");
66      out.print("잔액 부족으로 출금할 수 없습니다 !!<p>");
67  }
68  %>
69
70  </body>
71  </html>
```

(3) 메소드 정의

객체지향 언어의 메소드는 절차지향 언어의 함수(function)와 같으며 오퍼레이션 (operation)이라 부르기도 한다.

```
[접근제어자]  리턴데이터형  메소드명(데이터형1 파라미터1, ... 데이터형n 파라미터n) {

    자바 코드 1 ;
    ............ ;

    자바코드 n ;
    return(리턴값) ;
}
```

(4) 메소드 호출

메소드 호출은 메소드 정의의 메소드명으로 호출하며 호출과 정의의 파라미터는 1:1로 대응(갯수, 데이터 형 일치)되어야 한다.

```
메소드명(파라미터1,  ...  파라미터n) {
```

(5) return 문

메소드가 호출되면 해당 메소드가 처리된 후 넘겨줄 return(리턴 값)(괄호 생략 가능)이 없는 경우 리턴 데이터 형은 void로 선언하며 return 또는 return을 생략할 수 있다.

```
return;
return value;
return (value);
```

2개의 정수를 파라미터로 전달받아 합을 구하는 메소드를 정의하고 호출하는 프로그램을 작성해 보자.

■ **method.jsp**

```
1   <%@ page language="java" contentType="text/html; charset=UTF-8" pageEncoding="UTF-8"%>
2
3   <!DOCTYPE html>
4   <html>
5   <head>
6    <meta charset="UTF-8">
7    <title>메소드 사용(method.jsp)</title>
8   </head>
9   <body>
10   <b>메소드 정의와 호출</b><Br>
11
12   <%!
13    // 메소드 정의
14    public int sum(int para1, int para2) {
15
16       int tot;
17
18       tot = para1 + para2;
19       return tot;
20   }
21   %>
22
23   <%
24    // 변수 선언 및 초기화
25    int su1 = 1;
26    int su2 = 10;
```

```
27    int hap = 0;
28    int fcn_sum = 0;
29
30    hap = su1 + su2;
31    fcn_sum = sum(su1, su2);         // 메소드 호출
32    %>
33
34    <%=su1 %> + <%=su2 %> = <%=hap %><p>
35
36    <%=su1 %> + <%=su2 %> = <%=fcn_sum %><Br>
37    <%=su1 %> + <%=su2 %> = <%=sum(1, 10) %>
38
39    </body>
40    </html>
```

http://localhost:8080/Exam/jsp_basic/basic/method.jsp

메소드 사용(method.jsp)   ×

메소드 정의와 호출
1 + 10 = 11

1 + 10 = 11
1 + 10 = 11

3.4.6 스트링

스트링(string)은 자바의 기본 데이터 형이 아니라 배열처럼 참조 데이터 형의 클래스이다. 특히 문자열을 처리하기 위해 스트링 클래스는 매우 유용하게 사용하며 다양한 메소드를 포함하고 있다.

리턴타입	메소드	설명
boolean	equals(Object arg0)	문자열과 같으면 true, 틀리면 false 리턴
int	length()	문자열 길이 리턴
int	compareTo(String arg0)	
boolean	isEmpty()	
boolean	matches(String arg0)	

리턴타입	메소드	설명
String	replace(char arg0, char arg1)	
String	replaceAll(char arg0, char arg1)	
String[]	split(String arg0)	
String	substring(int arg0)	arg0 위치부터 끝까지 부분 문자열 리턴
String	substring(int arg0, int arg1)	arg0 위치부터 arg1 까지 부분 문자열 리턴
String	toLowerCase()	
String	toString()	
String	toUpperCase()	
String	trim()	

※ 스트링 클래스 사용 경우 JSP 지시문 - 생략 가능

```
<%@ page import="java.lang.String" %>

<%@ page import="java.lang.*" %>
```

예제 3-7

문자열 처리를 위한 스트링 클래스의 메소드 사용법을 실습해 보자.

■ string.jsp

```
1  <%@ page language="java" contentType="text/html; charset=UTF-8" pageEncoding="UTF-8"%>
2
3  <!DOCTYPE html>
4  <html>
5  <head>
6   <meta charset="UTF-8">
7   <title>스트링 클래스  사용(string.jsp)</title>
8  </head>
9  <body>
10  <b>스트링 클래스 메소드</b><Br>
11
12  <%
13   // 변수 선언
```

```
14    String univ = "first university";
15    String UNIV = "FIRST UNIVERSITY";
16    String msg = "";
17
18    // 스트링 클래스 메소드 사용
19    int str_len = univ.length();
20    String sub_str1 = univ.substring(0, 4);
21    String sub_str2 = UNIV.substring(4);
22 %>
23
24    문자열 길이(length) : <%=str_len %><Br>
25    부분 문자열(substring) : <%=sub_str1 %><Br>
26    부분 문자열(substring) : <%=sub_str2 %><p>
27 <%
28    if (univ.isEmpty()) {
29        msg = "empty";
30    } else {
31        msg = "not empty";
32    }
33    out.print("isEmpty : " + msg + "<Br>");
34
35    if (univ.equals(UNIV.toLowerCase())) {
36        msg = "equal";
37    } else {
38        msg = "not equal";
39    }
40    out.print("toLowerCase : " + msg + "<p>");
41
42    out.print("equals : " + univ.equals(univ) + "<Br>");
43    out.print("matches : " + univ.matches("university") + "<Br>");
44    out.print("compareTo : " + univ.compareTo("first university") + "<Br>");
45    out.print("replace  : " + univ.replace("i", "I") + "<Br>");
46    out.print("replace_all : " + UNIV.replaceAll("RS", "rs"));
47 %>
48
49 </body>
50 </html>
```

3.4.7 선택 제어문

선택문은 조건식의 결과에 따라 참(true)인 경우 참 코드블록을 또는 거짓(false)인 경우
거짓 코드블록을 실행한다. 대표적인 조건문에는 if 문과 switch 문이 있다.

if 문은 여러 개의 조건식을 사용하여 각 조건식의 결과에 따라 '참' 또는 '거짓'의 2가지
경우로 구분하여 해당 코드블록 만을 실행할 경우에 적합하다. switch 문은 1개의 조건
식을 사용하며 조건식의 여러 가지 결과 값들의 경우(case)로 구분하여 해당 코드블록
만을 실행할 경우에 적합한 선택문이다.

그리고 하나의 선택문 안에 또 다른 선택문들을 내포하는 중첩 선택문(Nested Selec-
tion)을 사용할 수 있다.

> **참고** **복합문**
>
> 복합문은 여는 중괄호("{")와 닫는 중괄호("}")로 둘러 싸여진 하나 이상의 명령문들로 구
> 성된 코드블록 구조를 말하며 선택문(if, switch)이나 반복문(while, for, do-while)과
> 같은 제어 구조의 일부분으로 많이 사용된다.
> 코딩 형식은 일반 명령문 보다 한 단계 들여쓰기 하고 단 하나의 명령문일 경우(중괄호 생
> 략 가능)에도 중괄호를 생략하지 않고 코딩하는 것이 오류 발생 방지 및 디버깅(debug)
> 에 도움이 된다.

(1) if 선택문

```
if (condition) {
   true_statements;
}
```

예 if 문은 항상 중괄호를 사용한다. 다음과 같은 오류가 발생할 수 있는 상황은 피해야 한다.

```
if (condition)
   statement;
```

(2) if else 선택문

```
if (condition) {
   true_statements;
} else {
   false_statements;
}
```

예제 3-8

2개의 정수 중 큰 수 찾기 프로그램을 if else 선택문을 사용하여 작성해 보자.

■ find_max.jsp

```
1   <%@ page language="java" contentType="text/html; charset=UTF-8" pageEncoding="UTF-8"%>
2
3   <!DOCTYPE html>
4   <html>
5   <head>
6    <meta charset="UTF-8">
7    <title>선택문 if_else(find_max.jsp)</title>
8   </head>
9   <body>
10   <b>큰 수 찾기</b><Br>
```

```
11
12   <%
13    // 변수 선언
14    int su1 = 91;
15    int su2 = 49;
16    int max;
17
18    // 큰 수 찾기
19    if (su1 >= su2) {
20       max = su1;
21    } else {
22       max = su2;
23    }
24   %>
25
26    수1 = <%=su1 %>   수2 = <%=su2 %><Br>
27    큰 수 = <%=max %>
28
29  </body>
30  </html>
```

```
http://localhost:8080/Exam/jsp_basic/if/find_max.jsp
선택문 if_else(find_max.jsp)  ×

큰 수 찾기
수1 = 91 수2 = 49
큰 수 = 91
```

예제 3-9

사용자 아이디와 비밀번호를 비교하여 모두 일치하면 "아이디와 비밀번호가 맞습니다 !" 메시지를, 이 외의 경우에는 "아이디와 비밀번호가 맞지 않습니다 !!" 메시지를 출력하는 사용자 로그인 인증 프로그램을 if else 선택문을 사용하여 작성해 보자.

■ login_check.jsp

```
1   <%@ page language="java" contentType="text/html; charset=UTF-8" pageEncoding="UTF-8"%>
2
3   <!DOCTYPE html>
4   <html>
5   <head>
6    <meta charset="UTF-8">
7    <title>선택문 if_else(login_check.jsp)</title>
8   </head>
9   <body>
10   <b>로그인 인증</b><Br>
11
12   <%
13    // 변수 선언
14    String user_id = "admin";          // 사용자 아이디
15    String user_pw = "adminpw";        // 사용자 비밀번호
16
17    String login_id = "admin";         // 로그인 아이디
18    String login_pw = "adminpw";       // 로그인 비밀번호
19    String msg = "";
20
21    // 로그인 인증
22   if ((user_id == login_id) && (user_pw == login_pw)) {
23      msg = "아이디와 비밀번호가 맞습니다 !";
24   } else {
25      msg = "아이디와 비밀번호가 맞지 않습니다 !!";
26   }
27   %>
28
29    사용자 아이디 = <%=user_id %> 사용자 비밀번호 = <%=user_pw %><Br>
30    로그인 아이디 = <%=login_id %> 로그인 비밀번호 = <%=login_pw %><p>
31    로그인 인증 = <%=msg %>
32
33   </body>
34   </html>
```

로그인 인증
사용자 아이디 = admin 사용자 비밀번호 = adminpw
로그인 아이디 = admin 로그인 비밀번호 = adminpw

로그인 인증 = 아이디와 비밀번호가 맞습니다 !

(3) if else if 선택문

```
if (condition1) {
   condition1_true_statements;
} else if (condition2) {
      condition2_true_statements;
   } else {
         condition1_2_false_statements;
}
```

예제 3-10

학생의 점수(0점 ~ 100점) 구간에 따라 해당하는 학점(A ~ F 등급)을 판정하고 학생의 점수
와 학점을 출력하는 프로그램을 if else if 선택문을 사용하여 작성해 보자. 단 점수 구간을 벗어
난 경우에는 "점수 오류!" 메시지를 출력한다.

■ if_else_if.jsp

```
1   <%@ page language="java" contentType="text/html; charset=UTF-8" pageEncoding="UTF-8"%>
2
3   <!DOCTYPE html>
4   <html>
5   <head>
6    <meta charset="UTF-8">
7    <title>선택문 if_else_if(if_else_if.jsp)</title>
8   </head>
9   <body>
10   <b>선택문 if_else_if</b><Br>
```

```
11
12   <%
13     // 변수 선언
14     int jumsu = 91;
15     String hakjum = "";
16
17     if ((jumsu <= 100) && (jumsu >= 90)) {
18         hakjum = "A";
19     } else if ((jumsu < 90) && (jumsu >= 80)) {
20             hakjum = "B";
21         } else if ((jumsu < 80) && (jumsu >= 70)) {
22                 hakjum = "C";
23             } else if ((jumsu < 70) && (jumsu >= 60)) {
24                 hakjum = "D";
25                 } else if ((jumsu < 60) && (jumsu >= 0)) {
26                     hakjum = "F";
27                     } else {
28                         hakjum = "점수 오류!";
29     }
30   %>
31
32     점수 = <%=jumsu %><Br>
33     학점 = <%=hakjum %>
34
35   </body>
36   </html>
```

http://localhost:8080/Exam/jsp_basic/if/if_else_if.jsp

선택문 if_else_if(if_else_if.jsp) ×

학점 계산
점수 = 91
학점 = A

http://localhost:8080/Exam/jsp_basic/if/if_else_if.jsp

선택문 if_else_if(if_else_if.jsp) ×

학점 계산
점수 = 191
학점 = 점수 오류!

(4) switch 선택문

식의 결과 값(byte, short, int(long 제외), char 기본 데이터 형, String) 이 다양한 값을 가질 경우 if 문 보다 간결하게 표현 가능하다. default 는 case 값1 ~ case 값n이 아닌 경우 실행되는 명령문이다.

모든 case 문의 마지막에는 break 문을 사용하여야 한다. 만일 사용 하지 않으면 다음 case 문으로 계속 실행하는 오류가 발생하게 된다.

```java
switch (expression) {

    case value1 :
            value1_statements;
            break;
    case value2:
            value2_statements;
            break;
    ..............................................

    case valuen:
            valuen_statements;
            break;

    default:                // 이 외 모든 경우
            default_statements;
            break;          // 생략 가능
}
```

예제 3-11

대학에서의 학년(1년 ~ 4년) 구분에 따른 영문 호칭을 판정하는 프로그램을 switch 선택문을 사용하여 작성해 보자. 단 학년 구간을 벗어난 경우에는 "학년 오류!" 메시지를 출력한다.

■ switch.jsp

```jsp
1   <%@ page language="java" contentType="text/html; charset=UTF-8" pageEncoding="UTF-8"%>
2
3   <!DOCTYPE html>
4   <html>
5   <head>
6    <meta charset="UTF-8">
7    <title>선택문 switch(switch.jsp)</title>
8   </head>
9   <body>
10   <b>대학의 학년</b><Br>
11
12   <%
13    // 변수 선언
14    int year = 3;
15    String msg = null;
16
17    // 학년 확인
18    switch (year) {
19
20      case 1  : msg = "freshman";
21             break;
22      case 2  : msg = "sophomore";
23             break;
24      case 3  : msg = "junior";
25             break;
26      case 4  : msg = "senior";
27             break;
28      default : msg = "학년 오류!";
29    }
30   %>
```

```
31
32    대학의 <%=year %>학년은 <%=msg %>입니다
33
34  </body>
35  </html>
```

http://localhost:8080/Exam/jsp_basic/switch/switch.jsp

선택문 switch(switch.jsp) ×

대학의 학년
대학의 3학년은 junior입니다

(5) 중첩 선택문(Nested Selection)

하나의 선택문 안에 또 다른 선택문들을 내포하는 중첩 선택문(Nested Selection)을 사용할 수 있다. 중첩 선택문을 사용할 경우의 실행 제어 구조는 반드시 서로 포함 관계가 되어야 한다. 실행 제어 구조가 겹치는 경우에는 오류가 발생한다.

특히 중첩 선택문을 코딩할 때 포함 관계를 명확하게 표현하기 위해 중괄호('{ }'), 줄 바꿈, 들여쓰기 또는 내어쓰기 함으로써 오류 발생을 감소시키고 가독성을 높일 수 있다.

예제 3-12

[예제 3-9]의 사용자 아이디를 비교하여 일치하는 경우에는 비밀번호를 비교하여 일치하면 "방문을 환영합니다 !" 메시지를, 일치하지 않으면 "비밀번호가 맞지 않습니다 !!" 메시지를 출력하고, 만일 사용자 아이디가 일치하지 않는 경우에는 "회원 가입 후 방문하십시오 !!" 메시지를 출력하는 사용자 로그인 인증 프로그램을 중첩 if 선택문을 사용하여 작성해 보자.

■ login_check_nested.jsp

```
1   <%@ page language="java" contentType="text/html; charset=UTF-8" pageEncoding="UTF-8"%>
2
3   <!DOCTYPE html>
4   <html>
5   <head>
```

```
6    <meta charset="UTF-8">
7    <title>중첩 선택문(if 문)(login_check_nested.jsp)</title>
8    </head>
9    <body>
10   <b>로그인 인증(중첩 if 선택문)</b><Br>
11
12   <%
13    // 변수 선언
14    String user_id = "admin";        // 사용자 아이디
15    String user_pw = "adminpw";      // 사용자 비밀번호
16
17    String login_id = "admin";       // 로그인 아이디
18    String login_pw = "adminpw";     // 로그인 비밀번호
19    String msg = null;
20
21    // 로그인 인증
22    if (user_id == login_id) {
23
24       if (user_pw == login_pw) {
25          msg = "방문을 환영합니다 !";
26       } else {
27          msg = "비밀번호가 맞지 않습니다 !!";
28       }
29
30    } else {
31       msg = "회원 가입 후 방문하십시오 !!";
32    }
33   %>
34
35    사용자 아이디 = <%=user_id %> 사용자 비밀번호 = <%=user_pw %><Br>
36    로그인 아이디 = <%=login_id %> 로그인 비밀번호 = <%=login_pw %><p>
37    로그인 인증 = <%=msg %>
38
39   </body>
40   </html>
```

로그인 인증(중첩 **if** 선택문)
사용자 아이디 = admin 사용자 비밀번호 = adminpw
로그인 아이디 = admin 로그인 비밀번호 = adminpw

로그인 인증 = 방문을 환영합니다!

3.4.8 반복 제어문

반복문은 조건식의 결과에 따라 참(true)인 동안 특정 코드블록을 반복 실행하며 거짓 (false)인 경우 반복 처리를 종료하고 반복 구조를 벗어난다. 대표적인 반복문에는 while, for, do-while 문이 있다.

그리고 선택문과 같이 하나의 반복문 안에 또 다른 반복문들을 내포하는 중첩 반복문 (Nested Loop)을 사용할 수 있다.

(1) while 문

반복 처리에 대한 조건식을 먼저 확인한 후 조건식이 참인 경우 반복적인 처리를 하고 거짓이면 반복문을 벗어난다. 이때 반복 처리하는 코드블록에는 조건을 변화시키는 증· 감 연산을 포함한다.

```
while (condition) {
    statements;
}
```

예제 3-13

1부터 10까지 정수의 합을 구하는 프로그램을 while 반복문을 사용하여 작성해 보자.

■ sum_while.jsp

```
1   <%@ page language="java" contentType="text/html; charset=UTF-8" pageEncoding="UTF-8"%>
2
3   <!DOCTYPE html>
4   <html>
5   <head>
6    <meta charset="UTF-8">
7    <title>while 반복문(sum_while.jsp)</title>
8   </head>
9   <body>
10   <b>정수 합(while 반복문)</b><Br>
11
12   <%
13    // 변수 선언
14    int su = 1;
15    int sum = 0;
16
17    // 정수 합 계산
18    while (su <= 10) {
19
20       sum = sum + su;
21       su = su + 1;
22
23    }
24   %>
25
26    1부터 10까지 정수 합은 <%=sum %>입니다
27
28   </body>
29   </html>
```

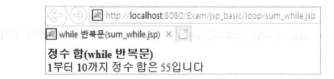

3과목의 점수와 과목명을 각각 1차원 배열로 정의하고 총점과 평균을 구하는 성적처리 프로그램을 while 반복문을 사용하여 작성해 보자.

- array1_while.jsp

```
1   <%@ page language="java" contentType="text/html; charset=UTF-8" pageEncoding="UTF-8"%>
2
3   <!DOCTYPE html>
4   <html>
5   <head>
6    <meta charset="UTF-8">
7    <title>1차원 배열과 while 반복문 사용(array1_while.jsp)</title>
8   </head>
9   <body>
10   <b>1차원 배열 성적처리(while 반복문)</b><Br>
11
12   <%
13     //1차원 점수배열 선언과 생성 및 초기화
14     int jumsu[] = {89, 90, 91};
15
16     //1차원 과목명배열 선언과 생성 및 초기화
17     String title[] = {"JSP", "HTML", "Java", "총점", "평균"};
18
19     // 변수 초기화
20     int total = 0;               // 총점
21     float average = 0;           // 평균
22     int i = 0;
23
24     // 성적처리(총점, 평균 계산) 및 출력
25     while (i < 3) {
26   %>
27       <%=title[i] %> = <%=jumsu[i] %><Br>
28   <%
29       total = total + jumsu[i];
30       i++;
31     }
```

```
32   average = total / 3;
33  %>
34  <Br><%=title[i] %> = <%=total %><Br>
35  <%=title[i + 1] %> = <%=average %>
36
37  </body>
38  </html>
```

http://localhost:8080/Exam/jsp_basic/array/array1_while.jsp

1차원 배열과 while 반복문... ×

1차원 배열 성적처리(while 반복문)
JSP = 89
HTML = 90
Java = 91

총점 = 270
평균 = 90.0

(2) for 문

먼저 초기화(initialization)를 1회 실행한 후 조건식을 확인하여 조건식이 참인 경우 반복 처리 코드블록을 실행한다. 그리고 증감식(update)을 실행한 후 다시 조건식을 검사한다. 이때 조건식이 참인 경우 반복적인 처리를 하고 거짓이면 반복문을 벗어나게 된다 (initialization → condition 참 → statements → update → condition 참 → statements → update → condition 참 ...).

```
for (initialization; condition; update) {
    statements;
}
```

예제 3-15

1부터 10까지 정수의 합을 구하는 프로그램을 for 반복문을 사용하여 작성해 보자.

■ sum_for.jsp

```
1   <%@ page language="java" contentType="text/html; charset=UTF-8" pageEncoding="UTF-8"%>
2
3   <!DOCTYPE html>
4   <html>
5   <head>
6     <meta charset="UTF-8">
7     <title>for 반복문(sum_for.jsp)</title>
8   </head>
9   <body>
10    <b>정수 합(for 반복문)</b><Br>
11
12    <%
13     // 변수 선언
14     int sum = 0;
15
16     // 정수 합 계산
17     for (int su = 1; su <= 10; su++) {
18
19        sum += su;     // sum = sum + su;
20
21     }
22    %>
23
24    1부터 10까지 정수 합은 <%=sum %>입니다
25
26   </body>
27   </html>
```

정수 합(for 반복문)
1부터 10까지 정수 합은 55입니다

3과목의 점수와 과목명을 각각 1차원 배열로 정의하고 총점과 평균을 구하는 성적처리 프로그램을 for 반복문을 사용하여 작성해 보자.

■ array1_for.jsp

```
1   <%@ page language="java" contentType="text/html; charset=UTF-8" pageEncoding="UTF-8"%>
2
3   <!DOCTYPE html>
4   <html>
5   <head>
6    <meta charset="UTF-8">
7    <title>1차원 배열과 for 반복문 사용(array1_for.jsp)</title>
8   </head>
9   <body>
10   <b>1차원 배열 성적처리(for 반복문)</b><Br>
11
12   <%
13    // 1차원 점수배열 선언과 생성 및 초기화
14    int jumsu[] = {89, 90, 91};
15
16    // 1차원 과목명배열 선언과 생성 및 초기화
17    String title[] = {"JSP", "HTML", "Java", "총점", "평균"};
18
19    // 변수 초기화
20    int total = 0;                  // 총점
21    float average = 0;              // 평균
22    int i;
23
24    // 성적처리(총점, 평균 계산) 및 출력
25    for (i = 0; i < 3; i++) {
26   %>
27      <%=title[i] %> = <%=jumsu[i] %><Br>
28   <%
29      total = total + jumsu[i];
30    }
31    average = total / 3;
```

```
32   %>
33   <Br><%=title[i] %> = <%=total %><Br>
34   <%=title[i + 1] %> = <%=average %>
35
36   </body>
37   </html>
```

(3) foreach 반복문

배열에 사용하는 C#의 **foreach**와 유사한 for 반복문의 형식은 다음과 같다. 이 경우 반복문에서 사용하는 배열의 데이터 형과 변수의 데이터 형은 동일해야 한다.

```
for (데이터형 변수명 : 배열명) {
    statements;
}
```

배열의 첫 번째 원소부터 마지막 원소까지 차례로 배열 원소의 값을 변수에 할당하여 실행을 반복하는 **foreach** 형식의 반복문이다. 더 이상 배열 원소가 없으면 반복 처리를 종료하고 반복문을 벗어난다.

예제 3-17

[예제 3-16] 프로그램을 foreach 반복문 형식으로 수정한 후 실행해 보고 출력 결과를 비교해 보자.

- array1_foreach.jsp

```
1   <%@ page language="java" contentType="text/html; charset=UTF-8" pageEncoding="UTF-8"%>
2
3   <!DOCTYPE html>
4   <html>
5   <head>
6    <meta charset="UTF-8">
7    <title>1차원 배열과 while 반복문 사용(array1_foreach.jsp)</title>
8   </head>
9   <body>
10   <b>1차원 배열 성적처리(배열 foreach 반복문)</b><Br>
11
12   <%
13    // 1차원 점수배열 선언과 생성 및 초기화
14    int jumsu[] = {89, 90, 91};
15
16    // 1차원 과목명배열 선언과 생성 및 초기화
17    String title[] = {"JSP", "HTML", "Java", "총점", "평균"};
18
19    // 변수 초기화
20    int total = 0;                        // 총점
21    float average = 0;                    // 평균
22    int i = 0;
23
24    // 성적처리(총점, 평균 계산) 및 출력
25    // for(데이터형 변수명 : 배열명) 반복문  // 변수와 배열 데이터 형 동일
26    for (int jum : jumsu) {
27   %>
28        <%=title[i] %> = <%=jum %><Br>
29   <%
30        total = total + jum;
31        i++;
```

```
32    }
33    average = total / 3;
34  %>
35  <Br><%=title[i] %> = <%=total %><Br>
36  <%=title[i + 1] %> = <%=average %>
37
38 </body>
   </html>
```

1차원 배열 성적처리(배열 **foreach** 반복문)
JSP = 89
HTML = 90
Java = 91

총점 = 270
평균 = 90.0

(4) do-while 문

먼저 반복 처리하는 코드블록을 1회 실행한 후 반복 처리에 대한 조건식을 확인하여 참인 경우 반복적인 처리를 하고 거짓이면 반복문 벗어난다. 반복 처리하는 코드블록을 최소 1회 실행할 경우 유용하게 사용하는 명령문이다. while 문과 같이 반복 처리하는 코드블록에는 조건을 변화시키는 증·감 연산을 포함한다.

```
do {
   statements;
} while (condition);
```

예제 3-18

1부터 10까지 정수의 합을 구하는 프로그램을 do-while 반복문을 사용하여 작성해 보자.

■ sum_do_while.jsp

```jsp
1  <%@ page language="java" contentType="text/html; charset=UTF-8" pageEncoding="UTF-8"%>
2
3  <!DOCTYPE html>
4  <html>
5  <head>
6   <meta charset="UTF-8">
7   <title>do_ while 반복문(sum_do_while.jsp)</title>
8  </head>
9  <body>
10  <b>정수 합(do_ while 반복문)</b><Br>
11
12  <%
13   // 변수 선언
14   int su = 1;
15   int sum = 0;
16
17   // 정수 합 계산
18   do {
19
20      sum = sum + su;
21      su = su + 1;
22
23   } while (su <= 10);
24  %>
25
26   1부터 10까지 정수 합은 <%=sum %>입니다
27
28  </body>
29  </html>
```

정수 합(do_ while 반복문)
1부터 10까지 정수 합은 55입니다

(5) 중첩 반복문(Nested Loop)

반복문은 하나의 반복문 안에 또 다른 반복문들을 내포하는 중첩 반복문(Nested Loop)을 사용할 수 있다. 중첩 반복문을 사용할 경우의 실행 제어 구조는 반드시 서로 포함 관계가 되어야 한다. 실행 제어 구조가 겹치는 경우에는 오류가 발생한다.

특히 중첩 반복문을 코딩할 때 포함 관계를 명확하게 표현하기 위해 중괄호('{ }'), 줄 바꿈, 들여쓰기 또는 내어쓰기 함으로써 오류 발생을 감소시키고 가독성을 높일 수 있다.

예제 3-19

다음 중첩 for 반복문을 실행시켜 보고 중첩 반복문의 실행 제어 구조를 이해하자.

■ count_nested_for.jsp

```
1   <%@ page language="java" contentType="text/html; charset=UTF-8" pageEncoding="UTF-8"%>
2
3   <!DOCTYPE html>
4   <html>
5   <head>
6    <meta charset="UTF-8">
7    <title>중첩 반복문 이해(count_nested_for.jsp)</title>
8   </head>
9   <body>
10   <b>중첩 반복문 이해(중첩 for 반복문)</b><Br>
11
12   <%
13    // 변수 초기화
14    int loop_cnt = 0;
15
16    // 반복 횟수 계산
17    for (int jul = 1 ; jul <= 2; jul++) {
18
19      for (int kan = 1 ; kan <= 3; kan++) {
20
21         loop_cnt++;
22   %>
```

```
23          줄 = <%=jul %> 칸 = <%=kan %> 반복횟수 = <%=loop_cnt %><Br>
24   <%
25       }
26   %>
27       <Br>
28   <%
29    }
30   %>
31
32   </body>
33   </html>
```

```
http://localhost8080/Exam/jsp_basic/loop/count_nested_for.jsp

중첩 반복문 이해(count_ne... ×

중첩 반복문 이해(중첩 for 반복문)
줄 = 1 칸 = 1 반복횟수 = 1
줄 = 1 칸 = 2 반복횟수 = 2
줄 = 1 칸 = 3 반복횟수 = 3

줄 = 2 칸 = 1 반복횟수 = 4
줄 = 2 칸 = 2 반복횟수 = 5
줄 = 2 칸 = 3 반복횟수 = 6
```

예제 3-20

구구단 표를 다음과 같이 출력하는 프로그램을 중첩 for 반복문을 사용하여 작성해 보자.

■ gugudan_nested_for.jsp

```
1   <%@ page language="java" contentType="text/html; charset=UTF-8" pageEncoding="UTF-8"%>
2
3   <!DOCTYPE html>
4   <html>
5   <head>
6    <meta charset="UTF-8">
7    <title>구구단 중첩 반복문 for(gugudan_nested_for.jsp)</title>
8   </head>
9   <body>
10   <b>구구단</b><Br>
```

```
11
12  <%
13  // 변수 선언
14  int gop = 0;
15
16  // 구구단 계산
17  for (int jul = 1; jul <= 9; jul++) {
18
19      for (int kan = 2; kan <= 9; kan++) {
20
21          gop = kan * jul;
22  %>
23          <%=kan %> x <%=jul %> = <%=gop %>
24  <%
25      }
26  %>
27      <Br>
28  <%
29  }
30  %>
31
32  </body>
33  </html>
```

```
http://localhost:8080/Exam/jsp_basic/loop/gugudan_nested_for.jsp

구구단 중첩 반복문 for(gu...  ×

구구단
2 x 1 = 2   3 x 1 = 3   4 x 1 = 4   5 x 1 = 5   6 x 1 = 6   7 x 1 = 7   8 x 1 = 8   9 x 1 = 9
2 x 2 = 4   3 x 2 = 6   4 x 2 = 8   5 x 2 = 10  6 x 2 = 12  7 x 2 = 14  8 x 2 = 16  9 x 2 = 18
2 x 3 = 6   3 x 3 = 9   4 x 3 = 12  5 x 3 = 15  6 x 3 = 18  7 x 3 = 21  8 x 3 = 24  9 x 3 = 27
2 x 4 = 8   3 x 4 = 12  4 x 4 = 16  5 x 4 = 20  6 x 4 = 24  7 x 4 = 28  8 x 4 = 32  9 x 4 = 36
2 x 5 = 10  3 x 5 = 15  4 x 5 = 20  5 x 5 = 25  6 x 5 = 30  7 x 5 = 35  8 x 5 = 40  9 x 5 = 45
2 x 6 = 12  3 x 6 = 18  4 x 6 = 24  5 x 6 = 30  6 x 6 = 36  7 x 6 = 42  8 x 6 = 48  9 x 6 = 54
2 x 7 = 14  3 x 7 = 21  4 x 7 = 28  5 x 7 = 35  6 x 7 = 42  7 x 7 = 49  8 x 7 = 56  9 x 7 = 63
2 x 8 = 16  3 x 8 = 24  4 x 8 = 32  5 x 8 = 40  6 x 8 = 48  7 x 8 = 56  8 x 8 = 64  9 x 8 = 72
2 x 9 = 18  3 x 9 = 27  4 x 9 = 36  5 x 9 = 45  6 x 9 = 54  7 x 9 = 63  8 x 9 = 72  9 x 9 = 81
```

학생 2명의 3과목 점수를 2차원 배열로 정의하고 학생별 총점과 평균을 구하는 성적처리 프로그램을 중첩 for 반복문을 사용하여 작성해 보자.

■ array2_nested_for.jsp

```
1   <%@ page language="java" contentType="text/html; charset=UTF-8" pageEncoding="UTF-8"%>
2
3   <!DOCTYPE html>
4   <html>
5   <head>
6    <meta charset="UTF-8">
7    <title>2차원 배열과 중첩 for 반복문 사용(array2_nested_for.jsp)</title>
8   </head>
9   <body>
10   <b>2차원 배열 성적처리(중첩 for 반복문)</b><Br>
11
12   <%
13    // 2차원  점수배열 선언과 생성 및 초기화
14    int jumsu[][] = {{89, 90, 91}, {79, 80, 81}};
15
16    // 학생별 총점, 평균 1차원 배열 선언과 생성
17    int total[] = {0, 0};              // 총점
18    float average[] = new float[2];  // 평균
19
20    // 성적처리 - 학생별 총점, 평균 계산
21    for (int jul = 0 ; jul < 2; jul++) {
22
23        for (int kan = 0 ; kan < 3; kan++) {
24           total[jul] = total[jul] + jumsu[jul][kan];
25        }
26        average[jul] = total[jul] / 3;
27
28    }
29
30    // 성적처리 결과 출력 - 학생별 점수, 총점, 평균
31    for (int jul = 0 ; jul < 2; jul++) {
```

```
32
33      for (int kan = 0 ; kan < 3; kan++) {
34   %>
35      <%=jumsu[jul][kan] %>   
36   <%
37      }
38   %>
39      <%=total[jul] %>   <%=average[jul] %><Br>
40   <%
41   }
42   %>
43
44   </body>
45   </html>
```

2차원 배열과 중첩 for 반복... ×

2차원 배열 성적처리(중첩 for 반복문)
89 90 91 270 90.0
79 80 81 240 80.0

(6) break, continue 문

반복문을 처리하는 동안 특정 조건에 따라서 반복문을 벗어나거나 또는 반복문의 일부를 건너뛰고 계속 반복하는 반복문 실행 제어문에 **break**와 continue 문이 있다.

break 문은 조건에 따라 반복 처리를 중단하고 반복문을 벗어날 필요가 있을 경우에 사용하며 continue 문은 조건에 따라 이하 반복문 처리를 생략하고 반복 처리를 계속 할 필요가 있을 경우에 유용하게 사용된다.

```
break;

continue;
```

1부터 100까지 홀수의 합을 구하는 도중 홀수의 합이 25보다 크거나 같으면 프로그램 실행을 중단하는 프로그램을 continue문과 break문을 사용하여 작성해 보자.

■ break_continue.jsp

```
1   <%@ page language="java" contentType="text/html; charset=UTF-8" pageEncoding="UTF-8"%>
2
3   <!DOCTYPE html>
4   <html>
5   <head>
6    <meta charset="UTF-8">
7    <title>break_continue 반복문 실행 제어(break_continue.jsp)</title>
8   </head>
9   <body>
10   <b>break_continue 반복문 실행 제어</b><Br>
11
12   <%
13    // 변수 선언
14    int sum = 0;
15    int su;
16
17    // 홀수 합(25 까지) 계산
18    for (su = 1; su <= 100; su++) {
19
20       if (su % 2 == 0) {
21          continue;
22       } else {
23          sum += su;      // sum = sum + su
24   %>
25          su = <%=su %> sum = <%=sum %><Br>
26   <%
27       }
28
29       if (sum >= 25) {
30          break;
31       }
```

```
32
33   }
34  %>
35  <p>1부터 <%=su %>까지 홀수 합은 <%=sum %>입니다
36
37  </body>
38  </html>
```

3.4.9 예외 처리

예외(Exception)는 비정상적인 연산에 의한 오류 발생이나 정상적인 경우라 하더라도 특
정 조건을 만족하는 경우 또는 예상하지 못한 상황에도 발생될 수 있다. 이러한 돌발 상
황을 대비한 예외 처리는 비정상적인 종료나 의도하지 않은 상황 발생을 막을 수 있다.

예 다음은 예외 처리하지 않은 경우 오류 발생에 따라서 실행을 종료하는 예제 프로그
램이다.

■ divide_error.jsp

```
1   <%@ page language="java" contentType="text/html; charset=UTF-8" pageEncoding="UTF-8"%>
2
3   <!DOCTYPE html>
4   <html>
5   <head>
6    <meta charset="UTF-8">
7    <title>예외 처리(divide_error.jsp)</title>
```

```
8    </head>
9    <body>
10   <b>예외 처리</b><Br>
11   <%
12    // 변수 선언
13    int su1 = 55;
14    int su2 = 0;
15    int mok = 0;
16
17    mok = su1 / su2;
18   %>
19
20   <%=su1 %> / <%=su2 %> = <%=mok %>
21
22   </body>
23   </html>
```

(1) try-catch 문

try-catch 문은 try 문에서 예외가 발생하면 catch 문에서 지정한 예외 상황을 인식하여 예외 처리를 한다. 이때 예외 상황은 여러 개 발생할 수 있기 때문에 그에 대응하는 예외 처리를 각 catch 문에 기술한다. 만일 try 문이 성공적으로 완료되면 catch 문은 무시된다.

```
try {
    ★
    statements;  ★ ---------------┐
                                   │
} catch (예외 유형1) {  ◄----------┘
    // 예외 처리1
}
................
} catch (예외 유형n) {  ◄------------
    // 예외 처리n
}
```

🔍 **참고** 오류 코드와 오류 메시지

catch 문에서 getCause()와 getMessage() 메소드를 사용하면 발생한 오류 코드와 오류 메시지를 확인할 수 있다.

예제 3-23

try-catch 문을 사용한 예외 처리 프로그램을 작성해 보자. catch 문은 4장에서 학습할 내장객체 중 exception 내장객체의 getMessage() 메소드를 사용하여 예외 상황에 대한 오류 메시지를 출력한다.

■ divide_try_catch.jsp

```jsp
1   <%@ page language="java" contentType="text/html; charset=UTF-8" pageEncoding="UTF-8"%>
2
3   <!DOCTYPE html>
4   <html>
5   <head>
6     <meta charset="UTF-8">
7     <title>예외 처리(divide_try_catch.jsp)</title>
8   </head>
9   <body>
10    <b>예외 처리(try_catch)</b><Br>
```

```
11   <%
12    // 변수 선언
13    int su1 = 55;
14    int su2 = 0;
15    int mok = 0;
16
17    try {
18       mok = su1 / su2;
19
20    } catch (ArithmeticException err) {
21       out.print("getMessage = " + err.getMessage());
22    }
23   %>
24
25   <p><%=su1 %> / <%=su2 %> = <%=mok %>
26
27  </body>
28  </html>
```

http://localhost:8080/Exam/jsp_basic/exception/divide_try_catch.jsp

예외 처리(divide_try_catch.... ×

예외 처리(try_catch)
getMessage = / by zero

55 / 0 = 0

(2) try-catch-finally 문

try-catch-finally 문의 finally 문은 예외 발생과 상관없이 try 또는 catch문을 벗어날 때 마지막으로 실행하게 된다.

```
try {
   statements;
} catch (IOException ioerr) {
   statements;
   ................

} catch (Exception err) {
```

```
    statements;
} finally {
    statements;
}
```

try-catch-finally 문을 사용한 예외 처리 프로그램을 작성해 보자.

■ divide_try_catch_finally.jsp

```
1   <%@ page language="java" contentType="text/html; charset=UTF-8" pageEncoding="UTF-8"%>
2
3   <!DOCTYPE html>
4   <html>
5   <head>
6    <meta charset="UTF-8">
7    <title>예외 처리(divide_try_catch_finally.jsp)</title>
8   </head>
9   <body>
10   <b>예외 처리(try_catch_finally)</b><Br>
11   <%
12    // 변수 선언
13    int su1 = 55;
14    int su2 = 0;
15    int mok = 0;
16
17    try {
18      mok = su1 / su2;
19
20    } catch (ArithmeticException err) {
21      out.print("getMessage = " + err.getMessage());
22
23    } finally {
24   %>
25      <p><%=su1 %> / <%=su2 %> = <%=mok %><Br>
26   <%
```

```
27      out.print("su1과 su2 값을 변경한 후 다시 테스트 하여보시오 !");
28    }
29  %>
30
31  </body>
32  </html>
```

http://localhost:8080/Exam/jsp_basic/exception/divide_try_catch_finally.jsp

예외 처리(divide_try_catch_... ×

예외 처리(try_catch_finally)
getMessage = / by zero

55 / 0 = 0
su1과 su2 값을 변경한 후 다시 테스트 하여보시오 !

su2 값 0을 10으로 변경한 후 정상적으로 동작하는 것을 확인해 보자.

http://localhost:8080/Exam/jsp_basic/exception/divide_try_catch_finally.jsp

예외 처리(divide_try_catch_... ×

예외 처리(try_catch_finally)

55 / 10 = 5
su1과 su2 값을 변경한 후 다시 테스트 하여보시오 !

(3) page 지시문을 이용한 예외처리

page 지시문의 errorPage는 JSP 페이지가 오류 페이지 인지 여부를 "true"로 설정하고 오류 페이지인 경우에는 오류 처리할 페이지(상대경로 또는 절대경로)를 isErrorPage 속 성으로 지정한다.

```
<%@ page isErrorPage = "true" %>
                        <%-- 오류 페이지인지 여부 설정(기본 false) --%>
<%@ page errorPage = "오류처리 파일 경로" %>
                        <%-- 오류 발생 경우 출력 페이지 지정 --%>
```

앞 예의 오류처리를 하지 않아 오류가 발생한 프로그램(divide_error.jsp)을 page 지시문의 errorPage, isErrorPage 속성을 사용하여 변경하자. 그리고 예외 상황이 발생하였을 경우에 오류 처리하는 프로그램을 작성해 보자.

■ page_error.jsp

```jsp
1   <%@ page language="java" contentType="text/html; charset=UTF-8" pageEncoding="UTF-8"%>
2
3   <%@ page isErrorPage = "true" %>              <%-- 오류 페이지인지 여부 설정 --%>
4   <%@ page errorPage = "./page_error_handler.jsp" %> <%-- 오류 발생 경우 출력 페이지 지정 --%>
5
6   <!DOCTYPE html>
7   <html>
8   <head>
9    <meta charset="UTF-8">
10   <title>오류 발생 페이지(page_error.jsp)</title>
11   </head>
12   <body>
13   <b>page 지시문 오류 발생 페이지</b><Br>
14   <%
15    // 변수 선언
16    int su1 = 55;
17    int su2 = 0;
18    int mok = 0;
19
20    mok = su1 / su2;
21   %>
22
23   <%=su1 %> / <%=su2 %> = <%=mok %>
24
25   </body>
26   </html>
```

■ page_error_handler.jsp

```
1   <%@ page language="java" contentType="text/html; charset=UTF-8" pageEncoding="UTF-8"%>
2
3   <!DOCTYPE html>
4   <html>
5   <head>
6    <meta charset="UTF-8">
7    <title>오류 처리 페이지(page_error_handler.jsp)</title>
8   </head>
9   <body>
10   <b>page 지시문 지정 오류 처리 페이지</b><Br>
11     실행 중인 페이지에 오류가 발견 되었습니다!
12
13  </body>
14  </html>
```

참고   예외 처리 방법

① try-catch문을 이용한 예외처리
② page 지시문을 이용한 예외처리
③ web.xml 파일을 이용한 예외 처리(오류 코드 404, 500 예)

```
<error-page>
    <error-code>404</error-code>
    <location>/error404.jsp</location>
</error-page>
<error-page>
    <error-code>500</error-code>
    <location>/error500.jsp</location>
</error-page>
```

3.4.10 날짜와 시간

자바 8 이전에는 날짜와 시간 관련 클래스들이 java.util 패키지와 java.sql 패키지에 동일한 클래스 이름으로 정의되어 있으며 파싱(parsing)과 포맷(formatting) 관련 클래스들은 java.text 패키지에 정의되어 있다. 따라서 Date 클래스를 동시에 사용할 경우에 충돌 문제, 자바 날짜와 SQL 날짜와의 변환 문제, 포맷 등 많은 문제점과 불편한 점들이 존재했다.

예 자바 8 이전 page 지시문

```
1   <%@ page language="java" contentType="text/html; charset=UTF-8" pageEncoding="UTF-8"%>
2
3   <%@ page import="java.util.*"%>
4   <%@ page import="java.sql.*"%>
5   <%@ page import="java.text.SimpleDateFormat"%>
```

예제 3-26

java.util 패키지와 java.sql 패키지의 날짜와 시간을 비교하는 프로그램을 작성해 보자.

■ date_util_sql.jsp

```
1   <%@ page language="java" contentType="text/html; charset=UTF-8" pageEncoding="UTF-8"%>
2
3   <!DOCTYPE html>
4   <html>
5   <head>
6    <meta charset="UTF-8">
7    <title>날짜와 시간(date_util_sql.jsp)</title>
8   </head>
9   <body>
10   <b>java 8 이전(Date())</b><Br>
11
12   <%
13    // java.util.Date()
```

```
14    java.util.Date util_date = new java.util.Date();
15    out.println("java.util.Date : " + util_date + "<Br>");
16
17    // java.sql.Date() 변환
18    java.sql.Date sql_date = new java.sql.Date(util_date.getTime());
19    out.println("java.sql.Date : " + sql_date);
20  %>
21
22  </body>
23  </html>
```

자바 8 부터는 java.util 패키지와 별도로 날짜와 시간 관련 클래스들을 java.time 패키지와 하위 패키지들로 새롭게 추가되었다.

패키지	설명
java.time	날짜와 시간 관련 핵심이 되는 기본 클래스 제공
java.time.chrono	표준 달력 시스템(ISO-8601) 이 외의 시스템을 위한 클래스 제공
java.time.format	날짜와 시간 파싱 및 포맷 클래스 제공
java.time.temporal	날짜와 시간 연산을 위한 보조 클래스 제공
java.time.zone	시간대(time-zone) 관련 클래스 제공

예 자바 8 이후 page 지시문

```
1  <%@ page language="java" contentType="text/html; charset=UTF-8" pageEncoding="UTF-8"%>
2
3  <%@ page import="java.time.*"%>
4  <%@ page import="java.time.format.DateTimeFormatter"%>
```

새로운 Java 8의 API 패키지는 시간과 날짜를 다루기 위한 많은 유틸리티 메소드들을 제공하고 있다. 예를 들면 현재 날짜와 시간에 대한 월 이름, 주 이름, 전·후 날짜, 날짜와 시간의 비교와 덧셈 및 뺄셈 등 다양한 메소드들을 유용하게 사용할 수 있다.

이절에서는 날짜와 시간 관련 핵심이 되는 java.time 패키지와 java.time.format 패키지를 중심으로 예제를 통해 살펴보기로 한다.

참고 java.time 패키지 객체 생성

```
<%@ page import="java.time.*"%>

now() 메소드 - 현재 날짜 LocalDate, LocalTime, LocalDateTime 객체 생성
 LocalDate      LocalDate.now()     - 기본포맷(YYYY-MM-DD)
 LocalTime      LocalTime.now()     - 기본포맷(HH:MM:SS:nao second)
 LocalDateTime LocalDateTime.now() - 기본포맷(YYYY-MM-DD HH:MM:SS:nao second)

of() 메소드 - 특정 날짜 LocalDate, LocalTime, LocalDateTime 객체 생성
 LocalDate      LocalDate.of(int arg0, int arg1, int arg2)
 LocalTime      LocalTime.of(int arg0, int arg1, int arg2)
 LocalDateTime LocalDateTime.of(int arg0, int arg1, int arg2)
```

참고 java.time 패키지 객체 포맷

```
<%@ page import="java.time.format.DateTimeFormatter"%>

// LocalDate, LocalTime, LocalDateTime 객체 포맷
DateTimeFormatter DateTimeFormatter.ofPattern(String arg0)
```

예제 3-27

LocalDate 객체 생성과 포맷 및 메소드 사용에 대한 프로그램을 작성해 보자.

■ localdate_format.jsp

```
1   <%@ page language="java" contentType="text/html; charset=UTF-8" pageEncoding="UTF-8"%>
2
3   <%@ page import="java.time.*"%>
4   <%@ page import="java.time.format.DateTimeFormatter"%>
5
6   <!DOCTYPE html>
7   <html>
8   <head>
9    <meta charset="UTF-8">
10   <title>날짜와 시간(localdate_format.jsp)</title>
11  </head>
12  <body>
13   <b>LocalDate 객체생성_포맷_메소드</b><Br>
14
15   <%
16    // LocalDate 객체 생성
17    LocalDate locdate = LocalDate.now();
18    out.println("LocalDate : " + locdate + "<Br>");
19
20    // LocalDate 객체 포맷
21    DateTimeFormatter ptn_ymd = DateTimeFormatter.ofPattern("yyyy-MM-dd");
22    String ptn_date1 = locdate.format(ptn_ymd);
23
24    String ptn_date2 = locdate.format(DateTimeFormatter.ofPattern("yyyy/MM/dd"));
25
26    out.println("LocalDate(yyyy-MM-dd) : " + ptn_date1 + "<Br>");
27    out.println("LocalDate(yyyy/MM/dd) : " + ptn_date2 + "<Br>");
28
29    // LocalDate 메소드
30    String strdate = locdate.getYear() + "년 ";
31          strdate += locdate.getMonthValue() + "월 ";
32          strdate += locdate.getDayOfMonth() + "일";
```

```
33   out.println("메소드 사용 : " + strdate);
34  %>
35
36  </body>
37  </html>
```

예제 3-28

LocalTime 객체 생성과 포맷 및 메소드 사용에 대한 프로그램을 작성해 보자.

■ localtime_format.jsp

```
1   <%@ page language="java" contentType="text/html; charset=UTF-8" pageEncoding="UTF-8"%>
2
3   <%@ page import="java.time.*"%>
4   <%@ page import="java.time.format.DateTimeFormatter"%>
5
6   <!DOCTYPE html>
7   <html>
8   <head>
9    <meta charset="UTF-8">
10   <title>날짜와 시간(localtime_format.jsp)</title>
11  </head>
12  <body>
13   <b>LocalTime 객체생성_포맷_메소드</b><Br>
14
15   <%
16    // LocalTime 객체 생성
17    LocalTime loctime = LocalTime.now();
18    out.println("LocalTime : " + loctime + "<Br>");
```

```
19
20     // LocalTime 객체 포맷
21     DateTimeFormatter ptn_hms = DateTimeFormatter.ofPattern("HH:mm:ss");
22     String ptn_time1 = loctime.format(ptn_hms);
23
24     String ptn_time2 = loctime.format(DateTimeFormatter.ofPattern("HH/mm/ss"));
25
26     out.println("LocalTime(HH:mm:ss) : " + ptn_time1 + "<Br>");
27     out.println("LocalTime(HH/mm/ss) : " + ptn_time2 + "<Br>");
28
29     // LocalTime 메소드
30     String strtime = loctime.getHour() + "시 ";
31         strtime += loctime.getMinute() + "분 ";
32         strtime += loctime.getSecond() + "초 ";
33         strtime += loctime.getNano() + "나노초";
34     out.println("메소드 사용 : " + strtime);
35   %>
36
37 </body>
38 </html>
```

http://localhost:8080/Exam/jsp_basic/date_time/localtime_format.jsp

날짜와 시간(localtime_for... ×

LocalTime 객체생성_포맷_메소드
LocalTime : 14:03:05.174429500
LocalTime(HH:mm:ss) : 14:03:05
LocalTime(HH/mm/ss) : 14/03/05
메소드 사용 : 14시 3분 5초 174429500나노초

예제 3-29

LocalDateTime 객체 생성과 포맷 및 메소드 사용에 대한 프로그램을 작성해 보자.

■ localdatetime_format.jsp

```
1   <%@ page language="java" contentType="text/html; charset=UTF-8" pageEncoding="UTF-8"%>
2
3   <%@ page import="java.time.*"%>
4   <%@ page import="java.time.format.DateTimeFormatter"%>
```

```
5
6   <!DOCTYPE html>
7   <html>
8   <head>
9    <meta charset="UTF-8">
10   <title>날짜와 시간(localdatetime_format.jsp)</title>
11  </head>
12  <body>
13   <b>LocalDateTime 객체생성_포맷_메소드</b><Br>
14
15   <%
16    // LocalDateTime 객체 생성
17    LocalDateTime locdatetime = LocalDateTime.now();
18    out.println("LocalDateTime : " + locdatetime + "<Br>");
19
20    // LocalDateTime 객체 포맷
21    DateTimeFormatter ptn_ymdhms = DateTimeFormatter.ofPattern("yyyy-MM-dd HH:mm:ss");
22    String ptn_datetime1 = locdatetime.format(ptn_ymdhms);
23
24   String ptn_datetime2 = locdatetime.format(DateTimeFormatter.ofPattern("yyyy/MM/dd HH:mm:ss"));
25
26    out.println("LocalDateTime(yyyy-MM-dd HH:mm:ss) : " + ptn_datetime1 + "<Br>");
27    out.println("LocalDateTime(yyyy-MM-dd HH:mm:ss) : " + ptn_datetime2 + "<Br>");
28
29    // LocalDateTime 메소드
30    String strdatetime = locdatetime.getYear() + "년 ";
31         strdatetime += locdatetime.getMonthValue() + "월 ";
32         strdatetime += locdatetime.getDayOfMonth() + "일 ";
33         strdatetime += locdatetime.getHour() + "시 ";
34         strdatetime += locdatetime.getMinute() + "분 ";
35         strdatetime += locdatetime.getSecond() + "초 ";
36         strdatetime += locdatetime.getNano() + "나노초";
37    out.println("메소드 사용 : " + strdatetime);
38   %>
39
40  </body>
41  </html>
```

```
http://localhost:8080/Exam/jsp_basic/date_time/localdatetime_format.jsp
날짜와 시간(localdatetime_... ×

LocalDateTime 객체생성_포맷_메소드
LocalDateTime : 2019-12-19T14:06:17.261251
LocalDateTime(yyyy-MM-dd HH:mm:ss) : 2019-12-19 14:06:17
LocalDateTime(yyyy-MM-dd HH:mm:ss) : 2019/12/19 14:06:17
메소드 사용 : 2019년 12월 19일 14시 6분 17초 261251000나노초
```

예제 3-30

특정 날짜에 대한 객체 생성과 메소드 사용에 대한 프로그램을 작성해 보자.

- spec_day.jsp

```
1   <%@ page language="java" contentType="text/html; charset=UTF-8" pageEncoding="UTF-8"%>
2
3   <%@ page import="java.time.*"%>
4
5   <!DOCTYPE html>
6   <html>
7   <head>
8    <meta charset="UTF-8">
9    <title>날짜와 시간(spec_day.jsp)</title>
10  </head>
11  <body>
12   <b>특정 날짜 객체생성_메소드</b><Br>
13
14   <%
15    // 특정 날짜 LocalDate 객체 생성과 메소드
16    LocalDate spcdate = LocalDate.of(2019, 12, 18);
17    String strspcdate = spcdate.getYear() + "년 ";
18         strspcdate += spcdate.getMonthValue() + "월 ";
19         strspcdate += spcdate.getDayOfMonth() + "일";
20    out.println("Specific Date(2019, 12, 18) : " + spcdate + "<Br>");
21    out.println("메소드 사용 : " + strspcdate + "<p>");
22
23    // 특정 날짜 LocalTime 객체 생성과 메소드
24    LocalTime spctime = LocalTime.of(9, 3, 24);
25    String strspctime = spctime.getHour() + "시 ";
```

```
26        strspctime += spctime.getMinute() + "분 ";
27        strspctime += spctime.getSecond() + "초 ";
28   out.println("Specific Time(9, 3, 24) : " + spctime + "<Br>");
29   out.println("메소드 사용 : " + strspctime + "<p>");
30
31   // 특정 날짜 LocalDateTime 객체 생성과 메소드
32   LocalDateTime spcdatetime = LocalDateTime.of(2019, 12, 18, 9, 3, 24);
33   String strspcdatetime = spcdatetime.getYear() + "년 ";
34        strspcdatetime += spcdatetime.getMonthValue() + "월 ";
35        strspcdatetime += spcdatetime.getDayOfMonth() + "일 ";
36        strspcdatetime += spcdatetime.getHour() + "시 ";
37        strspcdatetime += spcdatetime.getMinute() + "분 ";
38        strspcdatetime += spcdatetime.getSecond() + "초 ";
39   out.println("Specific DateTime(2019, 12, 18, 9, 3, 24) : " + spcdatetime + "<Br>");
40   out.println("메소드 사용 : " + strspcdatetime);
41   %>
42
43   </body>
44   </html>
```

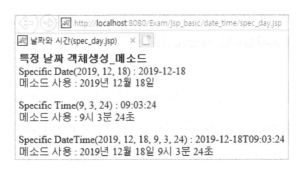

연습문제

1. 다음 JSP 스크립트의 구성 요소와 관련되는 태그를 서로 연결하시오.

   ① 지시문　　　　　　　　　　　㉠ <@　　%>

   ② 주석문　　　　　　　　　　　㉡ <%--　--%>

   ③ 선언문　　　　　　　　　　　㉢ <%!　%>

   ④ 스크립트릿　　　　　　　　　㉣ <%　%>

   ⑤ 표현식　　　　　　　　　　　㉤ <%=　%>

2. 선언문과 스크립트릿의 차이점을 설명하시오.

3. JSP 웹 페이지 처리 과정을 설명하시오.

4. 익스플로러 [소스 보기]) 또는 크롬 [페이지 소스 보기] 결과 JSP 웹 페이지 구성 요소인 지시문, 선언문, 스크립트릿, 표현식, 주석문이 보이지 않는 이유에 대해 설명하시오.

5. 다음 중 자바 클래스를 사용하기 위한 page 지시문 정의가 맞는 것을 고르시오.

   ① <%@ page import="java.util.*"%>　　② <%@ page include="java.util.*"%>

   ③ <% page import="java.util.*"%>　　④ <@ page import="java.util.*">

6. 다음 중 숫자 데이터 형에 속하지 않는 것은?

   ① byte　　　　　　　　　　　② short

   ③ integer　　　　　　　　　　④ long

   ⑤ float

7. 다음 중 서로 관련 있는 연산자 끼리 연결하시오.

① 할당 연산자 　　　　　　　ㄱ =

② 산술 연산자 　　　　　　　ㄴ ++

③ 관계 연산자 　　　　　　　ㄷ ||

④ 논리 연산자 　　　　　　　ㄹ %

⑤ 증감 연산자 　　　　　　　ㅁ !=

8. 다음 중 1배열의 크기가 3인 정수형 1차원 배열 jumsu의 선언이 옳은 것은?

① int[3] jumsu = new int[];　　　② int[] jumsu = new int[3];

③ int[3] jumsu = new int;　　　　④ int jumsu[3] = new int[];

9. 다음 중 1차원 배열 선언과 초기화가 옳은 것은?

① String[] broad = {"KBS", "MBC", "JTBC"};

② String[] broad = {KBS, MBC, JTBC};

③ String[] broad = new {"KBS", "MBC", "JTBC"};

④ String[] broad = new {KBS, MBC, JTBC};

10. 다음 중 2차원 배열 선언과 초기화가 옳은 것은?

① int matrix[][] = {{1, 2, 3}, {4, 5, 6}};

② int[][] matrix = {1, 2, 3, 4, 5, 6};

③ int matrix[][] = {{1, 2, 3, 4, 5, 6}};

④ int[][] matrix = {{"1", "2", "3"}, {"4", "5", "6"}};

11. 3개 정수 중 최댓값을 찾는 중첩 if 선택문을 코딩해 보시오.

12. 바둑돌을 상태별(정상 또는 불량), 색깔별(검은색 또는 흰색)로 분류하는 중첩 switch 선택문을 코딩해 보시오.

13. 1부터 100까지 정수 중 홀수의 합을 구하는 while 반복문을 코딩해 보시오.

14. 다음 1차원 배열을 정의하고 대응하는 원소의 합을 구한 후 출력하는 프로그램을 작성해 보시오.

su1	1	2	3	4	5

su2	5	4	3	2	1

add	6	6	6	6	6

CHAPTER 4

내장객체

4.1 내장객체 개요

내장객체(implicit object)는 JSP 개발자가 객체를 생성하지 않고 바로 사용할 수 있는 객체를 말하며 내부 객체 또는 기본 객체라고 한다. JSP 페이지에서 사용되는 내장객체는 JSP 컨테이너에 의해 서블릿으로 변환될 때 자동으로 객체가 생성된다. 따라서 개발자는 객체를 생성(new 키워드)하는 절차를 거치지 않고 JSP 프로그램의 표현식 또는 스크립트릿에서 내장객체의 다양한 기능을 간단하게 그리고 쉽게 활용할 수 있다.

JSP 프로그래밍에서 사용되는 다양한 기능들을 그룹화하여 제공하는 내장객체에는 입·출력관련 request, response, out와 pageContext, application, session, config, page, exception 등이 있다. 그리고 각 내장객체마다 사용 가능한 메소드들이 존재한다.

JSP 내장객체

내장객체	설명
request	클라이언트의 http 요청 정보 저장
response	요청에 대한 웹 서버의 응답 정보 저장
out	JSP 페이지가 생성하는 결과 출력 스트림(브라우저 출력)
pageContext	JSP 페이지와 1:1 대응되는 객체로 JSP 페이지 정보 저장
application	웹 어플리케이션의 콘텐츠 정보 저장
session	클라이언트와 서버 간의 연결 정보 저장
config	JSP 페이지에 대한 초기 설정 정보 저장
page	JSP 페이지를 구현한 자바 클래스 인스턴스
exception	예외 상황처리 객체(오류 페이지에서 사용)

4.2 request 내장객체

http 요청과 응답

JSP에서 가장 많이 사용되는 내장객체 중 하나로 클라이언트(웹 브라우저)가 웹 서버에 연결한 후 서비스 요청 정보를 전송한다. request 내장객체는 웹 브라우저가 웹 서버에게 전송한 요청 관련 정보를 제공한다. 주요 기능으로 클라이언트의 정보와 클라이언트가 전송한 정보 및 서버 정보를 구할 수 있는 메소드들을 제공한다.

request 내장객체가 제공하는 주요 기능은 다음과 같다.

* 클라이언트 관련 정보
* 클라이언트가 전송한 요청 헤더 정보
* 클라이언트가 전송한 파라미터 정보
* 클라이언트가 전송한 쿠키 정보
* 속성 처리 기능
* 서버 관련 정보

이 절에서는 클라이언트 관련 메소드와 전송 데이터 관련 메소드 및 서버 관련 메소드 중심으로 살펴보도록 한다. 그리고 요청 파라미터 처리 관련 메소드는 따로 다음 절에서 다루도록 한다.

4.2.1 클라이언트 관련 메소드

request 내장객체의 클라이언트 관련 주요 메소드는 다음과 같다.

리턴타입	메소드	설명
String	getRemoteAddr()	클라이언트 IP 주소 리턴
String	getRemoteHost()	클라이언트 이름 리턴
String	getRemotePort()	클라이언트 포트 리턴
String	getRemoteUser()	클라이언트 사용자 리턴

예제 4-1

클라이언트 관련 주요 메소드를 사용하는 프로그램을 작성하고 실습해 보자.

- request_client.jsp

```
1   <%@ page language="java" contentType="text/html; charset=UTF-8" pageEncoding="UTF-8"%>
2
3   <!DOCTYPE html>
4   <html>
5   <head>
6    <meta charset="UTF-8">
7    <title>request 내장 객체(request_client.jsp)</title>
8   </head>
10  <body>
11   <b>request 내장 객체 - [클라이언트관련 정보]</b><Br>
12   클라이언트 IP 주소 : <%= request.getRemoteAddr()%><Br>
13   클라이언트 이름 : <%= request.getRemoteHost()%><Br>
14   클라이언트 포트 : <%= request.getRemotePort()%><Br>
15   클라이언트 사용자 : <%= request.getRemoteUser()%>
16
17  </body>
18  </html>
```

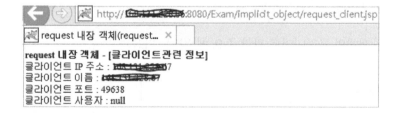

4.2.2 전송 데이터 관련 메소드

request 내장객체의 전송 데이터 관련 주요 메소드는 다음과 같다.

리턴타입	메소드	설명
String	getProtocol()	요청정보 프로토콜 리턴
String	getMethod()	요청정보 전송방식(GET, POST) 리턴
String	getContentType()	요청정보 콘텐츠 타입 리턴
String	getCharacterEncoding()	문자 셋 인코딩 리턴
long	getContentLength()	요청정보 콘텐츠 길이 리턴(null(없음))
String	getContextPath()	요청정보 콘텍스트 경로 리턴
String	getRequestURI()	요청 URI 리턴
String	getRequestURL()	요청 URL 리턴
String	getServletPath()	요청 서블릿 경로 리턴
String	getCookies()	쿠키 정보 리턴
String	getRequestedSessionId()	세션 아이디(JSESSIONID) 리턴
String	getSession()	세션 정보 리턴

예제 4-2

전송 데이터 관련 주요 메소드를 사용하는 프로그램을 작성하고 실습해 보자.

■ request_data.jsp

```
1  <%@ page language="java" contentType="text/html; charset=UTF-8" pageEncoding="UTF-8"%>
2
3  <!DOCTYPE html>
4  <html>
5  <head>
6  <meta charset="UTF-8">
7  <title>request 내장 객체(request_data.jsp)</title>
8  </head>
9  <body>
10  <b>request 내장 객체 - [전송 데이터관련 정보]</b><Br>
11  요청정보 프로토콜 : <%= request.getProtocol()%><Br>
12  요청정보 전송 방식 : <%= request.getMethod()%><Br>
13  요청정보 컨텐츠 타입 : <%= request.getContentType()%><Br>
14  요청정보 인코딩 : <%= request.getCharacterEncoding()%><Br>
15  요청정보 길이 : <%= request.getContentLength()%><p>
```

```
16
17   컨텍스트 경로 : <%= request.getContextPath()%><Br>
18   요청 URI : <%= request.getRequestURI()%><Br>
19   요청 URL : <%= request.getRequestURL()%><Br>
20   요청 서블릿 경로 : <%= request.getServletPath()%><p>
21
22   쿠키 정보 : <%= request.getCookies()%><Br>
23   세션 아이디 : <%= request.getRequestedSessionId()%><Br>
24   세션 정보 : <%= request.getSession()%>
25
26   </body>
27   </html>
```

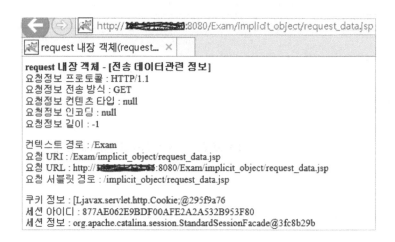

4.2.3 서버 관련 메소드

request 내장객체의 서버 관련 주요 메소드는 다음과 같다.

리턴타입	메소드	설명
String	getLocalAddr()	연결 서버 IP 주소 리턴
String	getLocalName()	연결 호스트 이름 리턴
String	getLocalPort()	서버 실행 포트 리턴
String	getServerPort()	서버 실행 포트 리턴
String	getServerName()	연결 서버 이름 리턴

서버 관련 주요 메소드를 사용하는 프로그램을 작성하고 실습해 보자.

■ request_server.jsp

```
1   <%@ page language="java" contentType="text/html; charset=UTF-8" pageEncoding="UTF-8"%>
2
3   <!DOCTYPE html>
4   <html>
5   <head>
6    <meta charset="UTF-8">
7    <title>request 내장 객체(request_server.jsp)</title>
8   </head>
9   <body>
10   <b>request 내장 객체 - [서버관련 정보]</b><Br>
11   서버 IP 주소 : <%= request.getLocalAddr()%><Br>
12   호스트  이름 : <%= request.getLocalName()%><Br>
13   서버 포트 : <%= request.getLocalPort()%><Br>
14   서버 포트 : <%= request.getServerPort()%><Br>
15   서버 이름 : <%= request.getServerName()%>
16
17   </body>
18   </html>
```

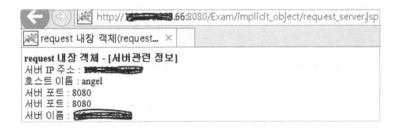

4.2.4 헤더 관련 메소드

request 내장객체의 요청 헤더 관련 주요 메소드는 다음과 같다.

리턴타입	메소드	설명
String	getHeader(String name)	설정한 name의 헤더 값 리턴
Enumeration	getHeaders(String name)	설정한 name의 헤더 목록 리턴
Enumeration	getHeaderNames()	모든 헤더 이름 리턴
int	getIntHeader(String name)	설정한 name의 헤더 값(정수) 리턴
long	getDateHeader(String name)	설정한 name의 헤더 값(시간) 리턴
Cookie[]	getCookies()	모든 쿠키 값() 리턴

예제 4-4

요청 헤더 관련 주요 메소드를 사용하는 프로그램을 작성하고 실습해 보자.

■ request_header.jsp

```
1  <%@ page language="java" contentType="text/html; charset=UTF-8" pageEncoding="UTF-8"%>
2
3  <%@ page import="java.util.*"%>
4
5  <!DOCTYPE html>
6  <html>
7  <head>
8   <meta charset="UTF-8">
9   <title>request 내장 객체(request_header.jsp)</title>
10 </head>
11 <body>
12 <b>request 내장 객체 - [헤더관련 정보]</b><Br>
13 <%
14  Enumeration<String> enu = request.getHeaderNames();
15
16  while (enu.hasMoreElements()) {
17
18     String head_name = (String)enu.nextElement();
19     String head_value = request.getHeader(head_name);
20
21     out.print("헤더 이름 : " + head_name + "<Br>"
22             + "헤더 값 : " + head_value + "<Br>");
```

```
23   }
24   %>
25
26 </body>
27 </html>
```

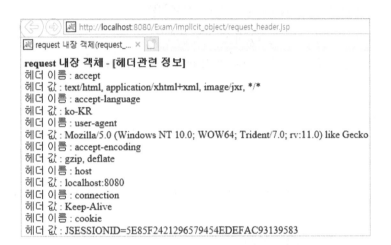

 참고 Enumeration 인터페이스(java.util.*)

웹 브라우저가 전송한 페이지가 갖고 있는 모든 파라미터들에 대한 "이름(key)-값(value)" 쌍으로 구성된 저장 데이터 구조이다. hasMoreElements() 메소드를 사용하여 객체 배열 요소를 순차적으로 처리하는데 유용하게 활용된다.
이와 유사한 Map 데이터 구조가 있다.

4.3 폼과 요청 파라미터 처리

클라이언트는 웹 브라우저를 통해 정보를 입력하고 JSP 스크립트를 호출하여 서비스를 요청하면 호출된 서버의 JSP 스크립트는 전송된 요청 정보를 추출하여 가공 처리한 후 HTML 페이지를 클라이언트에게 응답한다.

이 절에서는 폼 관련 HTML과 CSS에 관해 간단히 살펴본 후 전송된 요청 파라미터 처리를 위한 request 내장객체를 다루기로 한다.

HTML 표준화는 다음과 같이 웹 페이지에 대한 역할 분담 형식으로 추진되었다.

- HTML5 : 웹 페이지 내용(contents) 작성 - "무엇을"
- CSS3 : 웹 페이지 스타일(style) 지정 - "어떻게"
- java script : 동적 웹 페이지 작성 - "동작(event), 행위(action)"

4.3.1 HTML

(1) HTML의 기본 구조

① 엘리먼트(element) : 시작 태그와 종료 태그로 이루어진 웹 페이지의 구성 요소

> 엘리먼트 = <시작 태그>내용(콘텐츠)</종료 태그>

② 태그(tag) : 태그는 미리 약속된 표시명령(Markup)으로 사용하는 목적(쓰임새, 용도)에 따라 사용하는 태그가 정해져 있다.

③ 속성(attribute) : 요소는 속성을 가질 수 있으며 항상 시작 태그에 속성이름="값" 형태로 기술한다. 이때 속성은 요소에 대한 추가적인 정보를 제공하며 각 태그마다 사용하는 속성과 속성 값이 다르다

(2) 폼 관련 HTML 엘리먼트

엘리먼트	설명
<form>	폼 정의
<fieldset>	폼 내부 관련 엘리먼트들을 그룹핑
<legend>	<fieldset> 태그 영역에 대한 캡션 지정
<label>	태크 앞 라벨 정의
<input>	사용자의 데이터 입력 형식 정의

(3) 〈form〉태그 속성

속성	속성 값	설명
name	문자열	〈form〉태그 이름
method	get, post	폼 데이터 전송 방법
action	URL	폼 데이터 전송할 URL 정의
enctype	multipart/form-data	post 전송 파일 업로드 경우 사용

(4) 〈input〉태그 속성

속성	속성 값	설명
type	text	1줄 텍스트 데이터 입력
	password	비밀번호 입력 경우 '*' 표시(보안)
	radio	옵션(라디오) 버튼(단일 선택)
	checkbox	체크 박스(다중 선택)
	file	파일 업로드
	submit	폼 데이터 지정 URL로 전송 버튼
	reset	입력 데이터 취소 버튼
name	문자열	〈input〉태그 이름(폼 데이터 전송 경우 파라미터)
size	정수	〈input〉태그의 크기(폭)
maxlength	정수	〈input〉태그의 최대 입력 가능 문자 수
required		데이터 입력 여부 자동 체크(필수 입력)
auto focus		포커스 설정

(5) 테이블 관련 HTML 엘리먼트

엘리먼트	설명
〈table〉	테이블 정의
〈caption〉	테이블 캡션 지정
〈tr〉	테이블의 줄
〈th〉	테이블의 칸(제목)
〈td〉	테이블의 칸(내용)

4.3.2 CSS(Cascading Style Sheets)

(1) CSS 기본 형식

<head> ~ </head> 내부에 기술하며 출력 형태를 다음과 같은 형식으로 지정한다. 주석 문(/* ~ */) 사용도 가능하다.

```
선택자 { 속성 : 값 ; [ [ 속성 : 값 ; ]  ... ] }
```

(2) 선택자(selector)

기본 형식의 선택자는 CSS 적용 대상을 의미하며 HTML 요소(태그 이름), 아이디, 클래 스, 그룹핑 등을 선택하여 스타일을 지정할 수 있다.

① element 선택자

- HTML 요소이름(태그이름)을 기준으로 CSS 적용
- 태그이름 { 속성 : 값 ; [[속성 : 값 ;] ...] }

② id 선택자

- 특정 태그에 <태그명 id="식별자"></태그명> 속성이 지정된 경우 id명을 기준으로 CSS 적용
- #식별자 { 속성 : 값 ; [[속성 : 값 ;] ...] }

③ class 선택자

- 특정 태그에 <태그명 class="식별자"></태그명> 속성이 지정된 경우 class명을 기준 으로 CSS 적용
- .식별자 { 속성 : 값 ; [[속성 : 값 ;] ...] }

④ grouping 선택자

- 여러 개의 선택자(콤마(comma)로 구분)에게 동일한 CSS 적용
- 선택자1, 선택자2, ... { 속성 : 값 ; [[속성 : 값 ;] ...] }

⑤ 의사 클래스(pseudo-class)

- '클래스가 정의된 것처럼 한다'는 의미로 CSS 적용
- : 사용

예 `<a>` 요소에 의사 클래스를 이용한 CSS 적용

```
a:link  { color : blue ; }     /* 방문 전 링크 스타일(색) */
a:visited  { color : red ; }    /* 방문 후 링크 스타일(색) */
a:hover  { color : yellow ; }    /* 마우스 포인터가 링크 위에 놓일 경우 링크 스타일(색) */
a:active  { color : yellow ; }  /* 마우스 클릭 경우 링크 스타일(색) */
```

(3) CSS 적용 방법

CSS 적용 방법은 인라인 스타일시트(inline style sheet), 내부 스타일시트(internal style sheet), 외부 스타일시트(external style sheet)으로 구분한다.

① 인라인 단위 적용 방법

인라인 스타일시트(inline style sheet) 방법으로 특정 태그에만 스타일을 적용한다. 특정 태그에 스타일을 지정하는 형식은 다음과 같다.

예 인라인 스타일시트

```
<시작태그 style="속성 : 값 ; [ [ 속성 : 값 ; ]  ... ] ">내용</종료태그>
```

② 페이지 단위 적용 방법

내부 스타일시트 방법으로 특정 웹 페이지에만 스타일을 적용한다. 특정 웹 페이지에 적용되는 스타일은 해당 웹 페이지의 `<head>` ~ `</head>` 내부에 다음과 같은 형식으로 스타일을 지정한다.

예 내부 스타일시트

```
<head>
  <style>
   선택자1 { 속성 : 값 ; [ [ 속성 : 값 ; ]  ... ] }
```

```
   선택자2 { 속성 : 값 ; [ [ 속성 : 값 ; ]  ... ] }
   ................
  </style>
</head>
```

③ 파일 단위 적용 방법

외부 스타일시트 방법으로 웹 사이트의 1개 이상의 웹 페이지에 스타일을 적용한다. 스타일을 공용으로 사용하는 각 웹 페이지의 <head> ~ </head> 내부에 링크 형식으로 스타일을 지정한다. 이때 웹 페이지에 적용할 스타일을 포함하고 있는 외부 파일(<style> ~ </style> 생략하고 파일 확장자 css 사용)은 미리 저장해 놓아야 한다.

예 외부 스타일시트

```
<head>
  <link rel="stylesheet" href="파일명.css">
</head>
```

④ CSS 적용 우선순위

웹 페이지에 적용되는 스타일의 우선순위는 인라인, 내부, 외부, 브라우저 기본 스타일시트 순으로 적용된다. 그러므로 다음 예의 경우 최종 <p> 엘리먼트의 color 속성은 "blue"가 적용된다.

예 스타일시트 적용 우선순위

```
external style sheet      p {color: green;}
internal style sheet      p {color: red;}
inline style              p style="color: blue;"
```

예제 4-5

회원 가입을 위한 다음 폼을 설계하고 HTML과 CSS 사용법을 실습해 보자.

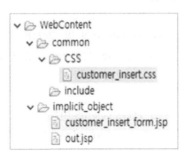

■ customer_insert.css

```
1    /* 고개정보 입력 폼 스타일시트(customer_insert.css) */
2
3    table {width:400px; border-collapse:collapse; border:2px solid black;}
4    caption {font-size:20pt; font-weight:bold;}
5    th, td {border:1px solid grey; padding:3px;}
6    th {width:25%; background-color:#CFD0ED; text-align:left;}
7    td {background-color:#FAFAEE; text-align:left;}
8    .msg_red {font-size:10pt; color:red;}
```

```
v 📂 WebContent
   v 📂 common
      v 📂 CSS
            📄 customer_insert.css
         📂 include
   v 📂 implicit_object
         📄 customer_insert_form.jsp
         📄 out.jsp
```

CSS 저장 폴더 구조

■ customer_insert_form.jsp

```
1   <%@ page language="java" contentType="text/html; charset=UTF-8" pageEncoding="UTF-8"%>
2
3   <!DOCTYPE html>
4   <html>
5   <head>
6    <title>회원 가입 폼(customer_insert_form.jsp)</title>
7    <meta charset="UTF-8">
8    <!--
9    <style>
10    table {width:400px; border-collapse:collapse; border:2px solid black;}
11    caption {font-size:20pt; font-weight:bold;}
12    th, td {border:1px solid grey; padding:3px;}
13    th {width:25%; background-color:#CFD0ED; text-align:left;}
14    td {background-color:#FAFAEE; text-align:left;}
15    .msg_red {font-size:10pt; color:red;}
16    </style>
17    -->
18    <link rel="stylesheet" href="../common/CSS/customer_insert.css">
19   </head>
20
21   <body>
22   <form name="customer_form"  method="post" action="customer_request_para.jsp">
23    <table>
24    <caption>회원 가입</caption>
25    <tr>
26     <th><span class="msg_red">*</span>아 이 디</th>
27     <td><input type="text" name="id" size="10" maxlength="10" required autofocus></td>
28    </tr>
29    <tr>
30     <th><span class="msg_red">*</span>비밀번호</th>
31     <td><input type="password" name="pw" size="11" maxlength="10" required></td>
32    </tr>
33    <tr>
34     <th><span class="msg_red">*</span>이  름</th>
35     <td><input type="text" name="name" size="10" maxlength="5" required></td>
36    </tr>
```

```
37    <tr>
38     <th>  성  별</th>
39     <td><input type="radio" name="gender" value="M">남자   
40         <input type="radio" name="gender" value="F">여자</td>
41    </tr>
42    <tr>
43     <th>  취  미</th>
44     <td><input type="checkbox" name="hobby" value="등산">등산  
45         <input type="checkbox" name="hobby" value="낚시">낚시  
46         <input type="checkbox" name="hobby" value="독서">독서  
47         <input type="checkbox" name="hobby" value="테니스">테니스</td>
48    </tr>
49    <tr>
50     <td colspan="2" style="text-align:center;">
51         <input type="submit" value="전송">
52         <input type="reset" value="취소"></td>
53    </tr>
54   </table>
55  </form>
56  </body>
57  </html>
```

4.3.3 정보 전송 방식

클라이언트의 웹 브라우저를 통해 서버로 정보를 전송하는 방식에는 get 방식과 post 방식이 있다. get 방식은 url 뒤에 쿼리문자열로 http 요청 메시지의 헤더(header)에 포함되어 전송되며 post 방식은 http 요청 메시지의 몸체(body)에 포함되어 전송된다. 전송 방식에 따라서 다음 표와 같이 약간의 차이점이 있다.

GET과 POST 전송 방식

구분	POST 방식	GET 방식
HTML	\<form method="post"\>	\<form method="get"\> \<a href="url?p1=v1&p2=v2&..."\> \</a\>
전송 방법	http 메시지 몸체(body) 포함 전송	URL을 통한 전송

구분	POST 방식	GET 방식
보안성	우수	취약(노출)
전송 용량	대용량 전송	데이터 용량 제한
한글 처리	한글 깨짐 현상 setCharacterEncoding() 인코딩 요구	정상 처리

하이퍼링크를 사용하는 get 방식의 전송은 \<a> 엘리먼트의 href 속성 값으로 "파라미터
=파라미터 값"의 쌍으로 기술한다. 이때 url과 파라미터는 '?'로 구분하고 1개 이상의 파
라미터를 전송할 경우에는 파라미터 사이를 '&'로 구분한다.

4.3.4 요청 파라미터 처리 관련 메소드

클라이언트는 웹 브라우저를 통해 정보를 입력하고 JSP 스크립트를 호출하여 서비스를
요청하면 호출된 서버의 JSP 스크립트는 전송된 요청 정보를 추출하여 가공 처리한 후
HTML 페이지를 클라이언트에게 응답한다.

이 절에서는 사용자가 회원 가입 폼([예제 4-5] customer_insert_form.jsp)을 통해 입력
한 데이터가 서버로 전송되면 서버의 JSP 스크립트에서 전송된 요청 파라미터를 어떻
게 추출하여 처리하는지 살펴보기로 한다.

request 내장객체는 웹 브라우저를 통해 전송된 요청 파라미터를 추출하는 메소드들을
제공한다.

리턴타입	메소드	설명
String	getParameter(String name)	이름이 name인 파라미터 값 리턴(null)
String[]	getParameterValues(String name)	이름이 name인 파라미터의 모든 값 리턴(null)
Enumeration	getParameterNames()	모든 전송 파라미터 이름(key) 리턴(empty)
Map	getParameterMap()	모든 전송 파라미터 Map(<키, 값[]> 쌍) 리턴

[예제 4-5]의 회원 가입 요청(customer_insert_form.jsp)에 대한 request 내장객체의 요청 파
라미터 처리 관련 메소드를 사용하여 처리하는 프로그램을 작성하고 실습해 보자.

■ customer_request_para.jsp

```
1   <%@ page language="java" contentType="text/html; charset=UTF-8" pageEncoding="UTF-8"%>
2
3   <%-- post방식 한글 데이터 전송 경우 깨짐 현상 방지 --%>
4   <% request.setCharacterEncoding("UTF-8"); %>
5
6   <!DOCTYPE html>
7   <html>
8   <head>
9    <title>회원가입 파라미터(customer_request_para.jsp)</title>
10   <meta charset="UTF-8">
11  </head>
12  <body>
13   <b>회원가입 요청 파라미터 처리</b><Br>
14
15   <% // 전송 정보(요청 파라미터) - 단일 값%>
16    아이디 : <%= request.getParameter("id")%><Br>
17    비밀번호 : <%= request.getParameter("pw")%><Br>
18    이 름 : <%= request.getParameter("name")%><Br>
19    성 별 : <%= request.getParameter("gender")%><p>
20    취 미 :
21
22   <% // 전송 정보(요청 파라미터) - 다중 값
23    String[] hobby = request.getParameterValues("hobby");
24
25    if (hobby != null) {
26
27      for(int i = 0; i < hobby.length; i++) {
28         out.print(hobby[i] + " ");
29      }
30
31    } else {
```

```
32        out.print("취미를 선택하지 않았습니다!"+"<Br>");
33    }
34  %>
35
36  </body>
37  </html>
```

🔍 **참고** post방식 한글 데이터 전송 경우 깨짐 현상 방지

한글을 포함하고 있는 폼 데이터를 post 방식으로 서버로 전송하였을 경우에는 JSP 스크립트의 page 지시문 다음에 아래의 문자 인코딩 문을 반드시 포함시켜 주어야 깨짐 현상을 방지할 수 있다.(get 방식의 경우 정상 처리 됨)

```
<%@ page language="java" contentType="text/html; charset=UTF-8" pageEncoding="UTF-8"%>

<%-- post방식 한글 데이터 전송 경우 깨짐 현상 방지 --%>
<% request.setCharacterEncoding("UTF-8"); %>
```

4.4 response 내장객체

response 내장객체는 웹 서버로 부터 클라이언트 웹 브라우저에게 전송되는 응답 정보
와 관련된 기능을 제공한다. 이를 위해 response 내장객체는 응답 헤더 관련 메소드, 응
답 콘텐츠 관련 메소드 그리고 페이지 이동 관련 메소드들을 제공한다.

response 내장객체가 제공하는 주요 기능은 다음과 같다.

- 응답 헤더 정보 설정
- 응답 콘텐츠 정보 설정
- 페이지 이동(redirection)

이 절에서는 response 내장객체 중 가장 많이 사용하는 페이지 이동관련 메소드 사용에
대해 살펴보기로 한다.

4.4.1 응답 헤더 관련 메소드

웹 브라우저에게 응답하는 정보에 헤더 정보를 추가하는 response 내장객체의 응답 헤
더 관련 주요 메소드는 다음과 같다.

리턴타입	메소드	설명
String	getHeader(String name)	name헤더 값 리턴
boolean	containsHeader(String name)	name헤더의 HTTP 헤더 포함 여부 리턴
void	addHeader(String name, String value)	name헤더에 value 값 추가
void	addDateHeader(String name, long date)	name헤더에 날짜(time stamp) 추가
void	addIntHeader(String name, int value)	name헤더에 value(정수) 추가
void	setHeader(String name, String value)	name헤더를 value 값 변경
void	setDateHeader(String name, long date)	name헤더를 날짜(time stamp) 변경
void	setIntHeader(String name, int value)	name헤더를 value(정수) 변경
void	addCookie(Cookie cookie)	헤더에 쿠키 추가

4.4.2 응답 콘텐츠 관련 메소드

웹 브라우저에게 응답하기 위해 문자 인코딩, **MIME**타입, 오류 메시지, 오류 코드 등을 설정하는 **response** 내장객체의 응답 콘텐츠 관련 메소드는 다음과 같다.

리턴타입	메소드	설명
String	getCharacterEncoding()	응답 문자 인코딩 리턴
String	getContentType()	응답 MIME타입 리턴
void	setCharacterEncoding(String charset)	응답 문자 인코딩 설정
void	setContentType(String type)	응답 MIME타입 설정
void	sendError(int sc, String msg)	응답 오류(상태코드(cs), 오류메시지) 설정
void	setStatus(int sc)	응답 HTTP 상태코드 설정

4.4.3 페이지 이동 관련 메소드

자주 사용하는 **response** 내장객체의 페이지 이동 관련 메소드는 다음과 같다.

리턴타입	메소드	설명
void	sendRedirect(String location)	지정 URL 이동

sendRedirect() 메소드는 지정한 URL로 강제로 이동 시키는 기능을 제공한다. 특히 지정한 URL에 **GET** 방식의 파리미터를 포함하고 있을 경우에는 반드시 **java.net** 패키지에 포함된 **URLEncoder** 클래스의 **encode()** 메소드를 사용하여 인코딩을 알맞게 설정해 주어야 한다.

 URL 인코딩(encoding)

url에 get 방식으로 파라미터에 한글 또는 특수 문자를 포함하여 전송할 경우에는 반드시 url 인코딩해 주어야 깨짐 현상을 방지할 수 있다.

```
<%@ page import="java.net.URLEncoder"%>

URLEncoder.encode(String arg0, Charset arg1)   // 한글 포함 경우 문자셋
                                                       ("utf-8")
```

예제 4-7

지정한 URL로 단순 강제로 이동하는 프로그램을 작성하고 실습해 보자. [예제 4-5]의 회원 가입 폼(customer_insert_form.jsp)의 HTML과 CSS를 약간 변경하여 사용하기로 하자.

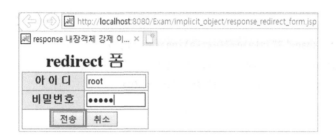

■ response_redirect_form.jsp

```
1   <%@ page language="java" contentType="text/html; charset=UTF-8" pageEncoding="UTF-8"%>
2
3   <!DOCTYPE html>
4   <html>
5   <head>
6   <title>response 내장객체 강제 이동(response_redirect_form.jsp)</title>
7   <meta charset="UTF-8">
8   <style>
9    table {width:200px; text-align:center; border-collapse:collapse;}
10   caption {font-size:20pt; font-weight:bold;}
11   th, td {border:1px solid grey; padding:3px;}
12   th {width:50%; background-color:#CFD0ED;}
13   td {text-align:left;}
14  </style>
15  </head>
16
17  <body>
18   <form name="login_form" method="POST" action="./response_redirect_check.jsp">
19    <table>
20     <caption>redirect 폼</caption>
21     <tr>
22      <th>아 이 디</th>
```

```
23       <td><input type="text" name="cust_id" size="10" maxlength="10" required autofocus></td>
24     </tr>
25     <tr>
26       <th>비밀번호</th>
27       <td><input type="password" name="cust_pw" size="11" maxlength="10" required></td>
28     </tr>
29     <tr>
30       <td colspan="2" style="text-align:center;">
31         <input type="submit" value="전송">
32         <input type="reset" value="취소"></td>
33     </tr>
34    </table>
35   </form>
36 </body>
37 </html>
```

■ response_redirect_check.jsp

```
1  <%@ page language="java" contentType="text/html; charset=UTF-8" pageEncoding="UTF-8"%>
2
3  <%-- post방식 한글 데이터 전송 경우 깨짐 현상 방지 --%>
4  <% request.setCharacterEncoding("UTF-8"); %>
5
6  <!DOCTYPE html>
7  <html>
8  <head>
9  <meta charset="UTF-8">
10 <title>response 내장객체 강제 이동(response_redirect_check.jsp)</title>
11 </head>
12 <body>
13  <b>response 내장객체 강제 이동 페이지</b><Br>
14  <%
15   // 전송 데이터 변수 할당 및 확인
16   String cust_id = request.getParameter("cust_id");
17   String cust_pw = request.getParameter("cust_pw");
18
19   out.print("아이디 = " + cust_id + "<Br>");
20   out.print("비밀번호 = " + cust_pw + "<Br>");
```

```
21
22    // 지정 페이지(URL)로 강제 이동
23    // response.sendRedirect("./response_redirect_form.jsp");
24  %>
25
26  <p><a href="./response_redirect_form.jsp">[ redirect 폼 ]</a>
27  </body>
28  </html>
```

실행 결과를 확인한 후 프로그램(response_redirect_check.jsp)의 23행을 주석문 처리하고 다시 실행하여 보자. sendRedirect() 메소드의 강제 페이지 이동을 확인할 수 있다. 이 때 26행의 <a> 엘리먼트는 무시된다.

예제 4-8

지정한 URL에 GET 방식의 파라미터를 포함하고 있을 경우 강제로 이동하는 프로그램을 작성하고 실습해 보자. 그리고 response_para.jsp 프로그램의 URL 인코딩 전(19행)과 후(20행)의 결과를 비교해 보자.

■ response_para.jsp

```
1   <%@ page language="java" contentType="text/html; charset=UTF-8" pageEncoding="UTF-8"%>
2
3   <%@ page import="java.net.URLEncoder"%>
4
5   <!DOCTYPE html>
6   <html>
7   <head>
8    <meta charset="UTF-8">
9    <title>response 내장객체 강제 이동(response_para.jsp)</title>
10  </head>
11  <body>
12  <b>response 내장객체 강제 이동 - 한글 파라미터 전송</b><Br>
13  <%
14
15     String para = "대한민국";
16     String encode_para = URLEncoder.encode(para, "utf-8");
17
18     // 지정 페이지(URL)로 강제 이동
19     // response.sendRedirect("./response_para_check.jsp?para=" + para);
20     response.sendRedirect("./response_para_check.jsp?para=" + encode_para);
21  %>
22
23  </body>
24  </html>
```

■ response_para.jsp

```
1   <%@ page language="java" contentType="text/html; charset=UTF-8" pageEncoding="UTF-8"%>
2
3   <!DOCTYPE html>
4   <html>
5   <head>
6   <meta charset="UTF-8">
7   <title>response 내장객체 강제 이동(response_para_check.jsp)</title>
8   </head>
9   <body>
```

```
10  <b>response 내장객체 강제 이동 - 한글 파라미터 확인</b><Br>
11  <%
12   // 전송 데이터 변수 할당 및 확인
13   String para = request.getParameter("para");
14
15   out.print("파라미터 = " + para);
16  %>
17
18  </body>
19  </html>
```

4.5 out 내장객체

out 내장객체는 JSP 페이지가 생성하는 모든 내용은 out 내장객체를 통해 클라이언트의 웹 브라우저에게 전송된다. 비 스크립트 요소를 포함하여 표현식의 결과 값도 전송된다.

out 내장객체 또는 표현식을 이용한 출력 결과는 다음 예제와 같이 차이가 없다. 상황에 따라서 적절한 방법을 선택하여 사용하면 되지만 표현식 사용이 비교적 간단하고 편리하다.

out 내장객체의 출력 및 버퍼관련 주요 메소드는 다음과 같다.

리턴타입	메소드	설명
void	print()	웹 브라우저 출력
void	println()	웹 브라우저 출력(줄 바꿈 포함)
void	newLine()	줄바꿈(\r\n, \n) 출력
void	clear()	출력버퍼 웹 브라우저 전송 않고 비움(IOException)
void	clearBuffer()	출력버퍼 웹 브라우저 전송 않고 비움
int	getBufferSize()	버퍼 크기(page 지시문 buffer 속성 값, 기본 8KB)
int	getRemaining()	남은 버퍼 크기
void	flush()	출력버퍼 웹 브라우저 전송 후 비움
boolean	isAutoFlush()	출력 버퍼의 동작 제어 설정(page 지시문 autoFlush 속성 값, 기본 true)

예제 4-9

out 내장객체와 표현식을 이용한 출력 프로그램을 작성하고 실습해 보자.

■ out.jsp

```
1   <%@ page language="java" contentType="text/html; charset=UTF-8" pageEncoding="UTF-8"%>
2
3   <!DOCTYPE html>
4   <html>
5   <head>
6    <meta charset="UTF-8">
6    <title>out 내장객체(out.jsp)</title>
7   </head>
8   <body>
9    <b>out 내장객체와 표현식을 이용한 출력</b><Br>
10
11    <%
12    // out 객체 print 메소드 사용
13    out.print("버퍼크기 : " + out.getBufferSize() + "<Br>");
14    out.print("남은 버퍼크기 : " + out.getRemaining() + "<Br>");
15    out.print("페이지 지시문의 autoFlush 속성 값 : " + out.isAutoFlush() + "<p>");
16    %>
17
```

```
18    <!-- 표현식 사용 -->
19     버퍼크기 : <%= out.getBufferSize() %><Br>
20     남은 버퍼크기 : <%= out.getRemaining() %><Br>
21     페이지 지시문의 autoFlush 속성 값 : <%= out.isAutoFlush() %><p>
22
23   </body>
24   </html>
```

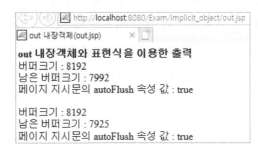

 참고 system.out.println()과 out.prinln() 차이점

* system.out.println() – 콘솔 창 출력 메소드
* out.prinln() – 웹 브라우저 출력 메소드

4.6 기타 내장객체

이 절에서는 나머지 내장객체인 **pageContext**, **application**, **session**, **config**, **page**, **exception**에 대해 간단히 살펴보기로 한다.

(1) pageContext 내장객체

웹 컨테이너가 구현한 객체로 JSP 페이지와 1:1로 대응되는 객체이다. JSP 페이지와 관련된 프로그램에서 다른 내장객체를 얻어내거나 현재 페이지의 요청과 응답의 제어를 다른 페이지로 넘겨주는데 사용한다.

(2) application 내장객체

application 내장객체는 웹 어플리케이션과 관련된 내장객체이다. 특정 웹 어플리케이션에 포함된 모든 JSP 페이지는 하나의 application 내장객체를 공유하게 된다.

(3) session 내장객체

HTTP 프로토콜은 클라이언트 요청에 대한 서버 응답 후 연결을 자동으로 종료한다. 이러한 비 연결 문제 해결을 위해 쿠키와 세션 정보를 사용한다. session 내장객체는 클라이언트와 서버 간의 지속적인 연결 유지를 위한 세션정보를 저장한다. 쿠키(cookies)와 세션(session)에 관한 내용은 6장에서 다루기로 한다.

(4) config 내장객체

config 내장객체는 JSP 페이지에 대한 설정 정보를 저장한다.

(5) page 내장객체

page 내장객체는 JSP 페이지를 구현한 자바 클래스 인스턴스로 오직 하나의 페이지 내에서만 유효성을 갖는다. 주의해야 할 점은 page 내장객체가 아닌 pageContext 내장객체를 통해서 접근할 수 있는 영역이다.

(6) exception 내장객체

exception 내장객체는 예외 상황처리 객체로서 오류 페이지에서만 사용한다. 3장 예외처리에서 다루었다.

4.7 내장객체의 적용영역

하나의 웹 어플리케이션에 포함되어 있는 JSP 페이지들의 사용 영역을 적용영역(scope, 공유영역)이라 한다.

page, request, session, application 내장객체 마다 다음과 같이 적용 범위가 있다. 내장객체들 간의 적용 영역은 page, request, session, application 순으로 포함 관계를 갖는다.

* page: JSP 페이지 내부 영역
* request : HTTP 요청관련 페이지 처리 영역
* session : 웹 브라우저 영역(웹 브라우저 생명주기와 동일)
* application : 웹 어플리케이션 전체 영역(웹 어플리케이션 생명주기와 동일)

(1) page

하나의 JSP 페이지를 처리할 때 사용되는 영역으로 하나의 JSP 페이지 내에서 공유할 값을 저장한다. 하나의 JSP 페이지에서만 공유가 가능하다, 주로 커스텀 태그에서 새로운 변수를 추가할 때 사용 한다

(2) request

하나의 HTTP 요청을 처리할 때 사용되는 영역으로 요청 처리하는 JSP 페이지 사이에서 정보를 전달하기 위해 사용된다.

웹 브라우저의 HTTP 요청이 하나의 JSP 페이지에서만 처리되는 경우에는 page 영역과 request 영역은 동일한 영역을 공유하게 된다. 그러나 요청을 처리하는 페이지에서 다른 페이지로의 이동이 일어날 경우의 page 영역은 새로 생성되지만 request 영역은 두개의 페이지를 포함하게 된다.

(3) session

하나의 웹 브라우저와 관련된 영역으로 클라이언트와 서버 간의 지속적인 연결 유지 정보를 저장한다. 웹 브라우저 당 하나의 세션이 생성된다. 해당 웹 브라우저는 모든 페이지에서 세션 정보의 공유가 가능하지만 세션의 유효기간이 존재한다. 웹브라우저의 생명주기와 동일하게 사용 가능하다.

(4) application

하나의 웹 어플리케이션과 관련된 전체 영역으로 모든 사용자를 위해 공유할 정보를 저장한다. 그러므로 특정 웹 어플리케이션에 포함된 모든 JSP 페이지는 하나의 application 내장객체를 공유하게 된다. 웹 어플리케이션의 생명주기와 동일하게 사용가능하다.

연습문제

1. 내장객체와 그에 대한 설명을 서로 연결해 보시오

   ① request   ㉠ 클라이언트로 정보 출력

   ② response   ㉡ 클라이언트와 서버간의 연결 유지 정보

   ③ out   ㉢ 클라이언트 요청 정보 추출

   ④ session   ㉣ 클라이언트에게 응답 정보 전송

2. 다음 테이블을 HTML과 CSS를 사용하여 코딩해 보시오.

   테이블 폼

1줄 1칸	1줄 2칸	1줄 3칸
2줄 1칸	2줄 2칸	2줄 3칸
줄 칸 통합		

3. 폼 데이터 전송 방법인 post와 get 방식의 차이점을 비교 설명하시오.

4. 스크립트 요소인 표현식과 out 내장객체의 차이점을 비교 설명하시오.

5. 3장의 [예제 3-20]의 표현식을 이용한 구구단 출력과 동일하게 out 내장객체의 print() 메소드를 이용하여 출력해 보시오.

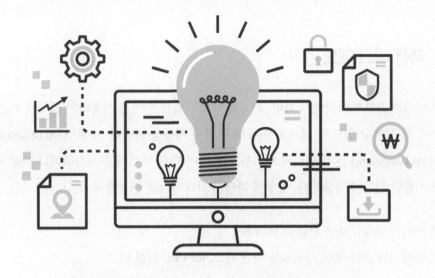

C H A P T E R 5

액션 태그

5.1 액션 태그 개요

액션 태그란 JSP 페이지에서 자바 코드 등의 스크립트 언어를 사용하지 않고도 다른 페이지에 접근할 수 있도록 태그를 이용해 구현된 기능을 말한다. 주로 XML(eXtensible Markup Language) 문서 형식의 태그를 사용하며 다른 페이지를 포함하거나 다른 페이지로 이동할 경우에 사용된다. 경우에 따라서 파라미터를 전송할 수 있다.

- 웹 페이지 공통부분을 모듈화(module)
- 요청 페이지 흐름 제어 - include 액션 태그, forward 액션 태그
- 파라미터 전송 - param 액션 태그

웹 어플리케이션을 구성하는 많은 웹 페이지들은 서로 동일한 부분을 공통적으로 포함하고 있다. 이러한 공통부분을 부품화(componentware)하여 재사용(reuse) 하면 각 웹 페이지 마다 필요한 모듈을 공유할 수 있다. 이렇게 모듈화한 부품을 재사용하면 프로그램의 소스 코드를 단순화하여 가독성을 향상시키고 반복하여 코딩하지 않아 코딩하는 시간과 노력을 줄일 수 있다. 또한 필요한 경우에 특정 모듈만 수정함으로써 유지보수(maintenance)를 용이하게 할 수 있다는 장점도 있다.

JSP 스크립트에서 사용되는 액션 태그의 종류와 형식은 다음과 같다.

액션 태그	형식	설명
include	〈jsp:include … /〉	외부 페이지의 내용을 포함하거나 페이지 모듈화
param	〈jsp:param … /〉	〈jsp:include〉, 〈jsp:forward〉 액션 태그에서 파라미터 추가
forward	〈jsp:forwad … /〉	다른 페이지로의 이동과 같은 페이지 흐름 제어
useBean	〈jsp:useBean … /〉	JSP 페이지에 자바빈 설정

5.2 〈jsp:include〉 액션 태그

〈jsp:include〉 액션 태그는 포함할 페이지(상대경로 또는 절대경로)의 실행처리 결과가 현재 include 액션 태그 위치에 포함된 후 컴파일되어 실행된다. 주로 웹 페이지의 일부 기능 요소를 모듈화하여 재사용하기 위해 사용되며 사용 형식은 다음과 같다.

```
<jsp:include page="포함할 페이지 경로" flush="true/false" />
```

page 속성으로 지정한 웹 페이지를 컴파일하고 실행시킨 결과가 현재 위치에 포함되어 컴파일 후 실행된다.

flush 속성은 포함할 웹 페이지를 실행하기 전에 출력 버퍼를 비울지 여부를 지정한다. flush 속성이 true(기본 값)이면 포함할 페이지를 실행하기 전에 출력 버퍼를 비우고(클라이언트 전송) 페이지 실행 결과가 현재 위치에 포함되며 false일 경우에는 출력 버퍼의 내용을 비우지 않고 포함할 페이지의 실행 결과가 현재 위치에 포함된다.

> **참고**   액션 태그와 include 지시문에서 사용하는 공용 모듈 관리
>
> 액션 태그와 include 지시문에서 사용하는 공용 모듈은 현재 작업 폴더 또는 특정 위치에 아래와 같이 include 폴더를 만든 후 공통 모듈들을 함께 모아 두면 웹 페이지 코드 작성 및 관리하기 쉽다.

예제 5-1

⟨jsp:include⟩ 액션 태그의 사용법에 대한 프로그램을 작성하고 실습해 보자.

이 예제는 [예제 3-15]의 1부터 10까지 정수 합 구하는 for 반복문(sum_for.jsp)을 활용한다. include 액션 태그 페이지(include_action.jsp)를 작성한 다음 포함할 모듈(inc_sum_for.jsp)을 코딩하여 현재 작업 폴더 아래의 include 폴더에 저장한다. 그리고 include 액션 태그 페이지(include_action.jsp)를 실행시키다.

▪ include_action.jsp

```
1   <%@ page language="java" contentType="text/html; charset=UTF-8" pageEncoding="UTF-8"%>
2
3   <!DOCTYPE html>
4   <html>
5   <head>
6    <title>include 액션태그(include_action.jsp)</title>
7    <meta charset="UTF-8">
8   </head>
9
10  <body>
11   <b>include 액션태그(include_action.jsp)</b><p>
12
13   <!-- 1부터 10까지 정수 합 -->
14   <jsp:include page="./include/inc_sum_for.jsp" flush="true" />
15
16  <p>include 액션태그</p>
17
18  </body>
19  </html>
```

▪ inc_sum_for.jsp

```
1   <%@ page language="java" contentType="text/html; charset=UTF-8" pageEncoding="UTF-8"%>
2
3    <b>정수 합(for 반복문 - inc_sum_for.jsp)</b><Br>
4
5    <%
6     // 변수 선언
7     int sum = 0;
8
9     // 정수 합 계산
10    for (int su = 1; su <= 10; su++) {
11
12       sum += su;     // sum = sum + su;
13
14    }
```

```
15   %>
16
17   1부터 10까지 정수 합은 <%=sum %>입니다
```

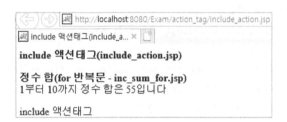

5.2.1 단일 파라미터 전송

웹 페이지의 공통 스크립트 요소에 특정 파라미터를 전달 할 수 있는데 <jsp:include> 액션 태그 내부에 다음 절에 나오는 <jsp:param> 액션 태그를 포함하는 형식으로 사용한다.

만일 한글을 포함하는 파라미터 전달의 경우에는 반드시 request.setCharacter Encoding() 메소드 사용하여 파라미터를 인코딩해 주어야 깨짐 현상을 방지할 수 있다.

예제 5-2

단일 파라미터(한글 포함)를 전송하는 〈jsp:include〉 액션 태그 사용법에 대한 프로그램을 작성하고 실습해 보자.

■ include_act_simple.jsp

```
1   <%@ page language="java" contentType="text/html; charset=UTF-8" pageEncoding="UTF-8"%>
2
3   <!DOCTYPE html>
4   <html>
5   <head>
6    <title>include 액션태그(include_act_simple.jsp)</title>
7    <meta charset="UTF-8">
8   </head>
```

```
9
10 <body>
11  <b>include 단일 파라미터(include_act_simple.jsp)</b><p>
12
13  <%-- 한글 파라미터 인코딩 --%>
14  <% request.setCharacterEncoding("UTF-8"); %>
15
16  <jsp:include page="./include/inc_act_simple.jsp" flush="true">
17    <jsp:param name="para1" value="p1 값" />
18    <jsp:param name="para2" value="p2 값" />
19    <jsp:param name="para3" value="파라미터3 값" />
20  </jsp:include>
21
22  <p>include 단일 파라미터</p>
23
24 </body>
25 </html>
```

▪ inc_act_simple.jsp

```
1   <%@ page language="java" contentType="text/html; charset=UTF-8" pageEncoding="UTF-8"%>
2
3   <!DOCTYPE html>
4   <html>
5   <head>
6    <meta charset="UTF-8">
7    <title>단일 파라미터(inc_act_simple.jsp)</title>
8   </head>
9
10  <body>
11   <b>단일 파라미터(inc_act_simple.jsp)</b><Br>
12
13   전송 파라미터 1 : <%= request.getParameter("para1") %><Br>
14   전송 파라미터 2 : <%= request.getParameter("para2") %><Br>
15   전송 파라미터 3 : <%= request.getParameter("para3") %>
16
17  </body>
19  </html>
```

5.2.2 다중 파라미터 전송

웹 페이지의 공통 스크립트 요소에 체크 박스(checkbox)와 같이 name 속성이 동일한 경우에 다중 파라미터 전송도 가능하다.

예제 5-3

다중 파라미터(한글 포함)를 전송하는 ⟨jsp:include⟩ 액션 태그 사용법에 대한 프로그램을 작성하고 실습해 보자.

■ include_act_multiple.jsp

```
1   <%@ page language="java" contentType="text/html; charset=UTF-8" pageEncoding="UTF-8"%>
2
3   <!DOCTYPE html>
4   <html>
5   <head>
6    <title>include 액션태그(include_act_multiple.jsp)</title>
7    <meta charset="UTF-8">
8   </head>
9
10  <body>
11   <b>include 다중 파라미터(include_act_multiple.jsp)</b><p>
12
13   <%-- 한글 파라미터 인코딩 --%>
14   <% request.setCharacterEncoding("UTF-8"); %>
15
```

```
16   <jsp:include page="./include/inc_act_multiple.jsp" flush="true">
17     <jsp:param name="para1" value="p1 값1" />
18     <jsp:param name="para1" value="p1 값2" />
19     <jsp:param name="para1" value="p1 값3" />
20     <jsp:param name="para2" value="p2 값" />
21     <jsp:param name="para3" value="파라미터3 값" />
22   </jsp:include>
23
24   <p>include 다중 파라미터</p>
25
26   </body>
27   </html>
```

■ inc_act_multiple.jsp

```
1    <%@ page language="java" contentType="text/html; charset=UTF-8" pageEncoding="UTF-8"%>
2
3    <!DOCTYPE html>
4    <html>
5    <head>
6     <meta charset="UTF-8">
7     <title>다중 파라미터(inc_act_multiple.jsp)</title>
8    </head>
9
10   <body>
11    <b>다중 파라미터(inc_act_multiple.jsp)</b><Br>
12    <%
13     String[] para1 = request.getParameterValues("para1");
14
15     if (para1 != null) {
16
17       for (int i = 0; i < para1.length; i++) {
18         out.println("전송 파라미터 1 : " + para1[i] + "<Br>");
19       }
20     }
21    %>
22   전송 파라미터 2 : <%= request.getParameter("para2") %><Br>
23   전송 파라미터 3 : <%= request.getParameter("para3") %>
```

```
24
25  </body>
26  </html>
```

> http://localhost:8080/Exam/action_tag/include_act_multiple.jsp
>
> include 액션태그(include_a... ×
>
> **include 다중 파라미터(include_act_multiple.jsp)**
>
> **다중 파라미터(inc_act_multiple.jsp)**
> 전송 파라미터 1 : p1 값1
> 전송 파라미터 1 : p1 값2
> 전송 파라미터 1 : p1 값3
> 전송 파라미터 2 : p2 값
> 전송 파라미터 3 : 파라미터3 값
>
> include 다중 파라미터

5.3 include 지시문

include 지시문은 include 액션 태그와 마찬가지로 서로 다른 웹 페이지에서 공통으로 사용하는 페이지를 포함시켜 사용한다. 주로 웹 페이지의 공통 스크립트 요소인 페이지 헤더(header) 또는 푸터(footer), 메뉴 등을 모듈화하여 재사용하기 위해 사용되며 사용 형식은 다음과 같다.

```
<%@ include file="포함할 페이지 경로"%>
```

그러나 include 액션 태그와는 달리 단순하게 포함할 페이지의 내용이 현재 include 지시문 위치에 텍스트로 포함된 후 컴파일되어 실행된다는 차이점이 있다. 그러므로 페이지 내의 변수가 공유되기 때문에 변수 중복 오류 발생에 주의해야 한다.

예제 5-4

include 지시문 사용법에 대한 프로그램을 작성하고 실습해 보자.

include 액션 태그와 비교하기 위해 [예제 3-15]의 1부터 10까지 정수 합 구하는 for 반복문(sum_for.jsp)과 [예제 5-1] include 액션 태그의 inc_sum_for.jsp 모듈을 공용으로 활용한다.

- include directive.jsp

```
1  <%@ page language="java" contentType="text/html; charset=UTF-8" pageEncoding="UTF-8"%>
2
3   <%@ include file="./include/inc_dir_header.jsp" %>
4
5  <body>
6   <b>include 지시문(include directive.jsp)</b><p>
7
8   <!-- 1부터 10까지 정수 합 -->
9   <%@ include file="./include/inc_sum_for.jsp" %>
10
11  <p>include 지시문</p>
12
13 </body>
14 </html>
```

- inc_dir_header.jsp

```
1  <%@ page language="java" contentType="text/html; charset=UTF-8" pageEncoding="UTF-8"%>
2
3  <!DOCTYPE html>
4  <html>
5  <head>
6   <meta charset="UTF-8">
7   <title>include 지시문 헤더(inc_dir_header.jsp)</title>
8  </head>
```

- inc_sum_for.jsp

```
1  <%@ page language="java" contentType="text/html; charset=UTF-8" pageEncoding="UTF-8"%>
2
3   <b>정수 합(for 반복문 - inc_sum_for.jsp)</b><Br>
4
5   <%
6    // 변수 선언
7    int sum = 0;
8
```

```
9    // 정수 합 계산
10   for (int su = 1; su <= 10; su++) {
11
12       sum += su;      // sum = sum + su;
13
14   }
15   %>
16
17   1부터 10까지 정수 합은 <%=sum %>입니다
```

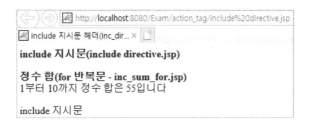

참고   include 액션 태그와 include 지시문의 차이점

구분	include 액션 태그	include 지시문
용도	• 현재 페이지에 모듈화 웹 페이지 삽입 • 웹 페이지의 일부 기능을 모듈화하여 재사용 • 동적 페이지에 사용	• 현재 페이지에 모듈화 웹 페이지 삽입 • 다수의 웹 페이지에서 공통으로 사용하는 텍스트(코드나 문장)를 모듈화하여 재사용 • 정적 페이지에 사용
처리 시간	• 요청 시간에 바로 처리(호출할 때마다 재컴파일) • 포함할 페이지의 실행처리 결과가 현재 include 액션 태그 위치에 포함된 후 컴파일하여 실행	• JSP 파일을 자바 소스로 변환할 때 처리(포함한 후 컴파일) • 단순하게 포함할 페이지의 내용이 현재 include 지시문 위치에 텍스트로 포함된 후 컴파일하여 실행
실행 제어	• 실행 제어흐름이 포함 페이지로 이동 후 다시 복귀	• 실행 제어흐름 이동 없음
데이터 전송 방법	• request 내장객체, 〈jsp:param〉 액션 태그를 이용한 파라미터 전송	• 페이지 내 변수 공유(변수 중복 오류 발생)

5.4 〈jsp:param〉 액션 태그

현재 JSP 페이지에서 포함할 페이지로 파라미터를 전달할 경우에 〈jsp:include〉나 〈jsp:forward〉 액션 태그의 내부에서 사용하며 단독으로는 사용하지 못한다.

〈jsp:param〉 액션 태그의 사용 형식은 다음과 같다.

```
<jsp:param name="파라미터명" value="파라미터 값">
```

여러 개의 파라미터를 전송해야 할 경우에는 〈jsp:include〉나 〈jsp:forward〉 액션 태그의 내부에 다중으로 param 액션 태그를 사용할 수 있다.

예 〈jsp:include〉 액션 태그에서 파라미터 사용

```
<jsp:include page="include.jsp" flush="true">
   <jsp:param name="para1" value="val1" />
   <jsp:param name="para2" value="val2" />
   .........
</jsp:include>
```

예 〈jsp:forward〉 액션 태그에서 파라미터 사용

```
<jsp:forward page="forward.jsp">

   <jsp:param name="para1" value="val1" />

   <jsp:param name="para2" value="val2" />

   .........

</jsp:forward>
```

5.5 〈jsp:forward〉 액션 태그

<jsp:forward> 액션 태그는 현재 웹 페이지에서 다른 페이지로 이동할 경우에 주로 사용되며 사용 형식은 다음과 같다.

```
<jsp:forward page="이동할 페이지의 경로" />
```

<jsp:forward> 액션 태그는 include 액션 태그의 동작 방식과 동일하지만 약간 다르게 동작한다. forward 되는 페이지가 생성한 응답 결과를 웹 브라우저에게 전달한다는 점이 다르다. 이 과정에서 foward를 호출한 페이지는 출력 버퍼에서 비워지게 된다. 즉 <jsp:forward> 액션 태그의 이전 내용은 출력 버퍼에서 지워지며 이후 코드는 실행조차 되지 않는다.

웹 컨테이너는 현재 JSP 페이지에서 include 액션 태그를 만나면 include 액션 태그에서 page 속성으로 지정한 외부 파일의 실행 내용이 현재 JSP 페이지의 출력 버퍼에 추가 저장되어 출력된다. 그리고 include 액션 태그는 외부 파일이 실행된 후 현재 JSP 페이지로 실행 제어를 리턴 한다.

> 참고 | forward 액션 태그와 sendRedirect() 메소드 차이점
>
> forward 액션 태그는 이동 URL 페이지의 내용으로 변경되지만 브라우저 주소 창은 변하지 않는다. 그리고 뒤에 오는 JSP 코드는 실행되지 않는다.
> response 내장객체의 sendRedirect() 메소드는 이동 URL 페이지의 내용으로 변경되면서 브라우저 주소 창도 함께 변경된다. 그리고 뒤에 오는 JSP 코드는 실행된다.

예제 5-5

〈jsp:forward〉 액션 태그 사용법에 대한 프로그램을 작성하고 실습해 보자. 그리고 프로그램 실행 결과를 include 액션 태그 결과와 비교해 보자.

include 액션 태그와 비교하기 위해 [예제 3-14]의 1부터 10까지 정수 합 구하는 for 반복문(sum_for.jsp)과 [예제 5-1]의 include 액션 태그에서 inc_sum_for.jsp 모듈을 공용으로 활용한다.

- forward_action.jsp

```
1    <%@ page language="java" contentType="text/html; charset=UTF-8" pageEncoding="UTF-8"%>
2
3    <!DOCTYPE html>
4    <html>
5    <head>
6     <title>forward 액션태그(forward_action.jsp)</title>
7     <meta charset="UTF-8">
8    </head>
9
10   <body>
11    <b>forward 액션태그(forward_action.jsp)</b><p>
12
13    <%
14     String msg = "forward 액션태그 테스트";
15    %>
16    <!-- 1부터 10까지 정수 합 -->
17    <jsp:forward page="./include/inc_sum_for.jsp" />
18
19   <p>forward 액션태그</p>
20    메시지 출력 : <%=msg %>
21
22   </body>
23   </html>
```

- inc_sum_for.jsp

```
1    <%@ page language="java" contentType="text/html; charset=UTF-8" pageEncoding="UTF-8"%>
2
3     <b>정수 합(for 반복문 - inc_sum_for.jsp)</b><Br>
4
5     <%
6      // 변수 선언
```

```
7    int sum = 0;
8
9    // 정수 합 계산
10   for (int su = 1; su <= 10; su++) {
11
12     sum += su;     // sum = sum + su;
13
14   }
15  %>
16
17  1부터 10까지 정수 합은 <%=sum %>입니다
```

http://localhost:8080/Exam/action_tag/forward_action.jsp
localhost   ×
정수 합(for 반복문 - inc_sum_for.jsp)
1부터 10까지 정수 합은 55입니다

예제 5-6

단일 파라미터(한글 포함)를 전송하는 〈jsp:forward〉 액션 태그 사용법에 대한 프로그램을 작성하고 실습해 보자. 그리고 프로그램 실행 결과를 include 액션 태그 결과와 비교해 보자.

include 액션 태그와 비교하기 위해 [예제 5-2]의 inc_act_simple.jsp 모듈을 공용으로 활용한다.

- forward_act_simple.jsp

```
1   <%@ page language="java" contentType="text/html; charset=UTF-8" pageEncoding="UTF-8"%>
2
3   <!DOCTYPE html>
4   <html>
5   <head>
6   <title>forward 액션태그(forward_act_simple.jsp)</title>
7   <meta charset="UTF-8">
8   </head>
9
```

```
10  <body>
11   <b>forward 단일 파라미터(forward_act_simple.jsp)</b><p>
12
13   <%
14    String msg = "forward 단일 파라미터";
15   %>
16
17   <%-- 한글 파라미터 인코딩 --%>
18   <% request.setCharacterEncoding("UTF-8"); %>
19
20   <jsp:forward page="./include/inc_act_simple.jsp">
21     <jsp:param name="para1" value="p1 값" />
22     <jsp:param name="para2" value="p2 값" />
23     <jsp:param name="para3" value="파라미터3 값" />
24   </jsp:forward>
25
26   <p>forward 단일 파라미터</p>
27    메시지 출력 : <%=msg %>
28
29  </body>
30  </html>
```

■ inc_act_simple.jsp

```
1   <%@ page language="java" contentType="text/html; charset=UTF-8" pageEncoding="UTF-8"%>
2
3   <!DOCTYPE html>
4   <html>
5   <head>
6    <meta charset="UTF-8">
7    <title>단일 파라미터(inc_act_simple.jsp)</title>
8   </head>
9
10  <body>
11   <b>단일 파라미터(inc_act_simple.jsp)</b><Br>
12
13    전송 파라미터 1 : <%= request.getParameter("para1") %><Br>
14    전송 파라미터 2 : <%= request.getParameter("para2") %><Br>
```

```
15   전송 파라미터 3 : <%= request.getParameter("para3") %>
16
17 </body>
18 </html>
```

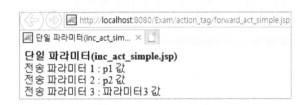

1. include 액션 태그와 include 지시문의 차이점을 설명하시오.

2. include 액션 태그와 forward 액션 태그의 차이점을 설명하시오.

3. forward 액션 태그와 sendRedirect() 메소드의 차이점을 설명하시오.

4. include 액션 태그, include 지시문, response 내장객체의 sendRedirect() 메소드의 실행 제어 흐름을 비교해 보시오.

5. include 액션 태그를 사용한 [예제 5-1] 프로그램(include_action.jsp)을 include 지시문을 사용하는 프로그램으로 수정해 보시오. 단 포함시킬 페이지는 [예제 5-1] include 액션 태그의 inc_sum_for.jsp 모듈을 공용으로 활용한다.

쿠키와 세션

6.1 HTTP 프로토콜

HTTP 프로토콜은 클라이언트와 웹 서버 간에 HTML과 같은 하이퍼텍스트 웹 페이지를 요청(request)과 응답(response) 형식으로 통신하는 통신규약이다.

다음 그림은 클라이언트와 웹 서버 간의 HTTP 서비스 요청과 이에 대한 응답 과정에 대한 설명이다. 그림에서 보는바와 같이 HTTP 프로토콜은 클라이언트가 URL을 통해 웹 서버에게 HTML 웹 페이지를 요청하면 웹 서버는 해당 HTML 문서를 클라이언트에게 전송한 후 접속을 종료한다.

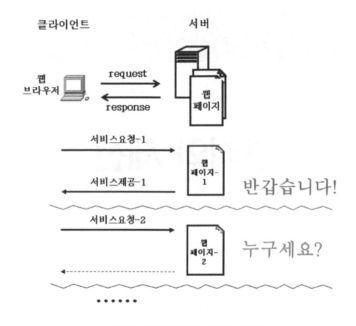

HTTP 프로토콜과 웹 서비스 구조

6.1.1 HTTP 프로토콜의 특성

HTTP 프로토콜은 한 번의 클라이언트 요청에 대한 한 번의 웹 서버 응답으로 연결이 자동으로 종료하므로 매번 클라이언트의 서비스 요청을 새롭게 인식한다. 이러한 비 연결(connectionless) 특성은 클라이언트와 웹 서버 사이에 1:1 접속 상태를 계속 유지하지 않고 종료함으로써 웹 서버의 부담을 줄이고 여러 클라이언트에게 효율적인 서비스를 제공할 수 있는 장점을 갖는다.

그리고 HTTP 프로토콜은 비 연결 특성과 함께 클라이언트의 상태 정보를 유지하지 않는다. 이러한 비 상태유지(stateless) 특성은 특정 클라이언트의 연속적인 서비스 요청에 대해 이전 접속에 대한 정보가 웹 서버에 유지되지 않기 때문에 다수의 클라이언트로부터의 요청들 중에서 어떤 요청이 특정 클라이언트로부터 발생한 일련의 요청인지 인식하지 못하는 단점이 있다.

이러한 HTTP 프로토콜의 비 연결과 비 상태유지 특성은 클라이언트의 연결 상태를 유지할 수 없다는 단점을 쿠키(cookies)와 세션(session) 정보를 이용하여 해결한다.

쿠키와 세션은 HTTP 프로토콜의 문제점을 보완한다는 유사점이 있지만 차이점도 있다.

쿠키는 웹 서버에서 생성되어 클라이언트의 하드 디스크에 저장되며 웹 서버에 요청할 때마다 쿠키의 속성 값을 참조 또는 변경할 수 있다. 그러므로 사용자에 의한 쿠키의 생성, 수정(변조), 삭제가 가능하여 해킹 등 보안상 위험한 요소를 가지고 있으며 데이터 용량에도 한계가 있다는 단점이 있다.

세션은 웹 서버에 객체로 저장 관리되기 때문에 서버의 메모리 소모와 세션 관리라는 부담이 있지만 서버에서만 접근이 가능하기 때문에 쿠키 보다 보안상 안전하고 저장할 수 있는 데이터 용량에 한계가 없다는 장점이 있다. 따라서 중요한 정보를 다루는 분야에서는 쿠키보다는 세션 사용을 더 선호하고 있다.

6.1.2 HTTP 메시지 구조

클라이언트의 서비스 요청은 HTTP 요청 메시지를 통해 웹 서버에게 전송되고, 웹 서버는 요청 메시지임을 판단하고 이 요청에 대한 HTTP 응답 메시지를 클라이언트에게 전송한다.

일반적으로 HTTP 프로토콜을 사용하는 클라이언트와 웹 서버간의 통신은 HTTP 헤더를 통해 클라이언트의 요청에 대한 정보와 웹 서버의 응답에 대한 정보를 요청과 응답 형식으로 이루어진다.

HTTP 요청과 응답 메시지 구조는 다음 그림과 같이 시작라인, 헤더(Header), 몸체(Body)의 3부분으로 구성되어 있다.

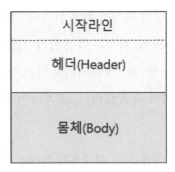

HTTP 요청과 응답 메시지 구조

HTTP 요청 메시지의 시작라인은 요청방식, URI, HTTP 버전 정보를 포함하고, 메시지 헤더는 "name : value" 형식의 헤더 정보를 포함한다. 그리고 메시지 몸체에는 웹 서버로 전송하는 추가 데이터(POST 방식 경우)를 포함할 수 있다.

HTTP 응답 메시지의 시작라인은 HTTP 버전, 웹 서버의 응답 상태코드와 이에 대응한 설명 정보를 포함하고, 메시지 헤더는 "name : value" 형식의 헤더 정보를 포함한다. 그리고 몸체에는 전송 데이터를 포함한다.

다음은 클라이언트 요청에 대한 웹 서버의 응답 상태코드와 이에 대한 요약 설명이다.

웹 서버의 응답 상태코드	설명
1xx: Information	
2xx: Successful	
200 OK	클라이언트의 HTTP 요청 성공
3xx: Redirection	
4xx: Client Error	
400 bad request	잘못된 요청
401 unauthorized	서버 사용 인증 실패
403 forbidden	서버 응답 거부
404 not found	요청한 페이지 존재하지 않음
405 method not allowed	지원하지 않는 메소드
5xx: Server Error	
500 internal server error	서버 내부 오류
501 not implemented	실행 불가

웹 서버의 응답 상태코드

6.2 쿠키

HTTP 프로토콜의 비 연결과 비 상태유지 특성에 대한 문제점을 해결하는 방법 중 하나 가 쿠키(Cookie) 사용이다. 쿠키를 사용하면 클라이언트의 상태 정보를 웹 서버로 전송 할 수 있으며 웹 서버는 전송받은 클라이언트의 상태 정보를 확인하여 이전의 클라이언 트와 동일한 클라이언트인지 여부를 확인할 수 있다. 이때 메시지 헤더에 포함되어 전달 되는 데이터가 바로 쿠키이다.

6.2.1 쿠키의 동작원리

클라이언트가 브라우저를 통해 웹 서버에게 서비스를 요청하면 웹 서버는 HTTP 헤더 와 요청한 웹 페이지를 몸체에 포함시켜 응답 메시지를 클라이언트에게 전송한다. 이때 클라이언트에 저장할 쿠키 정보도 헤더에 함께 포함시켜 전송한다.

또 다시 클라이언트가 브라우저를 통해 웹 서버의 다른 서비스를 요청할 경우에 브라우 저는 저장된 쿠키를 읽어 HTTP 요청 메시지의 헤더에 쿠키 정보를 포함시켜 전송하고, 웹 서버는 클라이언트로부터 전송된 쿠키를 확인함으로써 어떤 클라이언트로부터의 요 청인지 알 수 있게 된다.

이때 생성된 쿠키 정보는 클라이언트에 저장된 후 쿠키가 삭제되기 전 또는 브라우저를 종료하더라도 유효시간 이전에는 계속해서 웹 서버에 서비스를 요청할 때마다 헤더에 포함시켜 전송된다.

6.2.2 JSP에서 쿠키 사용

클라이언트가 JSP 스크립트를 요청하면 웹 서버는 Cookie 클래스를 사용하여 쿠키 정 보를 생성한 다음 response 내장객체의 addCookie() 메소드를 호출하여 응답 메시지의 헤더에 쿠키 정보를 포함시켜 클라이언트로 전송한다. 전송된 쿠키 정보는 클라이언트 에 저장된다.

클라이언트가 웹 서버에 연결할 때 저장된 쿠키 정보를 요청 메시지의 헤더에 포함시켜 웹 서버로 전송한다. 이때 웹 서버는 request 내장객체의 getCookies() 메소드를 호출하여 클라이언트로부터 전송된 쿠키 정보를 확인할 수 있다.

쿠키관련 Cookie 클래스의 메소드를 사용하면 쿠키에 대한 추가적인 정보를 설정 또는 확인할 수 있다.

Cookie 클래스의 주요 메소드

리턴타입	메소드	설명
void	setValue(String value)	쿠키 값 설정
void	setMaxAge(int expiry)	쿠키 유효시간(초 단위) 설정
void	setpath(String uri)	쿠키 전송 경로 설정
String	getName()	쿠키 이름 리턴
String	getValue()	쿠키 값 리턴
int	getMaxAge()	쿠키 유효시간(초 단위) 리턴
String	getPath()	쿠키 전송 경로 리턴

(1) 쿠키 생성과 저장

쿠키는 Cookie 클래스를 사용하여 쿠키 이름과 값을 "이름=값" 형식으로 생성한다. 쿠키의 이름과 값은 가능하면 영문자, 숫자만 사용하는 것이 바람직하다. 만일 이외의 값을 사용할 경우에는 사전에 인코딩(URL encoding) 해 주어야 한다.

```
Cookie cookie = new Cookie("name", "value") ;
```

생성된 쿠키 객체는 response 내장객체의 addCookie() 메소드를 호출하여 응답 메시지의 헤더에 쿠키 정보를 포함시켜 클라이언트로 전송한다. 전송된 쿠키 정보는 클라이언트에 저장된다.

참고 ▸ 쿠키 이름과 값 인코딩

쿠키의 이름과 값으로 영문자, 숫자 이외의 값(한글 포함)을 사용할 경우 인코딩 형식

```
<%@ page import "java.netURLEncoder" %>

Cookie cookie = new Cookie("name", URLEncoder.encode("value", "utf-8"));
```

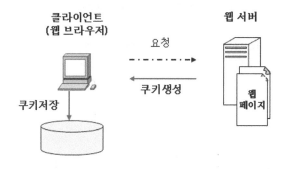

쿠키 생성과 저장

예제 6-1

쿠키를 생성하는 프로그램을 작성하고 실습해 보자.

- cookie_create.jsp

```
1   <%@ page language="java" contentType="text/html; charset=UTF-8" pageEncoding="UTF-8"%>
2
3   <!DOCTYPE html>
4   <html>
5   <head>
6    <meta charset="UTF-8">
6    <title>쿠키 생성(cookie_create.jsp)</title>
7   </head>
8   <body>
9    <b>쿠키 생성</b><p>
```

```
10   <%
11    Cookie cookie = new Cookie("id", "admin");
12    cookie.setMaxAge(300);              // 초 단위(5분)
13    response.addCookie(cookie);
14
15    out.println("쿠키 정보가 생성 되었습니다 ! <Br>");
16   %>
17
18    쿠키 이름 : <%= cookie.getName() %><Br>
19    쿠키 값 : <%= cookie.getValue() %><Br>
20    쿠키 유효시간 : <%= cookie.getMaxAge() %>초<Br>
21
22   <p><a href="cookie_check.jsp">[ 쿠키 확인 ]</a>
23   </body>
24   </html>
```

(2) 쿠키 읽기와 전달

클라이언트가 웹 서버에 서비스를 요청할 때 저장된 쿠키 정보를 요청 메시지의 헤더에 포함시켜 웹 서버로 전송한다. 웹 서버는 request 내장객체의 getCookies() 메소드를 호출하여 클라이언트로부터 전송된 쿠키 정보를 확인할 수 있다.

```
Cookie[] cookie = request.getCookies() ;
```

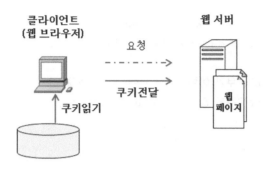

쿠키 읽기와 전달

쿠키를 확인하는 프로그램을 작성하고 실습해 보자.

실행 결과를 검토하고 [쿠키 삭제]를 클릭하거나 쿠키 유효시간 5분이 지난 후 재실행
(새로 고침, F5)해보면 생성되었던 쿠키 정보가 삭제되었음을 확인할 수 있다.

■ cookie_check.jsp

```jsp
1   <%@ page language="java" contentType="text/html; charset=UTF-8" pageEncoding="UTF-8"%>
2
3   <!DOCTYPE html>
4   <html>
5   <head>
6    <meta charset="UTF-8">
6    <title>쿠키 확인(cookie_check.jsp)</title>
7   </head>
8   <body>
9    <b>쿠키 확인</b><p>
10   <%
11    Cookie[] cookies = request.getCookies();
12
13    if (cookies != null) {
14
15      for ( int i = 0; i < cookies.length; i++) {
16
```

```
17          String name = cookies[i].getName();
18          String value = cookies[i].getValue();
19
20          out.print("쿠키 이름 : " + name + "<Br>");
21          out.print("쿠키 값 : " + value + "<p>");
22        }
23
24      } else {
25        out.println("설정된 쿠키 정보가 없습니다 !!");
26      }
27   %>
28
29   <p><a href="cookie_delete.jsp">[ 쿠키 삭제 ]</a>
30   </body>
31   </html>
```

세션아이디(JSESSIONID)

쿠키 생성 프로그램(cookie_create.jsp)에서 session 속성의 기본 값이 'true'이므로 페이지 지시문〈%@ page session = "true" %〉이 생략되었다. 따라서 클라이언트의 요청에 웹 서버는 자동으로 세션 아이디를 생성하고 쿠키를 클라이언트에게 전송하였기 때문에 세션아이디(JSESSIONID)가 출력되었다. 자세한 사항은 다음 세션을 참고하기 바란다.

(3) 쿠키 삭제

쿠키를 삭제하는 방법은 request 내장객체의 getCookies() 메소드를 호출하여 전송된 쿠키 이름 또는 값에 대해 setMaxAge() 메소드를 사용하여 유효시간(expiry)을 0 또는 음수(이미 지난 시간)로 설정한다. 그리고 response 내장객체의 addCookie() 메소드를 호출하여 응답 메시지의 헤더에 쿠키 정보를 포함시켜 클라이언트로 전송하면 된다. 이때 setMaxAge() 메소드의 유효시간을 0으로 설정하면 쿠키가 삭제되고, 유효시간을 음수로 설정하면 쿠키는 저장되지 않고 브라우저가 종료되면 삭제된다.

예제 6-3

쿠키를 삭제하는 프로그램을 작성하고 실습해 보자.

■ cookie_delete.jsp

```
1   <%@ page language="java" contentType="text/html; charset=UTF-8" pageEncoding="UTF-8"%>
2
3   <!DOCTYPE html>
4   <html>
5   <head>
6     <meta charset="UTF-8">
6     <title>쿠키 삭제(cookie_delete.jsp)</title>
7   </head>
8   <body>
9   <b>쿠키 삭제</b><p>
10  <%
11    Cookie[] cookies = request.getCookies();
12
13    if (cookies != null) {
14
15      for ( int i = 0; i < cookies.length; i++) {
16
17        if (cookies[i].getName().equals("id")) {
18          cookies[i].setMaxAge(0);        // 쿠키 삭제
19          response.addCookie(cookies[i]);
```

```
20              out.println("쿠키 정보가 삭제 되었습니다 !");
21          }
22
23      }
24
25  } else {
26      out.println("설정된 쿠키 정보가 없습니다 !!");
27  }
28  %>
29
30  <p><a href="cookie_check.jsp">[ 쿠키 확인 ]</a>
31  </body>
32  </html>
```

(4) 쿠키 값 변경

쿠키 값의 변경은 쿠키를 삭제하는 방법과 유사하다. 즉, 쿠키를 생성할 때 명명한 같은 이름과 변경하려는 값으로 쿠키 객체를 새로 만든 후 response 내장객체의 addCookie() 메소드를 호출하면 쿠키 값이 변경된다.

예 쿠키 값의 변경(admin → user)

```
Cookie cookie = new Cookie("id", "admin");    // 쿠키 생성

Cookie cookie = new Cookie("id", "user");     // 쿠키 변경
```

6.3 세션

세션(session)도 쿠키와 마찬가지로 HTTP 프로토콜의 비 연결과 비 상태유지 특성에 대한 문제점을 해결하기 위한 방법이다. 쿠키와 차이점은 클라이언트와 웹 서버와의 관계 유지 정보를 클라이언트의 특정 위치에 저장하는 것이 아니라 웹 서버 상에 저장 관리된다.

웹 서버는 클라이언트의 서비스 요청에 대해 서버 상에 저장 관리되는 세션 정보를 확인하여 이전의 클라이언트와 동일한 클라이언트인지 여부를 확인할 수 있다.

6.3.1 세션의 동작 원리

클라이언트가 브라우저를 통해 웹 서버에게 서비스를 요청하면 웹 서버는 하나의 웹 브라우저에 대해 하나의 세션을 자동으로 생성하고 클라이언트에 대한 세션 정보를 웹 서버에 저장한다. 또 다시 클라이언트가 브라우저를 통해 웹 서버의 다른 서비스를 요청하면 웹 서버에 저장된 세션 정보를 확인함으로써 클라이언트를 식별한다.

웹 서버에 저장 관리되는 세션 정보는 명시적으로 삭제하거나 클라이언트가 브라우저를 종료하면 자동으로 삭제된다. 브라우저를 종료하지 않았더라도 웹 서버는 주기적으로 세션의 상태를 확인하여 특정 시간동안(기본 유효시간 30분) 클라이언트로부터 어떠한 서비스 요청도 발생하지 않으면 사용자가 연결을 종료한 것으로 간주하고 사용하지 않는 세션을 삭제한다.

다음 그림은 세션의 동작 원리에 대한 설명이다.

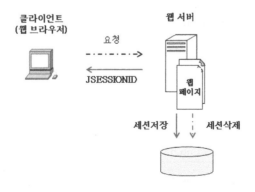

세션의 동작 원리

6.3.2 JSP에서 세션 사용

클라이언트가 브라우저를 통해 웹 서버에게 서비스를 요청하면 웹 서버는 하나의 웹 브라우저에 대해 하나의 고유한 세션 아이디(JSESSIONID)와 session 내장객체를 자동으로 생성하고 클라이언트에 대한 세션 정보를 웹 서버에 저장한다. 그 후 클라이언트의 서비스 요청에 웹 서버는 세션 아이디 또는 session 내장객체를 통해 클라이언트를 식별한다. 이때 생성된 세션 아이디는 클라이언트를 식별하기 위해 웹 서버가 무작위로 생성한 암호화된 문자열(32 문자)로 쿠키를 통해 클라이언트에 전송 저장되며 클라이언트가 웹 서버에 연결을 요청할 때 자동으로 웹 서버로 전송된다.

일반적으로 JSP 프로그램에서는 세션 아이디를 사용하는 쿠키 방법보다는 session 내장객체에 세션 속성(세션 변수)을 설정하는 방법을 사용한다.

이 방법은 session 내장객체의 setAttribute() 메소드를 통해 세션 속성을 설정하고 getAttribute() 메소드를 통해 설정된 세션 속성을 확인함으로써 동일한 어떤 클라이언트로부터의 요청인지 알 수 있게 된다.

다음 표의 session 내장객체 관련 메소드를 사용하면 세션에 대한 추가적인 정보를 설정 또는 확인할 수 있다.

session 내장객체의 주요 메소드

리턴타입	메소드	설명
boolean	isNew()	세션 생성구분(최초 또는 이전) 확인
void	setAttribute(String name, Object value)	세션 속성 설정(세션 변수에 값 할당)
void	setMaxInactiveInterval(int interval)	세션 유효시간(초) 설정
long	getCreationTime()	세션 생성시간 타임스템프(GMT 1970년 1월 1일 0시 이후 경과 초) 리턴
long	getLastAccessedTime()	클라이언트의 마지막 세션 접근시간 타임스탬프 리턴
String	getId()	고유한 세션 아이디 리턴
Object/null	getAttribute(String name)	세션 변수 속성 값 리턴
Enumeration	getAttributeNames()	세션에 저장되어 있는 모든 데이터 이름(키 값) 리턴

리턴타입	메소드	설명
int	getMaxInactiveInterval()	세션 유효시간(초) 리턴
void	removeAttribute(String name)	세션 변수 삭제
void	invalidate()	모든 세션 데이터 삭제

(1) 세션 속성 설정

페이지 지시문에서 <%@ page session = "true" %> 라고 설정 하여야 하는데 session 속성의 기본 값이 'true'이므로 생략한다. 만일 속성 값을 'false'로 하면 클라이언트의 서비스 요청에 대해 세션이 생성되지 않는다.

세션 객체의 속성 설정은 session 내장객체의 setAttribute() 메소드를 이용한다. 일반적인 웹 사이트에서는 사용자의 아이디와 이름을 세션 속성으로 설정하고 사용한다. 데이터베이스를 이용한

> 예제 6-4

세션 속성을 설정하는 프로그램을 작성하고 실습해 보자.

- session_create.jsp

```
1  <%@ page language="java" contentType="text/html; charset=UTF-8" pageEncoding="UTF-8"%>
2
3  <!DOCTYPE html>
4  <html>
5  <head>
6   <meta charset="UTF-8">
6   <title>세션 속성 설정(session_create.jsp)</title>
7  </head>
8  <body>
9   <b>세션 속성 설정</b><p>
10  <%
11   session.setAttribute("id", "admin");
12   session.setAttribute("name", "관리자");
```

```
13
14   out.print("세션 속성이 설정 되었습니다 ! <Br>");
15   %>
16
17   세션 속성(id) : <%= session.getAttribute("id") %><Br>
18   세션 속성(name) : <%= session.getAttribute("name") %><Br>
19
20   <p><a href="session_check.jsp">[ 세션 속성 확인 ]</a>
21   </body>
22   </html>
```

http://localhost:8080/Exam/cookie_session/session_create.jsp

세션 속성 설정(session_cre... ×

세션 속성 설정

세션 속성이 설정 되었습니다 !
세션 속성(id) : admin
세션 속성(name) : 관리자

[세션 속성 확인]

(2) 세션 속성 확인

세션 객체의 속성 확인은 session 내장객체의 getAttribute() 메소드를 이용한다.

예제 6-5

세션 속성을 확인하는 프로그램을 작성하고 실습해 보자.

■ session_check.jsp

```
1   <%@ page language="java" contentType="text/html; charset=UTF-8" pageEncoding="UTF-8"%>
2
3   <!DOCTYPE html>
4   <html>
5   <head>
6    <meta charset="UTF-8">
6    <title>세션 속성 확인(session_check.jsp)</title>
7   </head>
```

```
8   <body>
9    <b>세션 속성 확인</b><p>
10
11    세션 속성(id) : <%= session.getAttribute("id") %><Br>
12    세션 속성(name) : <%= session.getAttribute("name") %><Br>
13
14  <%--  세션 아이디(JSESSIONID) : <%= session.getId() %><p> --%>
15
16   <p><a href="session_delete.jsp">[ 세션 삭제 ]</a>
17  </body>
18  </html>
```

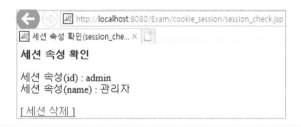

(3) 세션 삭제

현재 설정되어 있는 세션 객체의 속성 삭제는 session 내장객체의 removeAttribute() 메소드를 호출하거나 모든 세션 정보를 삭제(세션의 초기화)하기 위해서는 session 내장 객체의 invalidate() 메소드를 호출하면 된다.

또한 클라이언트가 브라우저를 종료하면 자동으로 삭제된다. 브라우저를 종료하지 않았더라도 웹 서버는 주기적으로 세션의 상태를 확인하여 특정 시간동안(기본 유효시간 30분) 클라이언트로부터 어떠한 서비스 요청도 발생하지 않으면 사용자가 연결을 종료한 것으로 간주하고 사용하지 않는 세션을 삭제한다.

예제 6-6

세션을 삭제하는 프로그램을 작성하고 실습해 보자.

실행 결과를 확인한 후 [세션 속성 확인]을 클릭하면 세션 정보가 삭제되었음을 확인할 수 있다.

■ session_delete.jsp

```
1   <%@ page language="java" contentType="text/html; charset=UTF-8" pageEncoding="UTF-8"%>
2
3   <!DOCTYPE html>
4   <html>
5   <head>
6    <meta charset="UTF-8">
6    <title>세션 삭제(session_delete.jsp)</title>
7   </head>
8   <body>
9    <b>세션 삭제</b><p>
10
11     세션 속성(id) : <%= session.getAttribute("id") %><Br>
12     세션 속성(name) : <%= session.getAttribute("name") %><p>
13
14   <%
15    out.print("세션 생성 시간 = " + session.getCreationTime() + "초<Br>");
16    out.print("클라이언트의 해당 세션 마지막 접근 시간 = "
17            + session.getLastAccessedTime() + "초<Br>");
18    out.print("클라이언트의 세션 유지 시간 = "
19            + (session.getLastAccessedTime()-session.getCreationTime())
20            + "초<Br>");
21    out.print("세션의 유효시간 = " + session.getMaxInactiveInterval()
22                             + "초(30분)<p>");
23
24    // 세션 객체의 속성 삭제
25    session.removeAttribute("id");
26    session.removeAttribute("name");
27    out.print("세션 객체의 속성을 삭제하였습니다 !!<Br>");
```

```
28  %>
29
30    세션 속성(id) : <%= session.getAttribute("id") %><Br>
31    세션 속성(name) : <%= session.getAttribute("name") %><p>
32
33  <%
34  // 세션 객체 삭제 - 세션 초기화
35    session.invalidate();
36    out.print("모든 세션 정보를 삭제하였습니다 !!<Br>");
37  %>
38
39  <p><a href="session_check.jsp">[ 세션 속성 확인 ]</a>
40  </body>
41  </html>
```

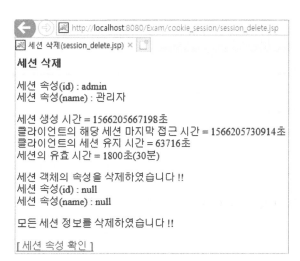

(4) 세션의 유효시간 설정

세션은 그 값을 서버의 메모리에 유지하고 있기 때문에 서버에 부담을 준다. 그러므로 사용자가 일정한 시간동안 세션을 사용하지 않을 경우 세션을 종료시켜 서버의 부하를 줄여주는 것이 바람직하다.

세션의 유효시간을 설정해 주는 방법은 web.xml(톰캣 /conf/web.xml) 파일의 세션 유효시간(분 단위)을 변경하거나 또는 프로그램 개발자가 직접 setMaxInactiveInterval() 메소드(초 단위)를 이용하여 설정하는 두 가지로 구분할 수 있다.

web.xml 파일을 변경할 경우(①)에는 세션 유효시간이 모든 세션에 적용되며 setMaxInactiveInterval() 메소드를 이용할 경우(②)에는 애플리케이션 프로그램에서 생성한 세션에 대해서만 세션의 유효시간이 적용되는 차이점이 있다.

① web.xml 파일의 세션 유효시간 10분으로 수정

```
<session-config>
   <session-timeout>10</session-timeout>
</session-config>
```

② setMaxInactiveInterval() 메소드를 사용하여 세션 유효시간 10분으로 설정

```
session.setMaxInactiveInterval(10*60);    // 10분
```

🔍 **참고** 세션 유효시간(톰캣 /conf/web.xml) - 기본 값 30분

```
<session-config>
   <session-timeout>30</session-timeout>
</session-config>
```

6.3.3 세션을 이용한 사용자 로그인과 로그아웃

이 절에서는 JSP 프로그램에서 session 객체의 세션 속성(세션 변수)을 설정하여 사용자 로그인과 로그아웃을 처리하는 프로그램에 대해 실습해 보기로 하자. 실습하는 동안 버튼의 변화(enable/disabled)에 유의하여 보기 바란다. 로그인 폼은 4장 [예제 4-6]의 HTML과 CSS를 약간 수정하여 사용한다.

그리고 데이터베이스 환경에서 세션을 이용한 사용자 로그인과 로그아웃은 8장을 참조하기 바란다.

* 고객 정보 입력
* 로그인 인증과 세션 객체의 속성(세션 변수) 설정
* 세션 객체의 속성 삭제(로그아웃)

예제 6-7

고객 정보를 입력하는 프로그램을 작성하고 실습해 보자.

고객 정보 입력 폼에서 아이디(root)와 비밀번호(admin)를 입력한 후 [로그인] 버튼 클릭한다. 이때 [로그아웃] 버튼이 비활성화(disabled) 상태임을 확인하자.

■ login_form.jsp

```
1  <%@ page language="java" contentType="text/html; charset=UTF-8" pageEncoding="UTF-8"%>
2
3  <%
4    // 세션 객체의 속성 확인
5    String cust_id = (String)session.getAttribute("cust_id");
6    String cust_name = (String)session.getAttribute("cust_name");
6    Boolean login = false;
7
8    if ((cust_id != null) && (cust_name != null)) {
9      login = true;       // 로그인 상태
10   }
11 %>
12
13 <!DOCTYPE html>
14 <html>
15 <head>
16 <title>세션 로그인 폼(login_form.jsp)</title>
17 <meta charset="UTF-8">
18 <style>
19   table {width:250px; text-align:center; border-collapse:collapse;}
20   caption {font-size:20pt; font-weight:bold;}
21   th, td {border:1px solid grey; padding:2px;}
22   th {width:50%; background-color:#CFD0ED;}
23   td {text-align:left;}
24 </style>
25 </head>
26
27 <body>
28  <form name="login_form" method="POST" action="./login_check.jsp">
29   <table>
30    <caption>로그인 폼</caption>
31    <tr>
32     <th>아 이 디</th>
33     <td><input type="text" name="cust_id" size="10" maxlength="10" required autofocus></td>
34    </tr>
35    <tr>
```

```
36      <th>비밀번호</th>
37      <td><input type="password" name="cust_pw" size="11" maxlength="10" required></td>
38    </tr>
39    <tr>
40      <td colspan="2" style="text-align:center;">
41
42  <%
43   if (login) {   // 로그인 경우 버튼 상태
44      out.print("<input type='submit' value='로그 인' disabled>"
45            + "<input type='button' value='(" + cust_name + ")님 로그아웃' "
46            + "onClick=location.href='./logout.jsp'></td>");
47   } else {// 로그아웃 경우 버튼 상태
48      out.print("<input type='submit' value='로그 인'>"
49            + "<input type='button' value='로그아웃' disabled></td>");
50   }
51  %>
52
53    </tr>
54    </table>
55    </form>
56  </body>
57  </html>
```

예제 6-8

로그인 인증과 세션 객체의 속성(세션 변수)을 설정하는 프로그램을 작성하고 실습해 보자.

로그인 인증과 세션 객체의 속성(세션 변수) 설정은 로그인 인증을 통과한 고객의 아이디와 이름을 세션 객체의 속성으로 설정한다. 이때 사용하는 고객 정보는 임의로 정의(15행 ~ 18행)한다.

폼의 입력 요소를 필수 입력하도록 설정(HTML <input> 엘리먼트의 속성 required)하였기 때문에 오류가 발생하지 않았지만 생략되었을 경우를 대비하여 세션 속성으로 사용할 전송 데이터의 입력 여부를 확인을 위해 자바 스크립트를 사용하였다.

그리고 post 방식으로 한글 데이터를 전송 할 경우에 한글 깨짐을 방지하기 위해 반드시
인코딩 형식을 "**utf-8**"로 정의해 주어야 한다. get 방식일 경우에는 생략해도 관계없다.

```
<% request.setCharacterEncoding("UTF-8"); %>
```

■ login_check.jsp

```
1   <%@ page language="java" contentType="text/html; charset=UTF-8" pageEncoding="UTF-8"%>
2
3   <% // 한글 파라미터 post 전송 경우
4       request.setCharacterEncoding("UTF-8"); %>
5
6   <!DOCTYPE html>
7   <html>
8   <head>
9   <meta charset="UTF-8">
10  <title>로그인 체크 및 세션 설정(login_check.jsp)</title>
11  </head>
12  <body>
13
14   <%
15    // DB 고객 정보
16    String user_id = "root";
17    String user_pw = "admin";
18    String user_name = "관리자";
19
20    // 전송 데이터 변수 할당 및 확인
21    String cust_id = request.getParameter("cust_id");
22    String cust_pw = request.getParameter("cust_pw");
```

```
23
24    if (cust_id.isEmpty() || cust_pw.isEmpty()) {
25      out.print("<script>alert('아이디와 비밀번호를 입력하시오!!');"
26                    + "history.back();"
27          + "</script>");
28    }
29
30    // 로그인 인증 및 세션 설정(DB 검색)
31    if (cust_id.equals(user_id) && cust_pw.equals(user_pw)) {
32
33      // 세션 객체의 속성(세션 변수) 설정
34      session.setAttribute("cust_id", user_id);
35      session.setAttribute("cust_name", user_name);
36
37      out.print("<b>" + session.getAttribute("cust_id") + "("
38                    + session.getAttribute("cust_name") + ")님 방문을 환영합니다 !</b><p>");
39    } else {
40
41      out.print("<b>회원 가입 후 방문하십시요 !!</b><p>");
42    }
43  %>
44
45   세션 속성(cust_id) : <%= session.getAttribute("cust_id") %><Br>
46   세션 속성(cust_name) : <%= session.getAttribute("cust_name") %><p>
47
48  <%
49  // 지정 페이지(URL)로 강제 이동
50  // response.sendRedirect("./login_form.jsp");
51  %>
52
53  <p><a href="./login_form.jsp">[ 로그인 폼 ]</a>
54 </body>
55 </html>
```

이때 로그인 인증을 통과하자 못한 경우에는 다음과 같은 메시지를 출력하고 로그인 폼
으로 되돌아가게 된다.

예제 6-9

세션 객체의 속성을 삭제하는(로그아웃) 프로그램을 작성하고 실습해 보자.

세션의 삭제는 removeAttribute() 메소드를 사용하여 설정한 세션 속성들을 각각 삭제
하거나 invalidate() 메소드를 사용하여 모든 세션 정보를 한 번에 삭제할 수 있다.

활성화 상태로 변경된 [로그아웃] 버튼을 클릭하면 그 동안 세션관련 정보들과 로그아
웃되었음을 확인할 수 있다. [세션 삭제 확인]을 클릭하면 초기 고객 정보 입력 폼으로
되돌아간다.

■ logout.jsp

```
1   <%@ page language="java" contentType="text/html; charset=UTF-8" pageEncoding="UTF-8"%>
2
3   <!DOCTYPE html>
4   <html>
5   <head>
6   <meta charset="UTF-8">
7   <title>로그아웃과 세션 삭제(logout.jsp)</title>
8   </head>
9   <body>
10
11   세션 속성(cust_id) : <%= session.getAttribute("cust_id") %><Br>
12   세션 속성(cust_name) : <%= session.getAttribute("cust_name") %><p>
13
14   <%
15   out.print("<b>" + session.getAttribute("cust_id")
16                  + "(" + session.getAttribute("cust_name")
17                  + ")님  로그인 중 ..... </b><p>");
18
19   out.print("세션 생성 시간 = " + session.getCreationTime() + "초<Br>");
20   out.print("클라이언트의 해당 세션 마지막 접근 시간 = "
21           + session.getLastAccessedTime() + "초<Br>");
22   out.print("클라이언트의 세션 유지 시간 = "
23           + (session.getLastAccessedTime()-session.getCreationTime()) + "초<Br>");
24   out.print("세션의 유효시간 = " + session.getMaxInactiveInterval() + "초(30분)<p>");
25
26   // 세션 객체의 속성 삭제
27   session.removeAttribute("cust_id");
28   session.removeAttribute("cust_name");
29   out.print("세션 속성(cust_id) : " + session.getAttribute("cust_id") + "<Br>");
30   out.print("세션 속성(cust_name)) : " + session.getAttribute("cust_name") + "<p>");
31
32   // 세션 객체 삭제 - 세션 초기화
33   session.invalidate();
34
35   out.print("<b>로그 아웃 하셨습니다 !!</b><p>");
36
```

```
37    // 경고 창 무시하고 지정 페이지(URL)로 강제 이동
38    // response.sendRedirect("./session_form.jsp");
39  %>
40
41  <p><a href="./login_form.jsp">[ 세션 삭제 확인 ]</a>
42  </body>
43  </html>
```

세션 속성(cust_id) : root
세션 속성(cust_name) : 관리자

root(관리자)님 로그인 중 .....

세션 생성 시간 = 1577001483802초
클라이언트의 해당 세션 마지막 접근 시간 = 1577001550293초
클라이언트의 세션 유지 시간 = 66491초
세션의 유효시간 = 1800초(30분)

세션 속성(cust_id) : null
세션 속성(cust_name)) : null

로그 아웃 하셨습니다 !!

[세션 삭제 확인]

로그인 폼

| 아 이 디 | |
| 비밀번호 | |

로그 인   로그아웃

연습문제

1. 쿠키와 세션을 사용하는 목적에 대해 설명하시오.

2. 쿠키와 세션의 장·단점에 대해 비교 설명하시오.

3. 세션변수 cust_id, cust_name 설정하는 스크립트릿을 작성하시오.

```
<%



%>
```

4. 세션변수 cust_id, cust_name가 설정되어 있을 경우 모든 세션 정보를 삭제하는 명령문?

   ① session.deleteAttribute("cust_id", "cust_name");

   ② session.invalidate("cust_id", "cust_name");

   ③ session.invalidate();

   ④ session.removeAttribute();

5.   세션을 종료하고 index.jsp로 이동하는 스크립트릿을 작성하시오.

```
<%

  // 세션 종료

  ┌─────────────────────────────────────────────────────┐
  │ ①                                                   │
  └─────────────────────────────────────────────────────┘

  // index.jsp로 이동

  ┌─────────────────────────────────────────────────────┐
  │ ②                                                   │
  └─────────────────────────────────────────────────────┘

%>
```

6.   쿠키의 유효시간 설정을 변경하는 방법을 설명하시오.

7.   세션의 유효시간 설정을 변경하는 방법을 설명하시오.

CHAPTER 7

데이터베이스 시스템
환경 구축

7.1 데이터베이스 개발 환경

다양한 웹 서비스를 제공하기 위해 방대한 양의 정보를 통합 저장하고 효율적인 이용을 지원하는 데이터베이스 관리 시스템(DBMS : Database Management System)이 사용되고 있다. 현재 사용 중인 대표적인 DBMS에는 오라클(Oracle), 인포믹스(Informix), 사이베이스(Sybase), DB2, MS SQL, 엑세스(Access), MySQL, MariaDB 등이 있다. 이들은 모두 관계 데이터 모델을 지원하는 관계 DBMS(Relational DBMS) 이다.

이 책에서는 다음 장에서 다루는 동적 웹 데이터베이스 프로그램을 개발하기 위한 데이터베이스 서버 환경으로 프리웨어이며 공개 소프트웨어인 MariaDB와 JDBC 드라이버를 사용한다.

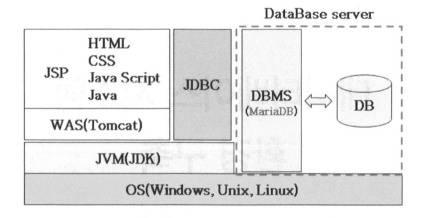

데이터베이스 서버 환경

- 마리아DB(MariaDB)
- 다양한 플랫폼(운영체제나 웹 서버 등) 지원
- 표준 데이터베이스 질의어 SQL 지원
- 오픈 소스 무료 제공
- https://mariadb.org 다운로드

- JDBC(Java DataBase Connectivity) 드라이버
- 자바 애플리케이션이 데이터베이스와 접속하기 위한 방법 제공

- 표준 자바 응용 프로그램 인터페이스(API)
- DBMS 제작 회사에서 무료 제공
- https://mariadb.org 다운로드

7.1.1 MariaDB 다운로드 및 설치

MariaDB 다운로드 및 설치 방법은 인스톨 패키지(MSI Package) 파일을 직접 실행시켜 설치하는 방법과 압축파일(ZIP file)을 다운로드 후 압축 해제하여 설치하는 2가지 방법이 있다. 이 책에서는 실행 파일을 직접 실행시켜 설치하도록 한다.

<u>01</u> 사이트(https://mariadb.org) 접속 - [Download] 클릭

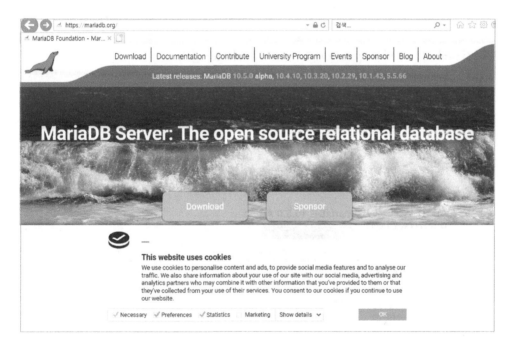

<u>02</u> MariaDB Server 클릭

참고로 JDBC 드라이버 다운로드 경우에는 이 화면 하단의 MariaDB Connector/J 클릭한다.

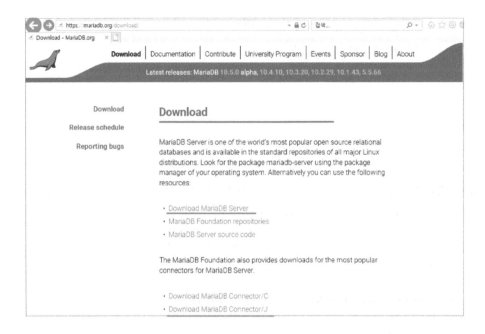

03 컴퓨터 사양에 맞는 인스톨 패키지(MSI Package) 클릭

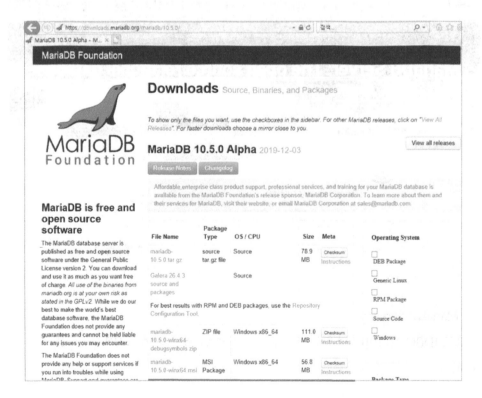

> 🔍 **참고** MariaDB 다운로드 및 설치 방법
>
> - 패키지 타입(MSI Package) : 인스톨 패키지 실행 설치(설치 중 관리자(root) 비밀번호 설정)
> - 패키지 타입(ZIP file) : 압축파일 다운로드 후 압축 해제 설치(관리자 아이디, 비밀번호 없음)

04 [Next] 클릭

이때 다음의 MariaDB 계정 정보 입력은 무시하고 진행해도 된다.

05 저작권 동의 체크 - [Next] 클릭

06 설치 폴더(기본 C:\Program Files\MariaDB 10.3\) 확인 - [Next] 클릭

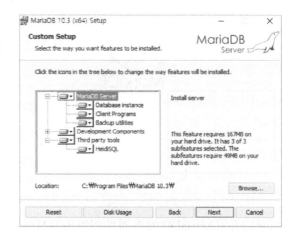

07 비밀번호 입력 - [Next] 클릭

이때 비밀번호는 임의로 설정 ('admin' 입력)하면 된다. 그리고 데이터베이스 접속과 관련된 관리자 아이디(root)와 비밀번호(admin)는 반드시 기억해 두어야 한다.

<u>08</u> [Next] 클릭

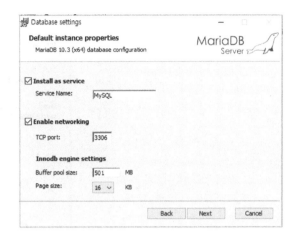

<u>09</u> [Next] 클릭

<u>10</u> [install] 클릭

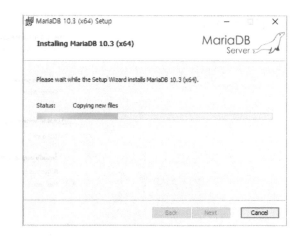

11 [Finish] 설치완료

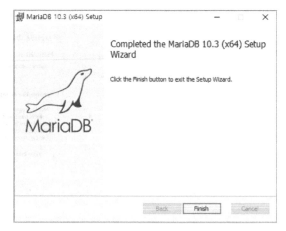

12 설치 후 폴더 구조

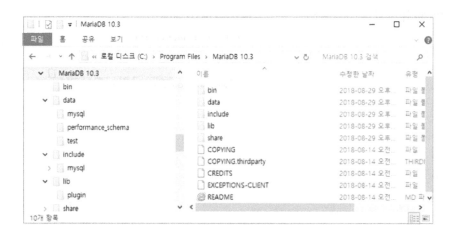

13 시스템 환경변수 설정 - C:\Program Files\MariaDB 10.3\bin

Path 환경변수 설정함으로써 자바와 톰캣처럼 데이터베이스 관련 명령어의 설치 위치를 운영체제에게 알려줌으로써 폴더이동 없이 명령 프롬프트 창에서 편리하게 사용할 수 있다.

- [제어판] → [시스템 및 보안] → [시스템] → [고급 시스템 설정] → [시스템 속성][고급][환경변수]
- Path변수 선택 - [편집] → [새로 만들기] → [찾아보기] → [위로/아래로 이동] → [확인]

14 MariaDB 설치 확인

명령 프롬프트 창에서 MariaDB 설치 과정에서 설정한 관리자 아이디('root')와 비밀번호('admin')로 접속하여 정상적으로 동작함을 확인한다.

추가로 다음 절에서 이클립스와 JDBC 연동을 위하여 임의로 'univ' 데이터베이스를 생성하고 확인한다.

ⓐ MariaDB 연결(MariaDB 설치할 때 아이디 root, 비밀번호 admin)

```
C:₩ 명령 프롬프트 - mysql -u root -p

Microsoft Windows [Version 10.0.17763.914]
(c) 2018 Microsoft Corporation. All rights reserved.

C:₩Users₩cho>mysql -u root -p
Enter password: *****
Welcome to the MariaDB monitor.  Commands end with ; or ₩g.
Your MariaDB connection id is 84
Server version: 10.3.9-MariaDB mariadb.org binary distribution

Copyright (c) 2000, 2018, Oracle, MariaDB Corporation Ab and others.

Type 'help;' or '₩h' for help. Type '₩c' to clear the current input statement.

MariaDB [(none)]>
```

ⓑ 데이터베이스 확인

ⓒ 데이터베이스 생성 및 확인

ⓓ 종료 명령은 'exit' 또는 'quit'이다.

MariaDB 서버에 접속한 상태에서 SQL 명령문을 사용하여 데이터베이스와 테이블 생성 및 조작 등을 수행할 수 있다. SQL관련 내용은 다음의 SQL에서 자세히 다루기로 한다.

7.1.2 JDBC 다운로드 및 설치

데이터베이스관리시스템(DBMS)에 접속하고 SQL을 사용하여 데이터베이스를 생성 또는 조작하기 위해서는 JDBC(Java DataBase Connectivity) 드라이버가 설치되어야 한 다. JDBC 드라이버는 DBMS 제작 회사에서 무료로 제공하고 있다.

<u>01</u> MariaDB 다운로드 및 설치 화면 <u>02</u>에서 하단의 MariaDB Connector/J 클릭

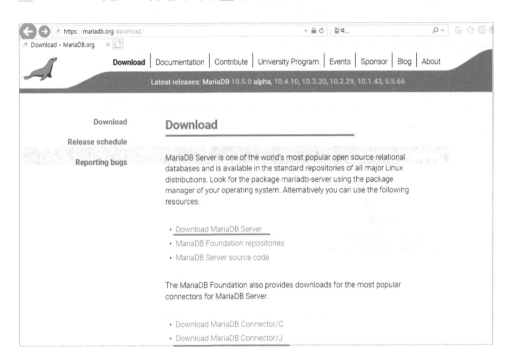

02 최신 버전 클릭

03 JDBC 패키지(.jar) 클릭

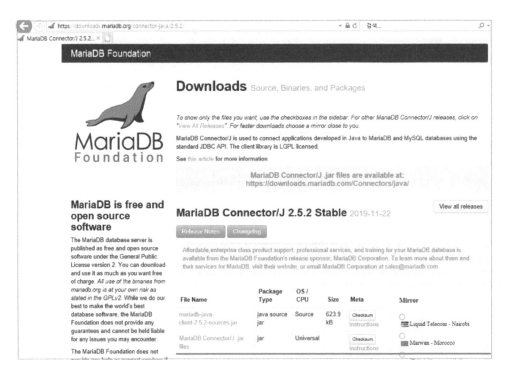

04 JDBC 파일(.jar) 클릭

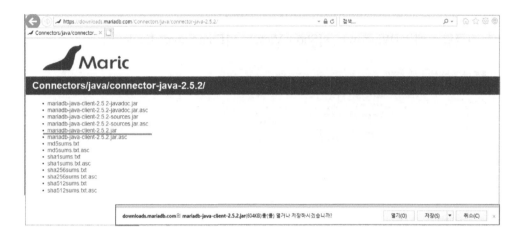

05 [다른 이름으로 저장] → [저장] 클릭

JDBC 저장 위치는 임의의 위치에 저장해 둔다. 다음에 이클립스와 연동할 때 사용할 예정이니 저장 위치를 기억해 두기 바란다.

7.2 MariaDB와 이클립스 연동

01 이클립스 메뉴 [Window] → [Show View] → [Data Source Explorer]

02 [New Connection Profile] 아이콘 클릭

03 MariaDB는 없으므로 MySQL 선택 - [Next] 클릭

04 [New Driver Definition] 아이콘 클릭

05 [Name/Type] 탭에서 최신 드라이버 버전 선택

07 [JAR List] 탭으로 이동

㉠ 기존 드라이버 파일(.jar) 선택 - [Remove JAR.Zip] 클릭(삭제)

ⓒ [Add JAR.Zip] 클릭

이 전에 다운 받은 JDBC 드라이버(.jar) 탐색기 창에서 선택(추가)

ⓒ [OK] 클릭

<u>07</u> [Properties] 탭 클릭

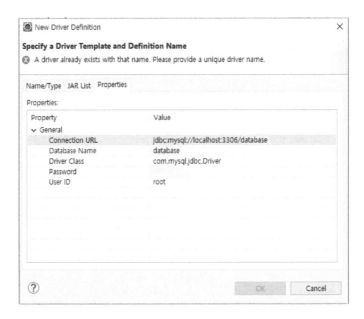

연결 URL과 드라이버 클래스는 아래의 참고를 참조하고 MariaDB 설치할 때의 아이디
(root), 비밀번호(admin) 그리고 MariaDB 설치 확인하면서 생성했던 데이터베이스 이
름(univ)을 각각 입력한다. - [OK] 클릭

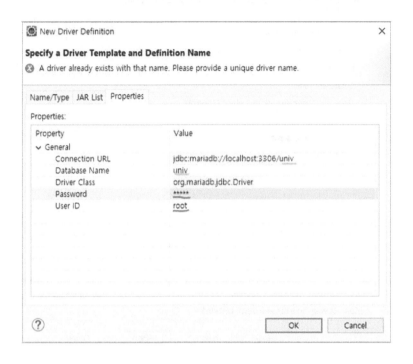

참고 MariaDB 자바 JDBC 드라이버와 URL

데이터베이스 관리 시스템(DBMS) 제작 회사에 따라 형식이 각각 다르다.

MariaDB	Driver	org.mariadb.jdbc.Driver
	URL	jdbc:mariadb://localhost:3306/dbname

08 Test Connection] 클릭 - Succeeded! 창이 뜨면 성공이다.

09 [Finish] 클릭

다음 이클립스 창에 MariaDB와 이클립스가 연결되었음을 확인할 수 있다.

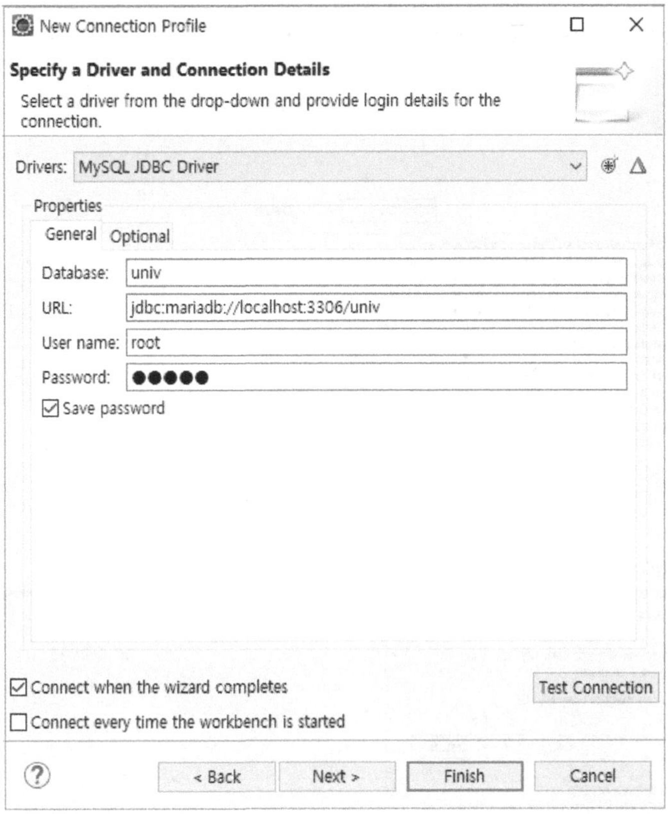

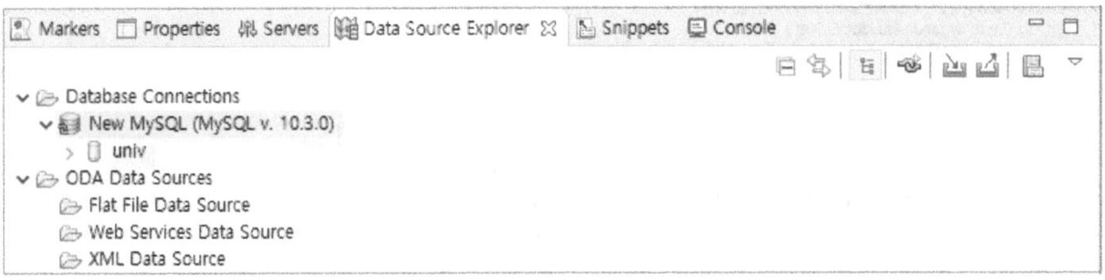

참고　MariaDB와 이클립스 연동 과정에서 발생 오류 처리

① 오류 유형

㉠ ping test(connect test) error

㉡ finish error

② 마우스 오른쪽 버튼 - [delete] 클릭(삭제)

③ 처음부터 연동 과정에 따라서 다시 작업한다.

7.3 SQL

7.3.1 SQL 개요

SQL(Structured Query Language)은 관계 데이터베이스를 위한 표준 데이터베이스 질의어로 현재 사용하고 있는 DBMS는 SQL을 지원한다.

SQL은 1974년 IBM San Jose 연구소의 실험적 관계 데이터베이스시스템인 SYSTEM R을 위해 개발한 SEQUEL(Structured English QUEry Language)로 부터 유래되었다.

1986년 미국 표준 연구소(ANSI)와 국제 표준 기구(ISO)에서 SQL을 관계 데이터베이스의 표준 질의어로 채택하고 표준화 작업이 계속 진행되고 있다.

SQL은 비 절차적 데이터 언어의 특징을 가지며 초기에는 검색 목적으로 개발되었으나 그 후 기능이 확장 되었다. SQL은 기능에 따라 데이터 정의어(DDL), 데이터 조작어(DML), 데이터 제어어(DCL)로 구분한다.

- 데이터 정의어(DDL: Data Definition Language)

  데이터베이스와 테이블 생성과 변경 및 삭제

- 데이터 조작어(DML: Data Management Language)

  데이터 삽입, 검색, 갱신 및 삭제

- 데이터 제어어(DCL: Data Control Language)

  데이터베이스 접근 제어 및 사용 권한 관리 등 주로 데이터베이스 관리자가 사용

SQL의 사용 형태는 질의문을 사용하여 DBMS와 직접 대화식으로 사용하거나 C, C++, PHP, JSP 등의 고급 언어에 삽입하여 사용할 수 있다.

이 절에서는 데이터 정의어와 데이터 조작어를 중심으로 DBMS와 직접 대화하는 방식으로 실습하도록 한다. 그리고 JSP 프로그램에 삽입하여 사용하는 방법은 다음 8장에서 자세히 다루도록 한다.

7.3.2 SQL 질의문

데이터 정의어는 데이터베이스의 생성, 변경, 삭제 그리고 테이블의 생성, 변경, 삭제 기능을 제공하며 데이터 조작어는 테이블에 데이터의 삽입, 검색, 갱신, 삭제 기능을 제공한다.

(1) 데이터 정의어(DDL) 형식

① 데이터베이스 생성

```
CREATE {DATABASE | SCHEMA} 데이터베이스이름
        [[DEFAULT]  CHARACTER  SET  characterset_name ]
        [[DEFAULT]  COLLATE  collation_name ] ;
```

② 데이터베이스 변경

```
ALTER {DATABASE | SCHEMA} 데이터베이스이름
        [[DEFAULT]  CHARACTER  SET  characterset_name ]
        [[DEFAULT]  COLLATE  collation_name ] ;
```

③ 데이터베이스 삭제

```
DROP {DATABASE | SCHEMA} 데이터베이스이름 [RESTRICT | CASCADE] ;
```

④ 테이블 생성

```
CREATE  TABLE  테이블이름  (
        {열이름  데이터형 [NOT NULL] [DEFAULT 값], }⁺
        [PRIMARY  KEY  (열이름_리스트), ]
        {[UNIQUE  (열이름_리스트),] }*
        {[FOREIGN  KEY  (열이름_리스트) REFERENCES  테이블 [ (열이름_리스트) ]
                [ON DELETE   옵션] [ON UPDATE   옵션] ,] }*
        [CONSTRAINT 열이름] [CHECK (조건식)] ) ;
```

⑤ 테이블 변경

```
ALTER  TABLE  테이블이름
        {[ADD   열이름  데이터형 ] [DEFAULT 값] , }+  ¦
        {[DROP 열이름] [CASCADE]  , }+  ¦
        {[ALTER 열이름] [DROP DEFAULT ¦ SET DEFAULT 값] , }+ ;
```

⑥ 테이블 삭제

```
DROP TABLE  테이블이름  [RESTRICT ¦ CASCADE] ;
```

참고   SQL 질의문 형식에서 사용하는 기호

- [ ]   생략 가능
- { }   반복(+ : 1회 이상, * : 0회 이상)
- ¦   선택
- ,   구분자
- ;   질의 명령문의 끝(대・소문자 구분 없음)

(2) 데이터 조작어(DML) 형식

① 테이블 데이터 삽입

```
INSERT
INTO     테이블이름 [(열이름_리스트)]
VALUES  {(열값_리스트) , } + ;
```

② 테이블 데이터 검색

```
SELECT    [ALL ¦ DISTINCT] 열이름_리스트
FROM      테이블이름_리스트
[WHERE    조건식]
[GROUP BY 열이름  [HAVING 조건식] ]
[ORDER BY 열이름  [ASC ¦ DESC] ] ;
```

> 참고   데이터 조작어 조건식 연산자
>
> 데이터 조작어의 조건식에는 관계 연산자(=, 〈〉(!=), 〉, 〈, 〉=, 〈=)와 논리 연산자(and, or, not) 그리고 BETWEEN, LIKE, IN을 사용할 수 있다

데이터 검색의 경우 select 절에 집계함수(aggregation function)인 count(), max(), min(), sum(), avg()를 사용하거나 where절에 like 키워드를 사용한 문자열 검색(pattern matching)도 할 수 있다.

③ 테이블 데이터 갱신

```
UPDATE    테이블이름
SET       {열이름 = 산술식 , } +
[WHERE    조건식] ;
```

④ 테이블 데이터 삭제

```
DELETE
FROM      테이블이름
[WHERE    조건식] ;
```

7.3.3 SQL 데이터 형

사용하는 DBMS에 따라 지원하는 데이터 형에 약간의 차이가 있으나 대부분 숫자, 문자열, 날짜와 시간 데이터 형을 지원한다.

① 숫자 데이터 형(number type)

데이터 형	표시범위 및 설명
TINYINT	-128~127(unsigned 0~255), 1byte
SMALLINT	-32768~32767(unsigned 0~65535), 2byte
MEDIUMINT	-8388608~8388607(unsigned 0~16777215), 3byte
INT 또는 INTEGER	-2147483648 ~ 2147483647(unsigned 0~4294967295), 4byte
BIGINT	-9223372036854775808~9223372036854775807 (unsigned 0~18446744073709551615), 8byte
FLOAT(M, D)	단정도 부동 소수점, 4byte -3.402823466E+38~3.402823466E+38
DOUBLE(M, D)	배정도 부동 소수점, 8byte -1.79769313486231517E+308~1.79769313486231517E+308
DECIMAL(M,D)	10진수

② 문자열 데이터 형(text type)

데이터 형	표시범위 및 설명
CHAR(M)	고정길이 문자열
VARCHAR(M)	가변길이 문자열
TINYBLOB/TINYTEXT	255개 문자 저장(BLOB : Binary Large Object)
BLOB/TEXT	65535개 문자 저장
MEDIUMBLOB/MEDIUMTEXT	16777215개 문자 저장
LONGBLOB/LONGTEXT	4294967295(4Giga)개 문자 저장
ENUM(val1, val2, … , etc.)	열거한 리스트 값으로 제한

③ 날짜와 시간 데이터 형(date type)

데이터 형	표시범위 및 설명
DATE	1000-01-01~9999-12-31(YYYY-MM-DD)
DATETIME	1000-01-01 00:00:00~9999-12-31 23:59:59(YYYY-MM-DD HH:MM:SS)
TIMESTAMP	1970-01-01 00:00:00~2038-01-19 03:14:07(YYYY-MM-DD HH:MM:SS)
TIME	-839:59:59 ~ 838:59:59(HH:MM:SS)
YEAR	1901 ~ 2155(YYYY)

7.3.4 SQL 질의문 실습

데이터 정의어와 데이터 조작어를 중심으로 DBMS와 직접 대화하는 방식으로 실습하기 위해 다음의 대학 데이터베이스와 학생 테이블 스키마를 사용한다.

■ 대학 데이터베이스 및 학생 테이블 스키마

데이터베이스/ 테이블 이름	속성 이름	데이터 형(길이)	키	참조 테이블	설명
univ					대학 DB
student					학생 테이블
	hakbun	int	not null, PK		학번
	name	char(5)			이름
	year	tinyint			학년
	dept	varchar(10)			학과
	addr	varchar(50)			주소

■ 학생 데이터베이스

학번	이름	학년	학과	주소
160001	한국인	4	컴공	서울
195712	조아라	1	멀티	부산
179752	홍길동	3	전상	광주
184682	나매력	2	전상	제주
172634	이천사	3	컴공	광주
183517	김보배	2	멀티	전남
160739	신입생	4	컴공	광주

실습하는 동안 SQL 질의문의 형식과 사용법에 대해 익히도록 하자. 그리고 명령 프롬프트 상태에서 자주 사용하는 명령어중 몇 가지만 소개하면 다음 표와 같다.

명령어	설명
show databases;	데이터베이스 목록 출력
use database_name;	데이터베이스 목록 중 사용 데이터베이스 선택,
show tables;	데이터베이스 내 테이블 목록 출력
desc table_name;	지정 테이블 구조(스키마) 출력(describe의 축약형)
명령문 입력	기능 키(F1, F3), 방향 키(←, ↑, →, ↓) 활용

 데이터베이스 스키마와 기본 키

데이터베이스 스키마(DB schema, schema) : 데이터베이스의 논리적 구조와 제약조건
기본 키(PK, Primary Key) : 유일성, 최소성을 만족하는 속성으로 릴레이션(테이블) 내
의 튜플(행)들을 유일하게 식별할 수 있는 식별자

(1) MariaDB 연결(MariaDB 설치할 때 아이디 root, 비밀번호 admin)

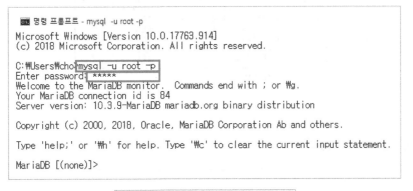

(2) 데이터베이스 생성 및 확인

(3) 사용 데이터베이스 선택 및 테이블 생성

```
MariaDB [(none)]> use univ;
Database changed
MariaDB [univ]> CREATE  TABLE student (
    ->     hakbun        int not null,
    ->     name          varchar(5),
    ->     year          tinyint,
    ->     dept          varchar(10),
    ->     addr          varchar(50),
    ->     primary key(hakbun) ) ;
Query OK, 0 rows affected (0.028 sec)
```

```
MariaDB [univ]> desc student;
+--------+-------------+------+-----+---------+-------+
| Field  | Type        | Null | Key | Default | Extra |
+--------+-------------+------+-----+---------+-------+
| hakbun | int(11)     | NO   | PRI | NULL    |       |
| name   | varchar(5)  | YES  |     | NULL    |       |
| year   | tinyint(4)  | YES  |     | NULL    |       |
| dept   | varchar(10) | YES  |     | NULL    |       |
| addr   | varchar(50) | YES  |     | NULL    |       |
+--------+-------------+------+-----+---------+-------+
5 rows in set (0.010 sec)
```

(4) 테이블 데이터 삽입

```
MariaDB [univ]> INSERT
    ->     INTO      student
    ->     VALUES (160001, "한국인",  4, "컴공",  "서울"),
    ->            (195712, "조아라", 1, "멀티",  "부산"),
    ->            (179752, "홍길동", 3, "전상", "광주"),
    ->            (184682, "나매력", 2, "전상", "제주"),
    ->            (172634, "이천사", 3, "컴공", "광주"),
    ->            (183517, "김보배", 2, "멀티", "전남"),
    ->            (160739, "신입생", 4, "컴공", "광주") ;
Query OK, 7 rows affected (0.004 sec)
Records: 7  Duplicates: 0  Warnings: 0
```

(5) 테이블 데이터 검색

예1) 모든 학생을 검색하시오.

```
MariaDB [univ]> SELECT    *
    -> FROM      student  ;
+--------+--------+------+------+------+
| hakbun | name   | year | dept | addr |
+--------+--------+------+------+------+
| 160001 | 한국인 |    4 | 컴공 | 서울 |
| 160739 | 신입생 |    4 | 컴공 | 광주 |
| 172634 | 이천사 |    3 | 컴공 | 광주 |
| 179752 | 홍길동 |    3 | 전상 | 광주 |
| 183517 | 김보배 |    2 | 멀티 | 전남 |
| 184682 | 나매력 |    2 | 전상 | 제주 |
| 195712 | 조아라 |    1 | 멀티 | 부산 |
+--------+--------+------+------+------+
7 rows in set (0.003 sec)
```

예2) 모든 학생의 학번과 이름을 모두 검색하시오.

```
MariaDB [univ]> SELECT    hakbun, name
    -> FROM        student  ;
+--------+--------+
| hakbun | name   |
+--------+--------+
| 160001 | 한국인  |
| 160739 | 신입생  |
| 172634 | 이천사  |
| 179752 | 홍길동  |
| 183517 | 김보배  |
| 184682 | 나매력  |
| 195712 | 조아라  |
+--------+--------+
7 rows in set (0.000 sec)
```

예3) 학년이 2학년 이상이고 주소가 "광주"인 학생의 이름, 학년, 학과를 검색하시오.

```
MariaDB [univ]> SELECT    name, year, dept
    -> FROM        student
    -> WHERE     (year > 2) and (addr = "광주" ) ;
+--------+------+------+
| name   | year | dept |
+--------+------+------+
| 신입생  |    4 | 컴공  |
| 이천사  |    3 | 컴공  |
| 홍길동  |    3 | 전상  |
+--------+------+------+
3 rows in set (0.001 sec)
```

예4) 학과가 "컴공"인 학생의 학년과 이름을 검색하시오.(단 학년은 내림차순, 이름은 올림차
순으로 정렬)

```
MariaDB [univ]> SELECT    year, name
    -> FROM        student
    -> WHERE     dept = "컴공"
    -> ORDER BY year desc, name asc ;
+------+--------+
| year | name   |
+------+--------+
|    4 | 신입생  |
|    4 | 한국인  |
|    3 | 이천사  |
+------+--------+
3 rows in set (0.002 sec)
```

예5) 대학에 개설된 학과 이름을 검색하시오.(단 중복 제거)

```
MariaDB [univ]> select   distinct   dept
    -> from    student ;
+------+
| dept |
+------+
| 컴공 |
| 전상 |
| 멀티 |
+------+
3 rows in set (0.004 sec)
```

예6) 대학에 재학 중인 학생 수를 검색하시오.

```
MariaDB [univ]> select   count(*)
    -> from    student ;
+----------+
| count(*) |
+----------+
|        7 |
+----------+
1 row in set (0.003 sec)
```

예7) 대학에 개설된 학과 수를 검색하시오.(단 중복 제거)

```
MariaDB [univ]> select   count( distinct dept )
    -> from    student ;
+----------------------+
| count( distinct dept ) |
+----------------------+
|                    3 |
+----------------------+
1 row in set (0.003 sec)
```

예8) 16년도 입학한 학생의 학번과 이름을 검색하시오.

```
MariaDB [univ]> select   hakbun, name
    -> from    student
    -> where   hakbun  like "16%" ;
+--------+--------+
| hakbun | name   |
+--------+--------+
| 160001 | 한국인 |
| 160739 | 신입생 |
+--------+--------+
2 rows in set (0.015 sec)
```

(6) 테이블 데이터 갱신

예9) 학번이 160001인 학생의 주소를 "광주"로 갱신하시오.

```
MariaDB [univ]> UPDATE  student
    -> SET       addr = "광주"
    -> WHERE   hakbun = 160001 ;
Query OK, 1 row affected (0.003 sec)
Rows matched: 1  Changed: 1  Warnings: 0
```

```
MariaDB [univ]> SELECT    *
    -> FROM       student
    -> WHERE     hakbun = 160001 ;
+--------+--------+------+------+------+
| hakbun | name   | year | dept | addr |
+--------+--------+------+------+------+
| 160001 | 한국인 |    4 | 컴공 | 광주 |
+--------+--------+------+------+------+
1 row in set (0.000 sec)
```

예10) 학생의 학년을 3학년으로 갱신하시오.

```
MariaDB [univ]> UPDATE  student
    -> SET       year = 3 ;
Query OK, 5 rows affected (0.004 sec)
Rows matched: 7  Changed: 5  Warnings: 0
```

```
MariaDB [univ]> SELECT    *
    -> FROM       student ;
+--------+--------+------+------+------+
| hakbun | name   | year | dept | addr |
+--------+--------+------+------+------+
| 160001 | 한국인 |    3 | 컴공 | 광주 |
| 160739 | 신입생 |    3 | 컴공 | 광주 |
| 172634 | 이천사 |    3 | 컴공 | 광주 |
| 179752 | 홍길동 |    3 | 전상 | 광주 |
| 183517 | 김보배 |    3 | 멀티 | 전남 |
| 184682 | 나매력 |    3 | 전상 | 제주 |
| 195712 | 조아라 |    3 | 멀티 | 부산 |
+--------+--------+------+------+------+
7 rows in set (0.000 sec)
```

(7) 테이블 데이터 삭제

예11) 학번이 160001인 학생의 정보를 삭제하시오.

```
MariaDB [univ]> DELETE
    -> FROM       student
    -> WHERE   hakbun = 160001 ;
Query OK, 1 row affected (0.004 sec)
```

```
MariaDB [univ]> SELECT    *
    -> FROM    student ;
+--------+--------+------+------+------+
| hakbun | name   | year | dept | addr |
+--------+--------+------+------+------+
| 160739 | 신입생 |    3 | 컴공 | 광주 |
| 172634 | 이천사 |    3 | 컴공 | 광주 |
| 179752 | 홍길동 |    3 | 전상 | 광주 |
| 183517 | 김보배 |    3 | 멀티 | 전남 |
| 184682 | 나매력 |    3 | 전상 | 제주 |
| 195712 | 조아라 |    3 | 멀티 | 부산 |
+--------+--------+------+------+------+
6 rows in set (0.000 sec)
```

예12) 학생의 모든 정보를 삭제하시오.

```
MariaDB [univ]> DELETE
    -> FROM    student ;
Query OK, 6 rows affected (0.004 sec)
```

```
MariaDB [univ]> SELECT    *
    -> FROM    student ;
Empty set (0.000 sec)
```

(8) 테이블 삭제

```
MariaDB [univ]> DROP TABLE student ;
Query OK, 0 rows affected (0.011 sec)

MariaDB [univ]> show tables ;
Empty set (0.001 sec)
```

(9) 데이터베이스 삭제

```
MariaDB [univ]> DROP  DATABASE univ ;
Query OK, 0 rows affected (0.002 sec)
```

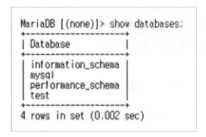

```
MariaDB [(none)]> show databases;
+--------------------+
| Database           |
+--------------------+
| information_schema |
| mysql              |
| performance_schema |
| test               |
+--------------------+
4 rows in set (0.002 sec)
```

7.4 하이디SQL

앞 절에서는 SQL 명령어를 익히기 위해 CUI(Command User Interface) 환경인 명령 프롬프트에서 실습하였다. 이 절에서는 MariaDB 접속 및 관리용 GUI(Graphic User Interface) 도구인 하이디SQL(HeidiSQL)을 소개한다.

■ 하이디SQL(HeidiSQL)

- MariaDB 접속 및 관리용 GUI(Graphic User Interface) 도구
- 어떠한 플랫폼에도 설치 가능(플랫 폼 독립)
- 무료 제공
- https://www.heidisql.com 다운로드

7.4.1 하이디SQL 다운로드 및 설치

<u>01</u> 사이트(http://www.heidisql.com) 접속

<u>02</u> [Downloads] 메뉴 → [installer] 클릭 → [실행]

<u>03</u> [OK] 클릭

04 저작권 동의 선택 - [Next] 클릭

05 [Next] 클릭

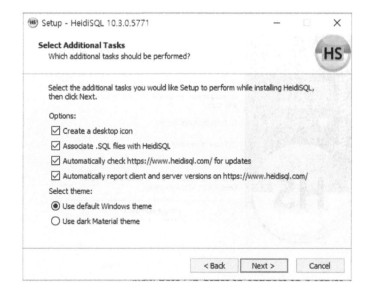

06 [Inatall] 클릭

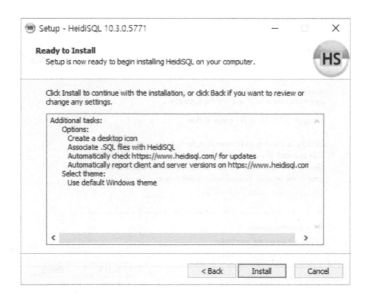

07 [Finish] 클릭

<u>08</u> [신규] → [저장] → 비밀번호(admin) 입력 → [열기] 클릭

이때 비밀 번호는 MariaDB 설치할 때의 아이디(root), 비밀번호(admin)를 사용한다.

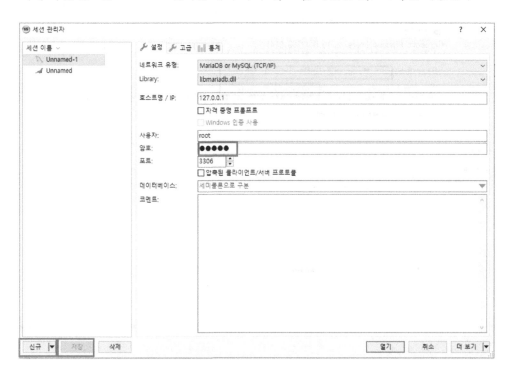

㉠ 만일 다음의 오류가 발생할 경우 - [확인] 클릭

ⓛ 명령 프롬프트 창에서 MariaDB 설치 위치의 bin 폴더로 이동 후 mysqld 응용 프로그램을 다음과 같이 실행시켜 준다.

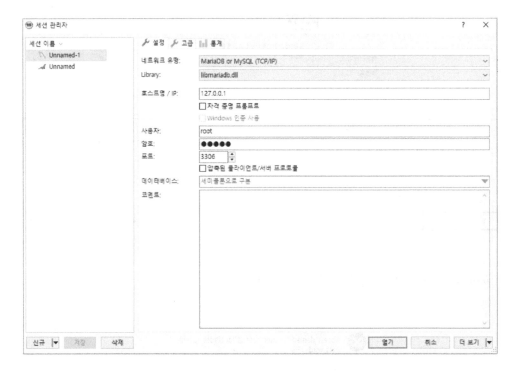

ⓒ 설치할 때의 아이디(root), 비밀번호(admin) 입력 - [열기] 클릭

09 설치 완료

하이디SQL의 실행 종료는 [파일] → [종료] 클릭한다.

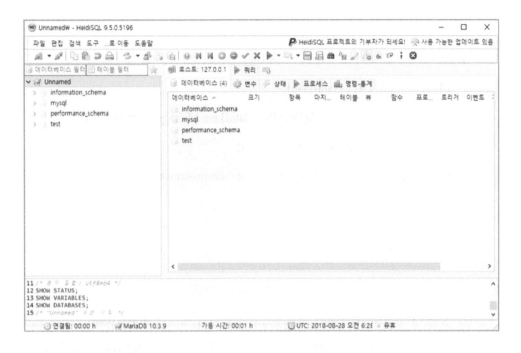

하이디SQL은 사용자가 GUI 환경에서 편리하게 사용할 수 있는 사용자 등록, 데이터베이스를 생성하고 조작하는 SQL 질의 처리, 데이터베이스 백업(backup dump) 및 회복(recovery) 등 다양한 기능을 제공한다.

관심 있는 독자는 개인적으로 앞 절의 SQL 명령문을 하이디SQL 환경에서 실습해 보기 바란다.

연습문제

1. 다음의 데이터베이스 관련 기본 용어에 대해 간단히 정의하시오.

    ① 데이터베이스(DB : DataBase)

    ② 데이터베이스 관리 시스템(DBMS : DataBase Management System)

    ③ 데이터베이스 스키마(database schema)

    ④ 데이터베이스 관리자 (DBA : DataBase Administrator)

    ⑤ 기본 키(PK : Primary Key)

    ⑥ 외래 키(FK : Foreign Key)

2. 다음 중 데이터베이스 정의와 거리가 먼 것을 고르시오.

    ① 공용 데이터(shared data)　　　② 저장 데이터(stored data)

    ③ 자연 데이터(natural data)　　　④ 운영 데이터(operational data)

3. 다음 중 데이터베이스 관리 시스템의 3대 필수 기능에 속하지 않는 것을 고르시오.

    ① 데이터 정의 기능　　　　　　② 데이터 수집 기능

    ③ 데이터 조작 기능　　　　　　④ 데이터 제어 기능

4. 관계 데이터베이스에서 키(key)와 관련한 다음의 무결성 제약 조건에 대해 설명하시오.

    ① 개체 무결성(entity integrity)

    ② 참조 무결성(referential integrity)

5. SQL과 관계 데이터베이스에서 사용하는 용어와 개념적 차이에 대해 비교 설명하시오.

6. 이 장의 대학 데이터베이스와 학생 테이블 스키마에 대한 다음 질의에 해당하는 SQL 질의문을 작성해 보시오.

① 학생 테이블에 새로운 학생 정보를 삽입하시오.

② 모든 2학년 학생을 3학년으로 갱신하시오.

③ BETWEEN 연산자를 사용하여 예3)의 질의문(학년이 2학년 이상이고 주소가 "광주"인 학생의 이름, 학년, 학과를 검색)과 동일한 질의문을 작성하시오.

④ 학년별로 그룹지어 학년과 학생의 수를 검색하시오.

⑤ 학생 테이블 스키마에 입학일(데이터 형 date) 속성(열)을 추가하여 학생 테이블 스키마를 변경하시오.

JDBC를 이용한
동적 애플리케이션 프로그래밍

8.2 JSP 프로그램과 데이터베이스 연동

8.3 데이터베이스를 이용한 JSP 프로그래밍

8.1 JDBC와 데이터베이스 연동

JSP 애플리케이션이 데이터베이스와 연동하기 위해서는 JDBC API(java.sql 패키지)와 JDBC 드라이버가 반드시 설치되어 있어야 한다. JSP 애플리케이션과 데이터베이스의 연동은 JDBC API와 JDBC 드라이버와의 통신을 통해 가능하기 때문이다.

JDBC API는 JSP를 포함한 자바 애플리케이션이 다양한 데이터베이스와 접속하기 위한 방법을 제공하는 표준 자바 응용 프로그램 인터페이스이다. 그러므로 JDBC API를 이용하면 데이터베이스의 종류에 상관없이 데이터베이스에 접근할 수 있다.

JDBC 드라이버는 DBMS를 제작한 각각의 회사에서 자신들의 DBMS와 연동할 수 있도록 무료로 제공하고 있다.

다음 그림은 JSP 애플리케이션이 JDBC API와 DBMS 제작 회사가 제공하는 JDBC 드라이버와의 통신을 통해 데이터베이스와 연동하는 과정을 설명하는 그림이다.

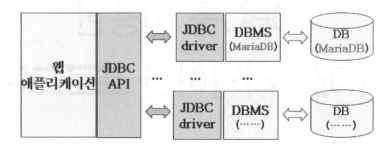

JDBC와 데이터베이스 연동

JDBC를 이용한 JSP 프로그램을 개발하기 위해 7장에서 MariaDB와 이 사이트에서 제공하는 JDBC 드라이버를 다운받아 설치하여 JDBC 프로그래밍 환경을 구축하였다.

8.2 JSP 프로그램과 데이터베이스 연동

JDBC를 이용한 JSP 프로그램의 데이터베이스 연동 과정은 다음 그림과 같은 일련의 단계를 따라서 진행한다.

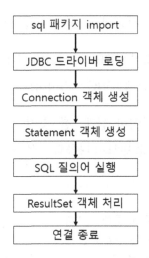

JDBC를 사용한 JSP 프로그램 작성 단계

8.2.1 sql 패키지 import

JSP 프로그램에 SQL 질의문을 삽입하는 프로그램을 작성하기 위해 가장 먼저 SQL관련 패키지를 다음과 같이 impot해 주어야 한다.

```
<%@ page import="java.sql.*"%>
```

또는

```
<%@ page import="java.sql.DriverManager"%>
<%@ page import="java.sql.Connection"%>
<%@ page import="java.sql.Statement"%>
<%@ page import="java.sql.ResultSet"%>
<%@ page import="java.sql.SQLException"%>
```

8.2.2 JDBC 드라이버 로딩

JDBC와 데이터베이스 연동에서 설명하였듯이 JDBC드라이버가 있어야만 데이터베이스와 통신할 수가 있다. JDBC 드라이버 로딩은 인터페이스 드라이버를 구현하는 작업으로 Class.forName() 메소드를 사용해서 드라이버를 로드한다.

Class.forName() 메소드는 지정한 "JDBC 드라이버 클래스 이름"을 발견하면 자동으로 객체를 생성하고 DriverManager에 JDBC 드라이버로 등록한다.

만일 파라미터로 지정한 드라이버 클래스를 찾지 못할 경우에는 "ClassNotFound Exception" 예외를 발생시키므로 반드시 다음과 같은 형식으로 예외 처리를 해야 한다.

```
try {
   Class.forName("JDBC 드라이버 클래스 이름");
} catch (ClassNotFoundException err) {
   // 지정한 드라이버 클래스 이름 존재하지 않을 경우 오류 발생
}
```

이때 사용하는 파라미터 "JDBC 드라이버 클래스 이름"은 DBMS 제작 회사에 따라 약간의 차이가 있다. 아래의 참고를 참조하기 바란다.

 참고 MariaDB 자바 JDBC 드라이버와 URL

데이터베이스 관리 시스템(DBMS) 제작 회사에 따라 형식이 각각 다르다.

MariaDB	Driver	org.mariadb.jdbc.Driver
	URL	jdbc:mariadb://localhost:3306/dbname

예제 8-1

MariaDB의 JDBC 드라이버를 로딩하는 프로그램을 작성하고 실습해 보자.

■ driver_loading.jsp

```
1  <%@ page language="java" contentType="text/html; charset=UTF-8"pageEncoding="UTF-8"%>
2
3  <%@ page import="java.sql.*"%>
```

```
4
5  <!DOCTYPE html>
6  <html>
7  <head>
8  <title>JDBC 드라이버 로딩(driver_loading.jsp)</title>
9  <meta charset="UTF-8">
10 </head>
11
12 <body>
13 <%
14  // JDBC 드라이버 로딩(loading JDBC driver)
15  String driverClass = "org.mariadb.jdbc.Driver";
16
17  try {
18    Class.forName(driverClass);
19    out.println("JDBC Driver loading 성공!<Br>");
20  } catch (ClassNotFoundException err) {
21    out.println("JDBC Driver loading 실패!!...WEB-INF/lib 폴더 확인<Br>");
22  }
23 %>
24
25 </body>
26 </html>
```

http://localhost:8080/Exam/jdbc/driver_loading.jsp

JDBC 드라이버 로딩(driver... ×

JDBC Driver loading 성공!

http://localhost:8080/Exam/jdbc/driver_loading.jsp

JDBC 드라이버 로딩(driver... ×

JDBC Driver loading 실패!! ...WEB-INF/lib 폴더 확인

8.2.3 Connection 객체 생성

DriverManager에 등록된 JDBC 드라이버는 DriverManager.getConnection() 메소드를 통해 식별되고 Connection 객체를 생성한다.

만일 지정한 파라미터가 맞지 않을 경우에는 예외를 발생시키므로 반드시 다음과 같은 형식으로 예외 처리를 해야 한다.

```
try {
    Connection conn = DriverManager.getConnection("url", "id", "pw");
} catch (SQLException sqlerr) {
    // 지정한 url, id, pw가 맞지 않을 경우 오류 발생
}
```

이때 사용하는 파라미터 "url"은 DBMS 제작 회사에 따라 약간의 차이가 있다. 참고를 참조하기 바란다. 그리고 "id"와 "pw"는 MariaDB를 설치할 때의 아이디(root)와 비밀번호(admin)를 사용하면 된다.

생성된 Connection 객체는 데이터베이스 서버와의 연결을 나타내며 SQL 질의문을 정의하고 실행시킬 수 있는 Statement 객체를 생성할 경우에 사용된다.

예제 8-2

MariaDB의 JDBC 드라이버를 통해 데이터베이스 서버와 연결하는 프로그램을 작성하고 실습해 보자.

단순한 연결과 사용자 인증을 확인하기 때문에 Connection 객체를 생성하기 위한 DriverManager.getConnection("url", "id", "pw") 메소드의 url은 'dbname'을 생략 ("jdbc:mariadb://localhost:3306/")하고 "id"와 "pw"는 MariaDB를 설치할 때의 아이디(root)와 비밀번호(admin)를 사용한다.

■ connect_db.jsp

```
1   <%@ page language="java" contentType="text/html; charset=UTF-8"pageEncoding="UTF-8"%>
2
3   <%@ page import="java.sql.*"%>
4
5   <!DOCTYPE html>
6   <html>
7   <head>
8   <title>데이터베이스 연결(connect_db.jsp)</title>
9   <meta charset="UTF-8">
10  </head>
11
12  <body>
13   <%
14   // JDBC 드라이버 로딩(loading JDBC driver)
15   String driverClass = "org.mariadb.jdbc.Driver";
16
17   try {
18      Class.forName(driverClass);
19      out.println("JDBC Driver loading 성공!<Br>");
20   } catch (ClassNotFoundException err) {
21      out.println("JDBC Driver loading 실패!!...WEB-INF/lib 폴더 확인<Br>");
22   }
23
24   // MariaDB 서버 연결(connect server)
25   // "jdbc:mariadb://server_IP:3306/datbase_name
26   String url = "jdbc:mariadb://localhost:3306/";
27   String id = "root";      // DB 사용자 아이디
28   String pw = "admin";    // DB 사용자 패스워드
29
30   Connection conn = null
31
32   try {
33      conn = DriverManager.getConnection(url, id, pw);
34      out.println("MariaDB 서버 연결 성공!<Br>");
35   } catch (SQLException sqlerr) {
36      out.println("MariaDB 서버 연결 실패!!<Br>");
```

```
37        out.println(sqlerr.getMessage() + "<Br>");
38
39    } finally {
30        // 데이터베이스 연결 종료(close database)
41        if (conn != null) {
42          try {
43            conn.close();
44            out.println("MariaDB 서버 연결 종료!<Br>");
45          } catch (Exception conerr) {
46            conerr.printStackTrace();
47          }
48        }
49    }
50  %>
51
52  </body>
53  </html>
```

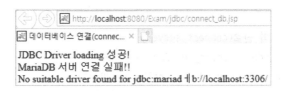

8.2.4 Statement 객체 생성

데이터베이스 서버와의 연결이 성공하면 SQL 질의문 실행을 위한 Statement 객체를 생성한다. Statement 객체의 생성은 Connection 객체의 createStatement() 메소드 또는 prepareStatement() 메소드를 주로 사용한다. 저장된 SQL 질의문을 사용할 경우에 prepareCall() 메소드를 사용하는 경우도 있다.

```
// createStatement() 메소드 사용
Statement stmt = conn.createStatement();
ResultSet  rset = stmt.executeQuery(String query);


// prepareStatement() 메소드 사용
PreparedStatement  pstmt = conn.prepareStatement(String query);
 ············
ResultSet rset = pstmt.executeQuery();
```

prepareStatement() 메소드의 경우 파리미터인 SQL 질의문은 속성(열) 값 위치에 '?' 위치홀더(placeholder)를 사용하여 SQL 질의문을 정의한다.

그리고 질의문이 실행되기 전에 위치홀더와 1:1 대응하여 1(첫 번째 ?)부터 1씩 증가하면서 실제 값을 지정한다. 이때 속성(열)의 실제 값 지정은 데이터 형에 따라서 PreparedStatement 객체가 제공하는 setString(), setInt(), setLong(), setFloat(), setDouble(), setDate() 등의 메소드를 사용한다.

예1) createStatement() 메소드 사용 경우 Statement 객체 생성과 SQL 질의문 실행

```
String sql = "insert into student values(2019, 'korea')";

Statement stmt = conn.createStatement();
ResultSet  rset = stmt.executeUpdate(sql);
```

예2) prepareStatement() 메소드 사용 경우 PreparedStatement 객체 생성과 SQL 질의문 실행

```
String sql = "insert into student values(?,?)";

PreparedStatement pstmt = conn.prepareStatement(sql);
   pstmt.setString(1, hakbun);
   pstmt.setString(2, name);
ResultSet  rset = pstmt.executeUpdate();
```

Statement 객체를 생성하는 createStatement() 메소드와 prepareStatement() 메소드의 차이점은 다음 표와 같다.

	createStatement() 메소드	PrepareStatement() 메소드
공통점	Statement 객체 생성	PreparedStatement 객체 생성
차이점	동일 질의문 한번 사용 파라미터 수가 적고 파라미터의 실제 값이 변하지 않는 단순한 질의문에 사용 질의문 실행될 때마다 컴파일 실행 속도 늦다	동일 질의문 반복 사용 파라미터 수가 많고 파라미터의 실제 값이 유동적일 경우 사용 질의문 한번 컴파일되면 재사용 실행 속도 빠르다

8.2.5 SQL 질의문 실행

Statement 객체가 생성되면 Statement 객체의 executeQuery() 메소드나 executeUpdate() 메소드를 호출하여 검색, 삽입, 갱신, 삭제의 SQL 질의문을 실행할 수 있다.

```
// createStatement() 메소드 사용
ResultSet  rset = stmt.executeQuery(String query);

// prepareStatement() 메소드 사용
ResultSet rset = pstmt.executeQuery();
```

executeQuery() 메소드는 데이터베이스에 대한 검색 질의문(SELECT)에 사용하며 실행 결과 레코드 셋을 ResultSet 객체에 저장하여 리턴 한다.

그리고 executeUpdate() 메소드는 삽입(INSERT), 갱신(UPDATE), 삭제(DELETE) 질의에 사용하며 실행 결과 성공한 레코드(튜플)의 수를 리턴 한다.

8.2.6 ResultSet 객체 처리

성공적으로 SQL 검색 질의문(SELECT)이 실행되었다면 그 결과 값은 ResultSet 객체로 리턴 된다.

ResultSet 객체는 다음 그림과 같은 테이블 구조로 커서(cursor)를 통해 테이블의 특정 레코드(행)의 값을 참조할 수 있다.

초기 커서의 위치는 테이블의 첫 번째 행의 시작 전을 가리키며 ResultSet 객체가 제공하는 다음 표의 메소드를 사용하여 원하는 위치로 이동 시킬 수 있다.

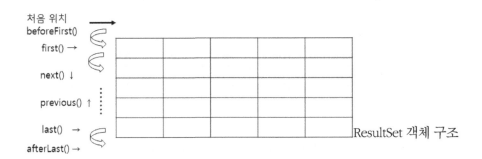

메소드	설명
next()	현재 위치에서 다음 행으로 이동(이동할 행이 없으면 false 리턴)
first()	현재 위치에서 첫 행으로 이동
last()	현재 위치에서 마지막 행으로 이동
previous()	현재 위치에서 이전 행으로 이동
beforeFirst()	현재 위치에서 첫 행 이전으로 이동(초기 위치)
afterLast()	현재 위치에서 마지막 행 다음으로 이동

ResultSet 객체로부터 데이터를 처리하는 과정은 while 반복문과 next() 메소드를 사용하여 한다. 이때 next() 메소드는 더 이상 이동할 행이 없으면 'false'를 리턴하여 반복문을 벗어나게 된다.

```
while (rset.next()) {

   ........

}
```

반복 처리하는 도중에 특정 레코드 필드(열)의 값을 추출할 경우에는 데이터 형에 적합한 ResultSet 객체의 메소드를 사용하여 필드 이름(열 이름) 또는 필드 번호(열 번호, 1부터 시작)를 사용한다.

ResultSet 객체는 setString(), getInt(), getLong(), getFloat(), getDouble(), getDate() 등의 메소드를 제공한다.

예3) 필드 이름(열 이름)을 사용한 특정 레코드의 필드(열) 값 추출

```
while(rset.next()) {

    int hakbun = rset.getInt("hakbun");
    String name = rset.getString("name");
    ...............

}
```

예4) 필드 번호를 사용한 특정 레코드의 필드(열) 값 추출

```
while(rset.next()) {

    int hakbun = rset.getInt(1);
    String name = rset.getString(2);
    ...............

}
```

8.2.7 연결 종료

JDBC를 사용한 JSP 프로그램 작성의 마지막 단계는 서버의 부담을 줄여주기 위해 그동안 사용했던 개체들을 반환(해제)해 주어야 한다. 반환은 ResultSet 객체, Statement 객체, Connection 객체 순으로 close() 메소드를 사용한다.

이렇게 함으로써 JDBC를 통한 데이터베이스와의 연결을 종료하게 된다.

```
if (rset != null) try {rset.close();} catch (SQLException sqlerr) {}
if (pstmt != null) try {pstmt.close();} catch (SQLException sqlerr) {}
if (conn != null) try {conn.close();} catch (SQLException sqlerr) {}
```

8.3 데이터베이스를 이용한 JSP 프로그래밍

이 절에서는 7장과 달리 JDBC 드라이버 통한 데이터베이스 연동 환경에서 JSP 프로그램에 데이터 정의어(DDL)와 데이터 조작어(DML)를 삽입하여 동작하는 프로그램을 작성하고 실습한다. 프로그램 실습을 위해 7장의 대학 데이터베이스 및 학생 테이블 스키마를 사용한다.

- sql 패키지 import
- JDBC 드라이버 로딩
- Connection 객체 생성
- Statement 객체 생성
- SQL 질의문 실행
- ResultSet 객체 처리
- 연결 종료

■ 대학 데이터베이스 및 학생 테이블 스키마

데이터베이스/ 테이블 이름	속성 이름	데이터 형(길이)	키	참조 테이블	설명
univ					대학 DB
student					학생 테이블
	hakbun	int	not null, PK		학번
	name	char(5)			이름
	year	tinyint			학년
	dept	varchar(10)			학과
	addr	varchar(50)			주소

■ 학생 데이터베이스

학번	이름	학년	학과	주소
160001	한국인	4	컴공	서울
195712	조아라	1	멀티	부산
179752	홍길동	3	전상	광주
184682	나매력	2	전상	제주
172634	이천사	3	컴공	광주
183517	김보배	2	멀티	전남
160739	신입생	4	컴공	광주

8.3.1 대학 데이터베이스 스키마 구현

대학 데이터베이스 스키마를 구현하기 위해 JSP 프로그램에 데이터 정의어(DDL)를 삽입하여 univ 데이터베이스와 student 테이블 스키마를 생성해 보자.

(1) univ 데이터베이스 생성

단순한 연결과 사용자 인증을 확인하기 때문에 Connection 객체를 생성하기 위한 DriverManager.getConnection("url", "id", "pw") 메소드의 url은 'dbname'을 생략 ("jdbc:mariadb://localhost:3306/")하고 "id"와 "pw"는 MariaDB를 설치할 때의 아이디 (root)와 비밀번호(admin)를 사용한다.

MariaDB 서버에 연결되면 DDL 질의어를 실행시켜 univ 데이터베이스를 생성한다.

예제 8-3

MariaDB 서버에 연결하여 univ 데이터베이스를 생성하는 프로그램을 작성하고 실습해 보자.
재실행 후 오류 메시지를 확인해 보자.

■ univ_db_create.jsp

```
1   <%@ page language="java" contentType="text/html; charset=UTF-8"pageEncoding="UTF-8"%>
2
3   <%@ page import="java.sql.*"%>
4
5   <!DOCTYPE html>
6   <html>
7   <head>
8    <title>대학 데이터베이스(univ) 생성(univ_db_create.jsp)</title>
9    <meta charset="UTF-8">
10  </head>
11
12  <body>
13  <%
14    // 객체 참조 변수
15    Connection conn = null;
16    PreparedStatement pstmt = null;
17
18    // JDBC 드라이버 로딩(loading JDBC driver)
19    String driverClass = "org.mariadb.jdbc.Driver";
20
21    try {
22      Class.forName(driverClass);
23      out.println("JDBC Driver load 성공!<Br>");
24    } catch (ClassNotFoundException err) {
25      out.println("JDBC Driver load 실패!!...WEB-INF/lib 폴더 확인<Br>");
26    }
27
28    // MariaDB 서버 연결(connect server)
```

```
29    // "jdbc:mariadb://server_IP:3306/datbase_name
30    String url = "jdbc:mariadb: //localhost:3306/";
31    String id = "root";          // DB 사용자 아이디
32    String pw = "admin";         // DB 사용자 패스워드
33
34    try {
35        conn = DriverManager.getConnection(url, id, pw);
36        out.println("MariaDB 서버 연결 성공!<Br>");
37
38        // SQL 질의어 처리(Perform SQL query(DDL))
39        // 대학 데이터베이스(univ) 생성
40        String sql = "CREATE DATABASE univ";
41        pstmt = conn.prepareStatement(sql);
42        pstmt.executeUpdate();
43        out.println("대학 데이터베이스(univ) 생성 성공!<Br>");
44    } catch (SQLException sqlerr) {
45        out.println("대학 데이터베이스(univ) 생성 실패!!<Br>");
46        out.println(sqlerr.getMessage() + "<Br>");
47
48    } finally {
49        // 데이터베이스 연결 종료(close database)
50        if (pstmt != null) {
51            try {
52                pstmt.close();
53                out.println("Statement_close!<Br>");
54            } catch (SQLException sqlerr) {}
55        }
56        if (conn != null) {
57            try {
58                conn.close();
59                out.println("MariaDB 서버 연결 종료!<Br>");
60            } catch (Exception conerr) {}
61        }
62    }
63  %>
64
65  </body>
66  </html>
```

(2) univ 데이터베이스 삭제

(1)과 같은 방법으로 DriverManager.getConnection() 메소드를 사용하여 Connection 객체를 생성한다.

MariaDB 서버에 연결되면 DDL 질의어를 실행시켜 univ 데이터베이스를 삭제한다.

예제 8-4

MariaDB 서버의 univ 데이터베이스에 연결하여 univ 데이터베이스를 삭제하는 프로그램을 작성하고 실습해 보자. 재실행 후 오류 메시지를 확인해 보자.

■ univ_db_drop.jsp

```
1   <%@ page language="java" contentType="text/html; charset=UTF-8"pageEncoding="UTF-8"%>
2
3   <%@ page import="java.sql.*"%>
4
5   <!DOCTYPE html>
6   <html>
7   <head>
8   <title>대학 데이터베이스(univ) 삭제(univ_db_drop.jsp)</title>
9   <meta charset="UTF-8">
```

```
10  </head>
11
12  <body>
13  <%
14  // 객체 참조 변수
15  Connection conn = null;
16  PreparedStatement pstmt = null;
17
18  // JDBC 드라이버 로딩(loading JDBC driver)
19  String driverClass = "org.mariadb.jdbc.Driver";
20
21  try {
22      Class.forName(driverClass);
23      out.println("JDBC Driver loading 성공!<Br>");
24  } catch (ClassNotFoundException err) {
25      out.println("JDBC Driver loading 실패!!...WEB-INF/lib 폴더 확인<Br>");
26  }
27
28  // MariaDB 서버 연결(connect server)
29  // "jdbc:mariadb://server_IP:3306/datbase_name
30  String url = "jdbc:mariadb: //localhost:3306/";
31  String id = "root";          // DB 사용자 아이디
32  String pw = "admin";         // DB 사용자 패스워드
33
34  try {
35      conn = DriverManager.getConnection(url, id, pw);
36      out.println("MariaDB 서버 연결 성공!<Br>");
37
38      // SQL 질의어 처리(Perform SQL query(DDL))
39      // 대학 데이터베이스(univ) 스키마 생성
30      String sql = "DROP DATABASE univ";
41      pstmt = conn.prepareStatement(sql);
42      pstmt.executeUpdate();
43      out.println("대학 데이터베이스(univ) 삭제 성공!<Br>");
44
45  } catch (SQLException sqlerr) {
46      out.println("대학 데이터베이스(univ) 삭제 실패!!<Br>");
47      out.println(sqlerr.getMessage() + "<Br>");
```

```
48
49     } finally {
50       // 데이터베이스 연결 종료(close database)
51       if (pstmt != null) {
52         try {
53           pstmt.close();
54           out.println("Statement_close!<Br>");
55         } catch (SQLException sqlerr) {}
56       }
57       if (conn != null) {
58         try {
59           conn.close();
60           out.println("MariaDB 서버 연결 종료!<Br>");
61         } catch (Exception conerr) {}
62       }
63     }
64   %>
65
66 </body>
67 </html>
```

(3) student 테이블 생성

univ 데이터베이스가 생성 되었으므로 DriverManager.getConnection("url", "id", "pw") 메소드의 url을 "jdbc:mariadb://localhost:3306/univ"으로 수정하고, "id"와 "pw"는 MariaDB를 설치할 때의 아이디(root)와 비밀번호(admin)를 사용하여 Connection 객체를 생성한다.

MariaDB 서버 및 univ 데이터베이스에 연결되면 DDL 질의어를 실행시켜 student 테이블 스키마를 생성한다.

예제 8-5

univ 데이터베이스에 student 테이블 스키마를 생성하는 프로그램을 작성하고 실습해 보자.

■ univ_stdtbl_create.jsp

```
1   <%@ page language="java" contentType="text/html; charset=UTF-8"pageEncoding="UTF-8"%>
2
3   <%@ page import="java.sql.*"%>
4
5   <!DOCTYPE html>
6   <html>
7   <head>
8    <title>학생 테이블(student) 스키마 생성(univ_stdtbl_create.jsp)</title>
9    <meta charset="UTF-8">
10  </head>
11
12  <body>
13   <%
14    // 객체 참조 변수
15    Connection conn = null;
16    PreparedStatement pstmt = null;
17
18    // JDBC 드라이버 로딩(loading JDBC driver)
19    String driverClass = "org.mariadb.jdbc.Driver";
20
21    try {
```

```
22      Class.forName(driverClass);
23      out.println("JDBC Driver load 성공!<Br>");
24  } catch (ClassNotFoundException err) {
25      out.println("JDBC Driver load 실패!!...WEB-INF/lib 폴더 확인<Br>");
26  }
27
28  // MariaDB 서버와 데이터베이스 연결(connect server & database )
29  // "jdbc:mariadb://server_IP:3306/datbase_name
30  String url = "jdbc:mariadb: //localhost:3306/univ";
31  String id = "root";        // DB 사용자 아이디
32  String pw = "admin";       // DB 사용자 패스워드
33
34  try {
35      conn = DriverManager.getConnection(url, id, pw);
36      out.println("MariaDB 서버 연결 성공!<Br>");
37  } catch (SQLException sqlerr) {
38      out.println("MariaDB 서버 연결 실패!!<Br>");
39      out.println(sqlerr.getMessage() + "<Br>");
30  }
41
42  // SQL 질의어 처리(Perform SQL query(DDL))
43  // 학생 테이블(student) 스키마 생성
44  try {
45      String sql = "CREATE TABLE student("
46                          + "hakbun   int   not  null,"
47                          + "name     char(5),"
48                          + "year     tinyint,"
49                          + "dept     varchar(10),"
50                          + "addr     varchar(50),"
51                          + "primary key(hakbun))";
52      pstmt = conn.prepareStatement(sql);
53      pstmt.executeUpdate();
54      out.println("학생 테이블(student) 생성 성공!<Br>");
55
56  } catch (SQLException sqlerr) {
57      out.println("학생 테이블(student) 생성 실패!!<Br>");
58      out.println(sqlerr.getMessage() + "<Br>");
59
```

```
60    } finally {
61       // 데이터베이스 연결 종료(close database)
62       if (pstmt != null) {
63          try {
64             pstmt.close();
65             out.println("Statement_close!<Br>");
66          } catch (SQLException sqlerr) {}
67       }
68       if (conn != null) {
69          try {
70             conn.close();
71             out.println("MariaDB 서버 연결 종료!<Br>");
72          } catch (Exception conerr) {}
73       }
74    }
75  %>
76
77  </body>
78  </html>
```

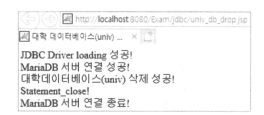

8.3.2 대학 데이터베이스 활용

MariaDB 서버 및 univ 데이터베이스에 연결하고 JSP 프로그램에 DML 질의어를 삽입하여 student 테이블에 학생 정보를 삽입한다. 그리고 대학 데이터베이스에 저장된 학생 정보를 검색해 보자.

- 학생 정보 입력 폼(std_ins_form.jsp)은 4장 [예제 4-5]의 고객정보 입력 폼(customer_insert_form.jsp)의 HTML을 약간 수정한다. 그리고 CSS(customer_insert.css)는 다른 이름(student_insert.css)으로 저장하거나 그대로 사용해도 된다.

- 학생 테이블에 저장된 모든 학생 정보를 읽어 HTML을 사용하여 테이블 형태로 출력한다.(std_ret_table.jsp, table_retrieval.css)

학생 정보 검색

학 번	이 름	학 년	학 과	주 소
160001	한국인	4학년	컴공	서울
160739	신입생	4학년	컴공	광주
172634	이천사	3학년	컴공	광주
179752	홍길동	3학년	전상	광주
183517	김보배	2학년	멀티	전남
184682	나매력	2학년	전상	제주
195712	조아라	1학년	멀티	부산

- 테이블 출력 스타일시트는 외부 파일로 만들어 저장하여 사용한다. 저장 구조와 스타일시트는 다음과 같다.

```
/* table_retrieval.css    테이블 정보검색 출력 스타일시트 */

table {width:100%; text-align:center; border:2px solid grey; border-collapse:collapse;}
caption {font-size:20pt; font-weight:bold;}
th, td {border:1px solid grey; padding:3px;}
th {background-color:#CFD0ED;}
td {background-color:#FAFAEE; text-align:left;}
```

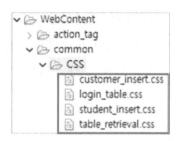

(1) 학생 정보 입력과 데이터베이스 저장

- 학생 정보 입력 폼을 통해 학생 정보를 입력한 후 이를 서버로 전송한다(클라이언트).
- 전송 데이터로부터 학생 정보를 추출하여 데이터베이스에 저장한다(서버).

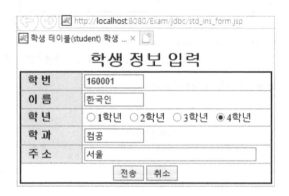

예제 8-6

학생 테이블에 학생 정보를 차례로 입력하여 데이터베이스에 저장하는 프로그램을 작성하고 실습해 보자.(std_ins_form.jsp, student_insert.css, std_ins_db.jsp)

1명의 학생 정보를 입력한 후 데이터베이스 저장 프로그램(std_ins_db.jsp)의 81행의 response.
sendRedirect() 주석문을 해제한 후 학생 정보를 입력해 보시오.

■ std_ins_form.jsp

```
1   <%@ page language="java" contentType="text/html; charset=UTF-8"pageEncoding="UTF-8"%>
2
3   <!DOCTYPE html>
4   <html>
5   <head>
6   <title>학생 테이블(student) 학생 정보 입력(std_ins_form.jsp)</title>
7   <meta charset="UTF-8">
8   <link rel="stylesheet" href="../common/CSS/student_insert.css">
9   </head>
10
11  <body>
12  <form name="student_form" method="post" action="std_ins_db.jsp">
13   <table>
14   <caption>학생 정보 입력</caption>
15    <tr>
16     <th>  학 번</th>
17     <td><input type="text" name="hakbun" size="10" maxlength="10" required autofocus></td>
18    </tr>
19    <tr>
20     <th>  이 름</th>
21     <td><input type="text" name="name" size="10" maxlength="5" required></td>
22    </tr>
23    <tr>
24     <th>  학 년</th>
25     <td><input type="radio" name="year" value="1" required>1학년 
26         <input type="radio" name="year" value="2" required>2학년 
27         <input type="radio" name="year" value="3" required>3학년 
28         <input type="radio" name="year" value="4" required>4학년</td>
29    </tr>
30    <tr>
31     <th>  학 과</th>
32     <td><input type="text" name="dept" size="10" maxlength="10" required></td>
33    </tr>
```

```
34    <tr>
35     <th>  주 소</th>
36     <td><input type="text" name="addr" size="40" maxlength="40" required></td>
37    </tr>
38    <tr>
39     <td colspan="2" style="text-align:center;">
40        <input type="submit" value="전송">
41        <input type="reset" value="취소"></td>
42    </tr>
43   </table>
44  </form>
45  </body>
46  </html>
```

■ std_ins_db.jsp

```
1   <%@ page language="java" contentType="text/html; charset=UTF-8"pageEncoding="UTF-8"%>
2
3   <%@ page import="java.sql.*"%>
4
5   <% // 전송 한글 데이터 처리
6       request.setCharacterEncoding("UTF-8"); %>
7
8   <!DOCTYPE html>
9   <html>
10  <head>
11  <title>학생 테이블(student) 학생 정보 저장(std_ins_db.jsp)</title>
12  <meta charset="UTF-8">
13  </head>
14
15  <body>
16   <%
17    // 객체 참조 변수
18    Connection conn = null;
19    PreparedStatement pstmt = null;
20
21    // JDBC 드라이버 로딩(loading JDBC driver)
22    String driverClass = "org.mariadb.jdbc.Driver";
```

```
23
24    try {
25        Class.forName(driverClass);
26        out.println("JDBC Driver load 성공!<Br>");
27    } catch (ClassNotFoundException err) {
28        out.println("JDBC Driver load 실패!! ...WEB-INF/lib 폴더 확인<Br>");
29    }
30
31    //  MariaDB 서버와 데이터베이스 연결(connect server & database )
32    // "jdbc:mariadb://server_IP:3306/datbase_name
33    String url = "jdbc:mariadb://localhost:3306/univ";
34    String id = "root";          // DB 사용자 아이디
35    String pw = "admin";         // DB 사용자 패스워드
36
37    try {
38        conn = DriverManager.getConnection(url, id, pw);
39        out.println("데이터베이스 연결 성공!<Br>");
40
41        // SQL 질의어 처리(Perform SQL query(DML))
42        // 전송 데이터 변수 할당
43        String hakbun= request.getParameter("hakbun");
44        String name = request.getParameter("name");
45        String year= request.getParameter("year");
46        String dept = request.getParameter("dept");
47        String addr= request.getParameter("addr");
48
49        // 학생 테이블(student) 튜플 삽입
50        String sql = "insert into student values(?,?,?,?,?)";
51        pstmt = conn.prepareStatement(sql);
52            pstmt.setString(1, hakbun);
53            pstmt.setString(2, name);
54            pstmt.setString(3, year);
55            pstmt.setString(4, dept);
56            pstmt.setString(5, addr);
57        pstmt.executeUpdate();
58        out.println("학생 테이블(student) 튜플 삽입 성공!<Br>");
59
60    } catch (SQLException sqlerr) {
```

```
61  out.println("학생 테이블(student) 튜플 삽입 실패!!<Br>");
62  out.println(sqlerr.getMessage() + "<Br>");
63
64    } finally {
65      // 데이터베이스 연결 종료(close database)
66      if (pstmt != null) {
67        try {
68          pstmt.close();
69          out.println("Statement_close!<Br>");
70        } catch (SQLException sqlerr) {}
71      }
72      if (conn != null) {
73        try {
74          conn.close();
75          out.println("MariaDB 서버 연결 종료!<Br>");
76        } catch (Exception conerr) {}
77      }
78    }
79
80    // 지정 페이지(URL)로 강제 이동
81    // response.sendRedirect("./std_ins_form.jsp");
82  %>
83
84  <a href="./std_ins_form.jsp">[ 학생 정보 입력 폼]</a>
85  </body>
86  </html>
```

(2) 학생 정보 데이터베이스 검색

- 학생 테이블에 저장된 학생 정보를 검색한다.
- 검색한 학생 정보를 테이블 형태(HTML 사용)로 출력한다.

예제 8-7

학생 테이블에 저장된 모든 학생 정보를 데이터베이스로부터 검색하여 학번 순으로 정렬(올림 차순)하여 테이블 형태로 출력하는 프로그램을 작성하고 실습해 보자.(std_ret_table.jsp, table_retrieval.css)

■ std_ret_table.jsp

```
1   <%@ page language="java" contentType="text/html; charset=UTF-8"pageEncoding="UTF-8"%>
2
3   <%@ page import="java.sql.*"%>
4
5   <!DOCTYPE html>
6   <html>
7   <head>
8   <title>학생 테이블(student) 학생 정보 검색(std_ret_table.jsp)</title>
9   <meta charset="UTF-8">
10   <link rel="stylesheet" href="../common/CSS/table_retrieval.css">
11  </head>
12
13  <body>
14   <%
15    // 객체 참조 변수
16    Connection conn = null;
17    PreparedStatement pstmt = null;
18    ResultSet rset = null;
19
20    // JDBC 드라이버 로딩(loading JDBC driver)
21    String driverClass = "org.mariadb.jdbc.Driver";
22
23    try {
24      Class.forName(driverClass);
25      out.println("JDBC Driver load 성공!<Br>");
26    } catch (ClassNotFoundException err) {
27      out.println("JDBC Driver load 실패!!...WEB-INF/lib 폴더 확인<Br>");
28    }
29
30    // MariaDB 서버와 데이터베이스 연결(connect server & database )
```

```
31     // "jdbc:mariadb://server_IP:3306/datbase_name
32     String url = "jdbc:mariadb://localhost:3306/univ";
33     String id = "root";        // DB 사용자 아이디
34     String pw = "admin";       // DB 사용자 패스워드
35
36     try {
37        conn = DriverManager.getConnection(url, id, pw);
38        out.println("데이터베이스 연결 성공!<Br>");
39
40        // SQL 질의어 처리(perform SQL query(DML))
41        // 학생 테이블(customer) 검색
42        String sql = "SELECT * FROM student ORDER BY hakbun ASC";
43        pstmt = conn.prepareStatement(sql);
44        rset = pstmt.executeQuery();
45
46     // 학생 정보 검색 출력
47    %>
48
49  <form name="student_form_table">
50   <table>
51    <caption>학생 정보 검색</caption>
52    <tr>
53     <th>학 번</th>
54     <th>이 름</th>
55     <th>학 년</th>
56     <th>학 과</th>
57     <th>주 소</th>
58    </tr>
59   <%
60       // 학생 정보(레코드 셋) 출력
61       while (rset.next()) {
62
63          String hakbun = rset.getString("hakbun");
64          String name = rset.getString("name");
65          String year = rset.getString("year");
66              year = year + "학년";
67          String dept = rset.getString("dept");
68          String addr = rset.getString("addr");
```

```
69    %>
70    <tr>
71     <td><%=hakbun%></td>
72     <td><%=name%></td>
73     <td><%=year%></td>
74     <td><%=dept%></td>
75     <td><%=addr%></td>
76    </tr>
77   <%
78        }
79
80    } catch (SQLException sqlerr) {
81        out.println("SQL 질의처리 오류!!" + "<Br>");
82        out.println(sqlerr.getMessage() + "<Br>");
83
84    } finally {
85        // 데이터베이스 연결 종료(close database)
86        if (rset != null) {
87            try {
88                rset.close();
89                out.println("ResultSet_close!<Br>");
90            } catch (SQLException sqlerr) {}
91        }
92        if (pstmt != null) {
93            try {
94                pstmt.close();
95                out.println("Statement_close!<Br>");
96            } catch (SQLException sqlerr) {}
97        }
98        if (conn != null) {
99            try {
90                conn.close();
91                out.println("MariaDB 서버 연결 종료!<Br>");
92            } catch (Exception conerr) {}
93        }
94    }
95   %>
96    </table>
```

```
97  </form>
98
99  </body>
100 </html>
```

8.3.3 세션과 로그인 인증

세션 객체를 사용하는 방법은 이미 4장과 6장에서 자세히 설명하였다. 이 절에서는 데이터베이스를 사용하는 환경에서 로그인 인증과 세션 관리에 관하여 살펴보도록 한다.

- 로그인 – 기본 키(PK)를 포함한 정보 입력 후 서버로 전송

- 로그인 인증과 세션 객체의 속성(세션 변수) 설정
- 기본 키를 사용하여 데이터베이스 검색
- 검색 성공한 경우 세션 변수 설정(보통 기본 키와 이름 속성 사용)
- 검색 실패한 경우 오류 메시지 출력

- 로그아웃 – 세션 정보 삭제

예제 8-8

학생의 학번을 입력 받아 데이터베이스를 검색하여 로그인을 인증한다. 만일 해당 학생이 존재하면 세션정보(학번, 이름)를 설정하고 존재하지 않는 경우에는 "학생 정보 입력 후 다시 로그인 하십시오!"라는 메시지를 출력한다. 그리고 [로그아웃] 버튼을 클릭하면 세션 정보를 삭제하는 프로그램을 작성하고 실습해 보자.

실습을 위해 [예제 8-6] 학생 정보를 입력하고 데이터베이스에 저장하는 프로그램 (std_ins_form.jsp)을 약간 수정한다. 그리고 로그인 인증과 세션 정보 관리는 6장의 [예제 6-7], [예제 6-8], [예제 6-9] 프로그램을 참조한다.

- 로그인 - 기본 키(PK)인 학번 정보 입력 후 서버 전송(db_std_ins_form.jsp)
- 로그인 인증과 세션 객체의 속성(세션 변수) 설정(db_login_check.jsp)
- 로그아웃 - 세션 정보 삭제(db_logout.jsp)

<u>01</u> 기본 키(PK)인 학번을 입력 후 서버로 전송한다.

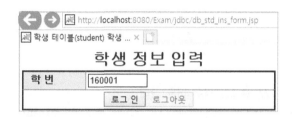

■ db_std_ins_form.jsp

```
1   <%@ page language="java" contentType="text/html; charset=UTF-8"pageEncoding="UTF-8"%>
2
3   <%@ page import="java.sql.*"%>
4
5    <%
6    // 세션 객체의 속성 확인
7    String hakbun = (String)session.getAttribute("hakbun");
8    String name = (String)session.getAttribute("name");
9    Boolean login = false;
10
11   if ((hakbun != null) && (name != null)) {
12       login = true;       // 로그인 상태
13   }
14   %>
15
16  <!DOCTYPE html>
17  <html>
18  <head>
```

```
19  <title>학생 테이블(student) 학생 정보 입력(db_std_ins_form.jsp)</title>
20  <meta charset="UTF-8">
21  <link rel="stylesheet" href="../common/CSS/student_insert.css">
22  </head>
23
24  <body>
25  <form name="student_form" method="post" action="db_login_check.jsp">
26   <table>
27   <caption>학생 정보 입력</caption>
28    <tr>
29     <th>  학 번</th>
30     <td><input type="text" name="hakbun" size="10" maxlength="10" required autofocus></td>
31    </tr>
32    <tr>
33     <td colspan="2" style="text-align:center;">
34   <%
35   if (login) {   // 로그인 경우 버튼 상태
36     out.print("<input type='submit' value='로그 인' disabled>"
37             + "<input type='button' value='(" + name + ")님 로그아웃' "
38             + "onClick=location.href='./db_logout.jsp'></td>");
39   } else {// 로그아웃 경우 버튼 상태
40     out.print("<input type='submit' value='로그 인'>"
41             + "<input type='button' value='로그아웃' disabled></td>");
42   }
43   %>
44    </tr>
45   </table>
46  </form>
47
48  </body>
49  </html>
```

02 전송 받은 학번을 기본 키로 데이터베이스를 검색한다. 검색에 성공하면 로그인 인
증과 함께 세션 객체의 속성(세션 변수) 값으로 학번과 이름을 사용한다.

로그인 인증 과정에서 데이터베이스에 존재하지 않는 학번을 입력 하였을 경우에는 자
바 스크립트로 오류 메시지를 출력하고 [로그인 폼]으로 되돌아간다.

■ db_login_check.jsp

```jsp
1   <%@ page language="java" contentType="text/html; charset=UTF-8" pageEncoding="UTF-8"%>
2
3   <%@ page import="java.sql.*"%>
4
5   <% // 전송 한글 데이터 처리
6      request.setCharacterEncoding("UTF-8"); %>
7
8   <!DOCTYPE html>
9   <html>
10  <head>
11  <meta charset="UTF-8">
12  <title>로그인 체크 및 세션 설정(db_login_check.jsp)</title>
13  </head>
14  <body>
15
16   <%
17   // 객체 참조 변수
18   Connection conn = null;
19   PreparedStatement pstmt = null;
20   ResultSet rset = null;
21
22   // JDBC 드라이버 로딩(loading JDBC driver)
23   String driverClass = "org.mariadb.jdbc.Driver";
24
25   try {
26      Class.forName(driverClass);
27      out.println("JDBC Driver load 성공!<Br>");
28   } catch (ClassNotFoundException err) {
29      out.println("JDBC Driver load 실패!!...WEB-INF/lib 폴더 확인<Br>");
30   }
31
32   // MariaDB 서버와 데이터베이스 연결(connect server & database )
33   // "jdbc:mariadb://server_IP:3306/datbase_name
34   String url = "jdbc:mariadb://localhost:3306/univ";
35   String id = "root";          // DB 사용자 아이디
36   String pw = "admin";         // DB 사용자 패스워드
```

```
37    try {
38        conn = DriverManager.getConnection(url, id, pw);
39        out.println("데이터베이스 연결 성공!<Br>");
40
41        // SQL 질의어 처리(Perform SQL query(DML))
42        // 전송 데이터 변수 할당
43        String hakbun= request.getParameter("hakbun");
44
45        // 학생 테이블(student) 튜플 검색
46        String sql = "select * from student where hakbun = ?";
47        pstmt = conn.prepareStatement(sql);
48            pstmt.setString(1, hakbun);
49        rset = pstmt.executeQuery();
50
51        // 질의처리 결과(rset) 체크 - 커서 초기 상태
52        if (!rset.isBeforeFirst()) {
53
54            // 자바 스크립트
55            out.print("<script>alert('존재하지 않는 학생입니다 !!');"
56                        + "history.back();"
57                + "</script>");
58        }
59
60        // 학생 정보 추출(학번, 이름)
61        out.println("학생 테이블(student) 검색 성공!<Br>");
62
63        rset.next();                // 커서 현재 위치 다음 행으로 이동
64        String db_hakbun = rset.getString("hakbun");
65        String db_name = rset.getString("name");
66
67        // 로그인 인증 및 세션 객체의 속성(세션 변수) 설정
68        if (hakbun.equals(db_hakbun)) {
69
70            session.setAttribute("hakbun", db_hakbun);
71            session.setAttribute("name", db_name);
72            out.print(session.getAttribute("hakbun") + "("
73                    + session.getAttribute("name") + ")님 방문을 환영합니다 !<Br>");
74        }
```

```
75
76    } catch (SQLException sqlerr) {
77       out.println("SQL 질의처리 오류!!" + "<Br>");
78       out.println(sqlerr.getMessage() + "<Br>");
79
80    } finally {
81       // 데이터베이스 연결 종료(close database)
82       if (rset != null) {
83          try {
84             rset.close();
85             out.println("ResultSet_close!<Br>");
86          } catch (SQLException sqlerr) {}
87       }
88       if (pstmt != null) {
89          try {
90             pstmt.close();
91             out.println("Statement_close!<Br>");
92          } catch (SQLException sqlerr) {}
93       }
94       if (conn != null) {
95          try {
96             conn.close();
97             out.println("MariaDB 서버 연결 종료!<Br>");
98          } catch (Exception conerr) {}
99       }
90    }
91
92    // 지정 페이지(URL)로 강제 이동
93    // response.sendRedirect("./db_std_ins_form.jsp");
94  %>
95
96  <p><a href="./db_std_ins_form.jsp">[ 로그인 폼 ]</a>
97  </body>
98  </html>
99
```

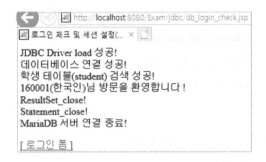

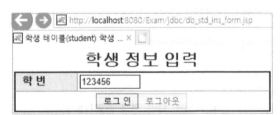

<u>03</u> 사용 중인 세션 정보(학번, 이름)를 삭제하고 [로그인 폼]으로 되돌아간다.

■ db_logout.jsp

```
1   <%@ page language="java" contentType="text/html; charset=UTF-8" pageEncoding="UTF-8"%>
2
3   <%@ page import="java.sql.*"%>
4
5   <!DOCTYPE html>
6   <html>
7   <head>
8   <meta charset="UTF-8">
9   <title>로그아웃과 세션 삭제(db_logout.jsp)</title>
10  </head>
```

```
11  <body>
12  <!-- 세션 객체의 속성 확인 -->
13   세션 속성(hakbun) : <%= session.getAttribute("hakbun") %><Br>
14   세션 속성(name) : <%= session.getAttribute("name") %><Br>
15
16  <%
17   out.print(session.getAttribute("hakbun") + "("
18          + session.getAttribute("name") + ")님 로그인 중 ...<p>");
19
20   // 세션 객체 삭제 - 세션 초기화
21   session.invalidate();
22   out.print("<b>로그 아웃 하셨습니다 !!</b><p>");
23
24   // 경고 창 무시하고 지정 페이지(URL)로 강제 이동
25   // response.sendRedirect("./db_std_ins_form.jsp");
26  %>
27
28  <p><a href="./db_std_ins_form.jsp">[  로그인 폼 ]</a>
29  </body>
30  </html>
```

8.3.4 include 지시문을 사용한 프로그램 모듈화

웹 어플리케이션을 구성하는 많은 웹 페이지들은 서로 동일한 부분을 공통적으로 포함하고 있다. 이러한 공통부분을 부품화하여 재사용 하면 각 웹 페이지 마다 필요한 모듈을 공유할 수 있다. 그러므로 소스 코드를 단순화하여 가독성 향상과 반복하여 코딩하지 않아 코딩하는 시간과 노력을 줄일 수 있다.

앞에서 작성한 JSP 프로그램을 잘 살펴보면 각각의 프로그램에 다음과 같은 동일한 부분이 반복적으로 사용되고 있음을 발견할 수 있다. 또한 MariaDB 서버와 연결할 때 사용하는 사용자 아이디와 비밀번호가 항상 노출되어 있다.

이 절에서는 반복 사용하는 다음의 공통부분을 include 지시문을 사용하여 모듈화 한다.

- JDBC 드라이버 로딩과 Connection 객체 생성("../common/include/database_connect. inc")

- 데이터베이스 연결 종료("../common/include/database_close.inc")

■ database_connect.inc

```
1   <%
2    // file = "../common/include/database_connect.inc"
3
4    // JDBC 드라이버 로딩(loading JDBC driver)
5    String driverClass = "org.mariadb.jdbc.Driver";
6
7    try {
8       Class.forName(driverClass);
9    } catch (ClassNotFoundException err) {
10      System.out.println("JDBC 드라이버 로딩 오류! " + err.getMessage());
11   }
12
13   // MariaDB 서버와 데이터베이스 연결(connect server & database )
14   String url = "jdbc:mariadb: //localhost:3306/univ";
15   String id = "root";          // DB 사용자 아이디
```

```
16    String pw = "admin";        // DB 사용자 패스워드
17
18    try {
19       conn = DriverManager.getConnection(url, id, pw);
20    } catch (SQLException sqlerr) {
21       System.out.println("데이터베이스 연결 오류! " + sqlerr.getMessage());
22    }
23    %>
```

■ database_close.inc

```
1    <%
2    // file = "../common/include/database_close.inc"
3
4    // 데이터베이스 연결 종료(close database)
5    if (rset != null) try {rset.close();} catch (SQLException sqlerr) {}
6    if (pstmt != null) try {pstmt.close();} catch (SQLException sqlerr) {}
7    if (conn != null) try {conn.close();} catch (SQLException sqlerr) {}
8    %>
```

예제 8-9

[예제 8-7]의 학생 정보를 데이터베이스로부터 검색하여 출력하는 프로그램(std_ret_table.jsp)
의 공통부분(database_connect.inc, database_close.inc)을 include 지시문을 사용한 동일한
프로그램으로 수정하고 실습해 보자.(std_ret_table_inc.jsp)

실행 결과가 [예제 8-7]과 동일한지 확인해 보자.

■ std_ret_table_inc.jsp

```
1   <%@ page language="java" contentType="text/html; charset=UTF-8"pageEncoding="UTF-8"%>
2
3   <%@ page import="java.sql.*"%>
4
5   <!DOCTYPE html>
6   <html>
7   <head>
8   <title>학생 테이블(student) 학생 정보 검색(std_ret_table.jsp)</title>
9   <meta charset="UTF-8">
10   <link rel="stylesheet" href="../common/CSS/table_retrieval_inc.css">
11  </head>
12
13  <body>
14   <%
15    // 객체 참조 변수
16    Connection conn = null;
17    PreparedStatement pstmt = null;
18    ResultSet rset = null;
19
20   %>
21    <%@ include file = "../common/include/database_connect.inc" %>
22   <%
23    try {
24       // SQL 질의어 처리(perform SQL query(DML))
25       // 학생 테이블(customer) 검색
26       String sql = "SELECT * FROM student ORDER BY hakbun ASC";
27       pstmt = conn.prepareStatement(sql);
28       rset = pstmt.executeQuery();
29
30    // 학생 정보 검색 출력
31   %>
32
33  <form name="student_form_table">
34   <table>
35    <caption>학생 정보 검색</caption>
36    <tr>
```

```
37      <th>학 번</th>
38      <th>이 름</th>
39      <th>학 년</th>
40      <th>학 과</th>
41      <th>주 소</th>
42     </tr>
43   <%
44       // 학생 정보(레코드 셋) 출력
45       while (rset.next()) {
46
47          String hakbun = rset.getString("hakbun");
48          String name = rset.getString("name");
49          String year = rset.getString("year");
50                 year = year + "학년"
51          String dept = rset.getString("dept");
52          String addr = rset.getString("addr");
53   %>
54    <tr>
55     <td><%=hakbun%></td>
56     <td><%=name%></td>
57     <td><%=year%></td>
58     <td><%=dept%></td>
59     <td><%=addr%></td>
60    </tr>
61   <%
62       }
63
64   } catch (SQLException sqlerr) {
65      System.out.println("SQL 질의처리 오류!" + sqlerr.getMessage());
66
67   } finally {
68       // 데이터베이스 연결 종료(close database)
69   %>
70      <%@ include file = "../common/include/database_close.inc" %>
71   <%
72   }
73   %>
74   </table>
```

```
75  </form>
76
77  </body>
78  </html>
```

학생 정보 검색

학 번	이 름	학 년	학 과	주 소
160001	한국인	4학년	컴공	서울
160739	신입생	4학년	컴공	광주
172634	이천사	3학년	컴공	광주
179752	홍길동	3학년	전상	광주
183517	김보배	2학년	멀티	전남
184682	나매력	2학년	전상	제주
195712	조아라	1학년	멀티	부산

연습문제

1. 다음 물음에 따라 학생 테이블 스키마를 변경하시오.

   ■ 대학 데이터베이스 및 학생 테이블 스키마

데이터베이스/ 테이블 이름	속성 이름	데이터 형(길이)	키	참조 테이블	설명
univ					대학 DB
student					학생 테이블
	hakbun	int	not null, PK		학번
	name	char(5)			이름
	year	tinyint			학년
	dept	varchar(10)			학과
	addr	varchar(50)			주소
	enter_date	date			입학일

   ① 학생 테이블 스키마에 입학일 속성(열)을 추가 하시오.

   ② 학생 테이블 스키마에 입학일 속성(열)을 삭제 하시오.

2. 학생 정보를 입력받아 데이터베이스에 저장하는 프로그램([예제 8–6])을 참조하여 특정 학생의 정보를 갱신하는 프로그램을 작성해 보시오.

3. 학생 정보를 입력받아 데이터베이스에 저장하는 프로그램([예제 8-6])을 참조하여 특정 학생의 정보를 삭제하는 프로그램을 작성해 보시오.

4. MariaDB의 JDBC 드라이버를 로딩하는 프로그램([예제 8-1])을 include 지시문 (database_connect.inc, database_close.inc)을 사용한 동일한 프로그램으로 수정해 보시오.

5. Connection 객체를 생성하는 프로그램([예제 8-2])을 include 지시문(database_ connect.inc, database_close.inc)을 사용한 동일한 프로그램으로 수정해 보시오.

C H A P T E R 9

표현 언어와
표준 태그 라이브러리

9.1 표현 언어와 표준 태크 라이브러리 개요

JSP 스크립트의 구성 요소와 HTML 태그를 혼합하여 코딩하다 보면 복잡하고 이해하기 어려운 경우가 발생한다. 표현 언어와 표준 태그 라이브러리를 사용하면 이러한 문제를 쉽게 해결할 수 있다.

표현 언어(Expression Language)는 값을 출력하는데 사용하는 새로운 스크립트 언어로 JSP 스크립트 구성 요소 중 표현식(<%= %>)을 대신하여 간단하고 편리하게 사용할 수 있다.

표준 태그 라이브러리(JSTL : JSP Standard Tag Library)는 JSP 스크립트릿(<% %>)에서 자바 사용을 최소화할 수 있도록 만들어진 라이브러리 이다.

표현 언어와 표준 태그 라이브러리의 사용은 JSP 프로그램을 단순화시켜 가독성을 향상시키고 또한 자바 사용의 부담으로부터 벗어나게 해 준다.

9.2 표현 언어(EL)

표현 언어는 값을 출력하는데 사용하는 새로운 스크립트 언어로 JSP 스크립트 구성 요소 중 표현식(<%= %>)을 대신하여 간단하고 편리하게 사용할 수 있다.

표현 언어는 다음과 같은 주요 기능들을 제공한다.

• 수식 연산, 관계 연산, 논리 연산자 제공
• 집합 객체에 대한 접근 방법 제공
• 자바 클래스 메서드 호출 기능 제공
• JSP 내장객체가 제공하는 영역의 속성 사용
• 표현 언어만의 내장객체 제공

예1) 표현식과 표현 언어의 변수와 out 객체 사용에 대한 예이다.

```
<%
 // 전송 데이터 변수 할당
 String cust_id = (String)session.getAttribute("cust_id");
 String cust_name = (String)session.getAttribute("cust_name");
%>

표현식과 out 객체 사용<Br>
<%=cust_id %><Br>
<%=cust_name %><Br>

<%
 out.print("(" + cust_id + ")" + "(" + cust_name
                           + ")님 로그인 환영합니다 !<p>");
%>

표현 언어 사용<Br>
 ${cust_id}<Br>
 ${cust_name}<Br>

${cust_id}(${cust_name})님 로그인 환영합니다 !<p>
```

9.2.1 기본 문법

표현 언어는 다음과 같은 형식으로 JSP 스크립트 요소인 선언문(<%! %>), 스크립트릿(<% %>), 표현식(<%= %>)을 제외한 나머지 부분에서 사용할 수 있다.

```
${expression} 또는 #{expression}
```

표현 언어의 식(expression)은 변수, 연산자, JSP 내장객체가 제공하는 영역의 속성, 표현 언어만의 내장객체 등을 사용할 수 있다.

> **참고** **${expression}과 #{expression} 차이점**
>
> - ${expression} : 표현식이 실행되는 시점에 값 계산
> - #{expression}} : 값이 실제로 필요한 시점에 값 계산

9.2.2 데이터 형

표현 언어에서 사용할 수 있는 데이터 형은 다음과 같다.

데이터 형	설명
정수	정수 값(0~9)
실수	소숫점 포함 실수 값, 지수형 표현(1.23e4) 가능
문자열	따옴표(' 또는 ") 사용 문자열 문자열 내의 작은 따옴표 또는 역슬래시는 각각의 앞에 \ 추가 사용
불리언(Boolean)	true, false
널	null

9.2.3 연산자

표현 언어는 일반 프로그래밍 언어처럼 다양한 연산자들을 제공하고 있다. 표현 언어에서 사용할 수 있는 연산자는 다음과 같다.

특히 연산식에서 괄호('()') 사용은 연산의 우선순위를 임의로 변경하거나 프로그램의 가독성을 높여주기 위해 사용한다.

(1) 산술 연산자

산술 연산자	설명
+	덧셈
−	뺄셈
*	곱셈
/ 또는 div	나눗셈 몫
% 또는 mod	나눗셈 나머지

예제 9-1

표현 언어의 산술 연산자를 사용하는 프로그램을 작성하고 실습해 보자.

■ el_op_math.jsp

```
1   <%@ page language="java" contentType="text/html; charset=UTF-8" pageEncoding="UTF-8"%>
2
3   <!DOCTYPE html>
4   <html>
5   <head>
6   <meta charset="UTF-8">
7   <title>산술 연산자(el_op_math.jsp)</title>
8   </head>
9   <body>
10
11  <b>산술 연산자</b><Br> <!-- 특수문자처리 : '\' 뒤 문자 취급 -->
12   \${1 + 5} = ${1 + 5}<Br>
13   \${7 - 1} = ${7 - 1}<Br>
14   \${2 * 3} = ${2 * 3}<Br>
15   \${45 / 7} = ${45 / 7}<Br>
16   \${13 % 7} = ${13 % 7}<Br>
17
18  </body>
19  </html>
```

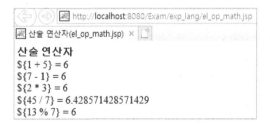

 EL 시작 문자의 특수문자 처리

EL 기본 형식의 시작 문자를 일반 텍스트로 처리할 경우에 앞에 역슬래시(\)를 추가한다.
\${expression} 또는 \#{expression}}

(2) 관계 연산자

관계 연산자	설명
== 또는 eq	같다(equal)
!=	같지 않다(not equal)
〈 또는 lt	작다(less than)
〉 또는 gt	크다(greater than)
〈= 또는 le	작거나 같다(less than or equal to)
〉= 또는 ge	크거나 같다(greater than or equal to)

예제 9-2

표현 언어의 관계 연산자를 사용하는 프로그램을 작성하고 실습해 보자.

- el_op_relation.jsp

```
1   <%@ page language="java" contentType="text/html; charset=UTF-8" pageEncoding="UTF-8"%>
2
3   <!DOCTYPE html>
4   <html>
5   <head>
6   <meta charset="UTF-8">
7   <title>관계 연산자(el_op_relation.jsp)</title>
8   </head>
9   <body>
10
11   <b>관계 연산자</b><Br> <!-- 특수문자처리 : '\' 뒤 문자 취급 -->
12    \${5 == 5} = ${5 == 5}<Br>
13    \${5 eq 5} = ${5 eq 5}<Br>
14    \${5 != 5} = ${5 != 5}<Br>
15    \${5 > 5} = ${5 > 5}<Br>
16    \${5 gt 5} = ${5 gt 5}<Br>
17    \${5 < 5} = ${5 < 5}<Br>
18    \${5 >= 5} = ${5 >= 5}<Br>
19    \${5 <= 5} = ${5 <= 5}<Br>
20    \${5 le 5} = ${5 le 5}<Br>
21    \${'a' < 'b'} = ${'a' < 'b'}<Br>
```

```
22    \${'MBC' > 'KBS'} = ${'MBC' > 'KBS'}<Br>
23
24  </body>
25  </html>
```

(3) 논리 연산자

논리 연산자	설명
&& 또는 and	논리 곱
|| 또는 or	논리 합
! 또는 not	부정

예제 9-3

표현 언어의 논리 연산자를 사용하는 프로그램을 작성하고 실습해 보자.

■ el_op_logic.jsp

```
1   <%@ page language="java" contentType="text/html; charset=UTF-8" pageEncoding="UTF-8"%>
2
3   <!DOCTYPE html>
4   <html>
5   <head>
6   <meta charset="UTF-8">
```

```
7   <title>논리 연산자(el_op_logic.jsp)</title>
8   </head>
9   <body>
10
11  <b>논리 연산자</b><Br> <!-- 특수문자처리 : '\' 뒤 문자 취급 -->
12   \${5 >= 5 and 5 <= 5} = ${5 >= 5 and 5 <= 5}<Br>
13   \${5 > 5 or 5 == 5} = ${5 > 5 or 5 == 5}<p>
14   \${(5 >= 5) && (5 <= 5)} = ${(5 >= 5) && (5 <= 5)}<Br>
15   \${(5 > 5) || (5 == 5)} = ${(5 > 5) || (5 == 5)}<Br>
16   \${!(5 > 5)} = ${!(5 > 5)}<Br>
17
18  </body>
19  </html>
```

```
논리 연산자
${5 >= 5 and 5 <= 5} = true
${5 > 5 or 5 == 5} = true

${(5 >= 5) && (5 <= 5)} = true
${(5 > 5) || (5 == 5)} = true
${!(5 > 5)} = true
```

(4) 기타 연산자

기타 연산자	설명
.	자바 빈 객체의 속성 또는 Map 요소 접근
[ ]	배열, 리스트의 요소 접근
cond ? t_val : f_val	cond 만족하면 t_val 리턴, 만족하지 않으면 f_val 리턴(조건 연산자)
empty	null 확인

empty 연산자는 값이 null, 빈 문자열(""), 길이가 0인 배열, 빈 Map, 빈 collection인 경우 true를 리턴하고 이 외의 경우에는 false를 리턴한다.

예제 9-4

표현 언어의 기타 연산자를 사용하는 프로그램을 작성하고 실습해 보자.

■ el_op_etc.jsp

```jsp
1   <%@ page language="java" contentType="text/html; charset=UTF-8" pageEncoding="UTF-8"%>
2
3   <!DOCTYPE html>
4   <html>
5   <head>
6   <meta charset="UTF-8">
7   <title>기타 연산자(el_op_etc.jsp)</title>
8   </head>
9   <body>
10
11    <b>기타 연산자</b><Br> <!-- 특수문자처리 : '\' 뒤 문자 취급 -->
12    \${(5 > 7) ? 5 : 7} = ${(5 > 7) ? 5 : 7}<Br>
13
14    <%
15    Cookie[] cookies = request.getCookies();
16    %>
17
18    \${empty ""} = ${empty ""}<Br>
19    \${empty cookies} = ${empty cookies}<Br>
20
21  </body>
22  </html>
```

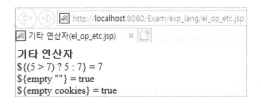

9.2.4 표현 언어 내장객체

표현 언어는 표현 언어만의 다양한 내장객체를 제공한다. 표현 언어에서 제공하는 내장객체는 다음과 같다.

내장객체	설명
pageContext	PageContext 객체 참조(JSP page 내장객체와 동일)
pageScope	pageContext 내장객체에 저장된 속성의 〈속성, 값〉을 저장한 Map 객체
requestScope	request 내장객체에 저장된 속성의 〈속성, 값〉을 저장한 Map 객체
sessionScope	session 내장객체에 저장된 속성의 〈속성, 값〉을 저장한 Map 객체
applicationScope	application 내장객체에 저장된 속성의 〈속성, 값〉을 저장한 Map 객체
param	요청 파라미터의 〈파라미터이름, 값〉을 저장한 Map 객체
paramValues	요청 파라미터의 〈파라미터이름, 값 배열〉을 저장한 Map 객체
header	header 요청 정보의 〈헤더이름, 값〉을 저장한 Map 객체
headerValues	headerValues 요청 정보의 〈헤더이름, 값 배열〉을 저장한 Map 객체
cookie	〈쿠키 이름, Cookie〉를 저장한 Map 객체
initParam	초기화 파라미터의 〈이름, 값〉을 저장한 Map 객체

9.2.5 표현 언어에서 객체 접근

표현 언어에서 객체 접근 형식은 다음과 같다. 만일 값이 존재하지 않을 경우에 아무것 (null 포함)도 출력하지 않는다.

```
${exp1.exp2} 또는 ${exp1[exp2]}
```

예제 9-5

표현 언어의 내장객체를 사용하는 프로그램을 작성하고 실습해 보자.

■ el_form.jsp

```
1   <%@ page language="java" contentType="text/html; charset=UTF-8" pageEncoding="UTF-8"%>
2
3   <%
4   // 세션 객체의 속성(세션 변수) 설정
5   session.setAttribute("cust_id", "admin");
6   session.setAttribute("cust_name", "관리자");
7   %>
8
9   <!DOCTYPE html>
10  <html>
11  <head>
12  <title>표현 언어 사용(el_form.jsp)</title>
13  <meta charset="UTF-8">
14  <style>
15   table {width:200px; text-align:center; border-collapse:collapse; }
16   th, td {border:1px solid grey; padding:3px; }
17   th {width:50%; background-color:#CFD0ED; }
18   td {text-align:left; }
19  </style>
20  </head>
21
22  <body>
23   <form name="login_form" method="POST" action="./el_form_request.jsp">
24    <table>
25     <tr>
26      <th>아 이 디</th>
27      <td><input type="text" name="cust_id" size="10" maxlength="10" required
28          autofocus></td>
29     </tr>
30     <tr>
31      <th>이    름</th>
32      <td><input type="text" name="cust_name" size="10" maxlength="10"
33          required></td>
34     </tr>
35     <tr>
36      <td colspan="2" style="text-align:center;">
```

```
37          <input type="submit" value="전송"></td>
38      </tr>
39      </table>
40    </form>
41  </body>
42  </html>
```

- el_form_request.jsp

```
1   <%@ page language="java" contentType="text/html; charset=UTF-8" pageEncoding="UTF-8"%>
2
3   <% // 전송 한글 데이터 처리
4       request.setCharacterEncoding("UTF-8"); %>
5
6   <!DOCTYPE html>
7   <html>
8   <head>
9   <meta charset="UTF-8">
10  <title>표현 언어 사용(el_torm_request.jsp)</title>
11  </head>
12  <body>
13   <%
14    // 전송 데이터 변수 할당
15    String cust_id = (String)session.getAttribute("cust_id");
16    String cust_name = (String)session.getAttribute("cust_name");
17   %>
18
19  <b>표현식과 out 객체 사용</b><Br>
20  <%=cust_id %><Br>
21  <%=cust_name %><Br>
22
23   <%
24   out.print("(" + cust_id + ")" + "(" + cust_name
25                       + ")님 로그인 환영합니다 !<p>");
26   %>
27
28  <b>표현 언어와 내장객체 사용</b><Br>
29   ${cust_id}<Br>
```

```
30    ${cust_name}<Br>
31
32  ${cust_id}(${cust_name})님 로그인 환영합니다 !<p>
33
34    내장객체 sessionScope(cust_id) : ${sessionScope.cust_id}<Br>
35    내장객체 sessionScope(cust_name) : ${sessionScope.cust_name}<p>
36
37    내장객체 param(cust_id) : ${param.cust_id}<Br>
38    내장객체 param(cust_name) : ${param.cust_name}<p>
39
40  <p><a href="./el_form.jsp">[ 확인 ]</a>
41  </body>
42  </html>
```

9.3 표준 태그 라이브러리(JSTL)

JSP 스크립트의 구성 요소인 선언문(<%! %>), 스크립트릿(<% %>), 표현식(<%= %>)을 HTML 태그와 같이 혼합하여 사용하다 보면 복잡하고 이해하기 어려운 경우가 종종 있다.

이러한 JSP 스크립트의 문제점을 보완하여 프로그램의 가독성을 향상시키고 스크립트릿(<% %>)에서 자바 사용을 최소화할 수 있도록 만들어진 라이브러리가 표준 태그 라이브러리이다. 표준 태그 라이브러리를 사용하기 위해서는 아파치 톰캣 사이트에서 .jar 파일들을 다운로드한 후 사용자의 프로젝트 라이브러리에 추가해서 사용한다.

- JSP 스크립트릿(<% %>)에서 자바 사용 최소화
- 풍부한 라이브러리 제공 - http://tomcat.apache.org
- XML 코딩 형식

9.3.1 JSTL 다운로드 및 설치

01 사이트(http://tomcat.apache.org) 접속

02 다운로드

다음의 3개의 .jar 파일을 각각 다운 받아 임의의 폴더에 저장해 둔다.

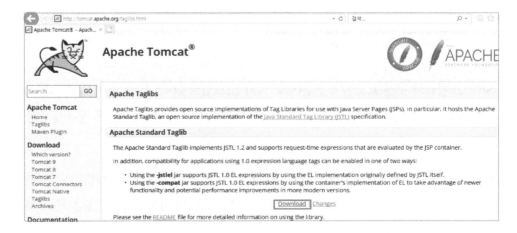

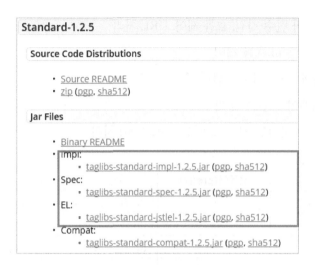

03 다운 받은 파일을 현재 작업 프로젝트의 WebContent\WEB-INF\lib 폴더에 다운받은 jar 파일을 붙여 넣는다.

이제부터 JSP 프로그램에서 사용할 라이브러리를 taglib 지시문으로 선언하고 사용하면 된다.

9.3.2 JSTL 라이브러리 종류와 page 지시문

(1) JSTL 라이브러리 종류

JSTL 라이브러리는 코어(core), XML, 국제화, SQL, 함수(functions)의 5가지 기능을 제공한다.

JSTL 라이브러리는 다음과 같은 주요 기능들을 제공한다. 이 책에서는 주로 사용하는 코어 라이브러리 중심으로 살펴보도록 한다.

- 코어(core) : 자바 변수 지원, 흐름 제어, URL 처리
- XML : xml 처리, xml 흐름 제어
- 국제화 : 국제화 처리, 메시지 관리
- SQL : 데이터베이스 접근 및 처리
- 함수(functions) : 문자열 처리, 컬렉션(collection) 처리

라이브러리	접두어(prefix)	URI
코어(core)	c	http://java.sun.com/jsp/jstl/core
XML	x	http://java.sun.com/jsp/jstl/xml
국제화	fmt	http://java.sun.com/jsp/jstl/fmt
SQL	sql	http://java.sun.com/jsp/jstl/sql
함수(functions)	fn	http://java.sun.com/jsp/jstl/functions

(2) page 지시문

page 지시문은 JSP 웹 페이지에 대한 전체적인 속성을 지정하기 위해서 사용된다. 그러
므로 JSTL을 사용하기 위해서는 웹 페이지의 머리 부분에 사용하고자 하는 라이브러리
에 대한 taglib 지시문을 추가시켜 주어야 한다.

```
<%@ taglib prefix="c" uri="http://java.sun.com/jsp/jstl/core"%>
<%@ taglib prefix="x" uri="http://java.sun.com/jsp/jstl/xml"%>
<%@ taglib prefix="fmt" uri="http://java.sun.com/jsp/jstl/fmt"%>
<%@ taglib prefix="sql" uri="http://java.sun.com/jsp/jstl/sql"%>
<%@ taglib prefix="fn" uri="http://java.sun.com/jsp/jstl/functions"%>
```

9.3.3 JSTL 코어 라이브러리 활용

JSTL 코어 라이브러리는 가장 기본적인 라이브러리로 자바의 변수, 출력, 선택문, 반복
문 같은 흐름 제어, URL 처리 등의 기능을 제공한다.

(1) 코어 라이브러리 page 지시문

```
<%@ taglib prefix="c" uri="http://java.sun.com/jsp/jstl/core"%>
```

(2) 코어 라이브러리 태그 종류 및 사용 형식

```
변수 설정 및 삭제 태그 - <c:set>, <c:remove>
<c:set var="변수명" value="값" target="객체" property="값" scope="범위"></c:set>
<c:remove var="변수명" scope="범위"></c:remove>


출력 태그 - <c:out>
<c:out value="값" default="기본값" excapeXml="true/false"></c:out>


조건 처리 태그 - <c:if>, <c:choose>, <c:when>, <c:otherwise>
<c:if test="조건" var="변수명" scope="범위"></c:if>


<choose>
    <c:when test="조건1"></c:when>
    <c:when test="조건2"></c:when>
    ............................
    <c:otherwise></c:otherwise>
</choose>


반복 처리 태그 - <c:forEach>, <c:forTokens>
<c:forEach var="변수명" begin="시작 인덱스" end="끝 인덱스" step="증감식">
</c:forEach>
<c:forEach items="객체명" begin="시작 인덱스" end="끝 인덱스" step="증감식" var="
변수명" varStatus="상태변수"></c:forEach>
<c:forTokens items="객체명" delims="구분자" begin="시작 인덱스" end="끝 인덱스"
step="증감식" var="변수명" varStatus="상태변수">


페이지 관련 태그 - <c:import>, <c:redirect>, <c:url>, <c:param>
<c:import url="URL" var="변수명" scope="범위" varReader="입력스트림명"
context="contextName" charEncoding="인코딩">
<c:redirect url="URL" context="contextName">
<c:url var="변수명" scope="범위" value="값" context="contextName">
<c:param name="파라미터명" value="값">
```

① 변수 설정 및 삭제 태그 – 〈c:set〉, 〈c:remove〉

<c:set> 태그는 변수를 설정하고 <c:remove> 태그는 설정된 변수를 삭제한다. JSP의 setAttribute() 메소드와 removeAttribute() 메소드의 역할과 동일하다

예2)

```
<c:set>, <c:remove> 태그 사용
<c:set var="jum" value="99" />
<c:remove var="jum" />
```

② 출력 태그 – 〈c:out〉

<c:out> 태그는 설정된 변수의 값을 출력한다. JSP의 out.print() 메소드 또는 표현식 (<%= %>)과 같다.

예3)

```
<c:out> 태그 사용
<c:out value="${jum}" />
```

③ 조건 처리 태그 – 〈c:if〉, 〈c:choose〉, 〈c:when〉, 〈c:otherwise〉

자바의 if, switch 선택문과 유사하다. <c:if> 태그는 조건이 1개인 경우에만 사용 가능하며 if-else 기능이 없어 <c:choose> 태그로 대체한다.

예4)

```
<c:if> 태그 사용
<c:if test="${jum<=100}">jum = ${jum}</c:if>
<c:out value="jum = ${jum}"></c:out>
```

예5)

```
<c:choose>, <c:when>, <c:otherwise> 태그 사용
 <c:choose>
    <c:when test="${jum>=90}"><c:set var="grd" value="A" /></c:when>
    <c:when test="${jum>=80}"><c:set var="grd" value="B" /></c:when>
    <c:when test="${jum>=70}"><c:set var="grd" value="C" /></c:when>
    <c:when test="${jum>=60}"><c:set var="grd" value="D" /></c:when>
    <c:when test="${jum>=0}"><c:set var="grd" value="F" /></c:when>
    <c:otherwise><c:set var="grd" value="점수 오류!" /></c:otherwise>
 </c:choose>
 <c:out value="${jum}(${grd})"></c:out><p>
```

④ 예외 처리 태그 – 〈c:catch〉

JSP 스크립트릿(<% %>)에서 발생할 수 있는 예외 처리에 사용한다.

예6)

```
<c:catch> 태그 사용
 <c:catch var="errmsg">
  <%= 99 / 0 %>
 </c:catch>
 <c:out value="${errmsg}"></c:out>
```

예제 9-6

JSTL 변수 설정 및 삭제 그리고 조건 처리 태그 사용에 관한 프로그램을 작성하고 실습해 보자.

■ jstl_basic.jsp

```
1   <%@ page language="java" contentType="text/html; charset=UTF-8" pageEncoding="UTF-8"%>
2
3   <%@ taglib prefix="c" uri="http://java.sun.com/jsp/jstl/core"%>
4
```

```
5   <!DOCTYPE html>
6   <html>
7   <head>
8    <title>jstl core(jstl_basic.jsp)</title>
9    <meta charset="UTF-8">
10  </head>
11
12  <body>
13   <b>변수 설정(set)</b><Br>
14    변수 jum = 99<p>
15    <c:set var="jum" value="99"></c:set>
16
17   <b>변수 출력(out)</b><Br>
18    <c:out value="${jum}"></c:out><p>
19
20   <b>조건 처리(if)</b><Br>
21    <c:if test="${jum<=100}">jum = ${jum}<Br></c:if>
22    <c:out value="jum = ${jum}"></c:out><p>
23
24   <b>조건 처리(choose-when-otherwise)</b><Br>
25    <c:choose>
26     <c:when test="${jum>=90}"><c:set var="grd" value="A" /></c:when>
27     <c:when test="${jum>=80}"><c:set var="grd" value="B" /></c:when>
28     <c:when test="${jum>=70}"><c:set var="grd" value="C" /></c:when>
29     <c:when test="${jum>=60}"><c:set var="grd" value="D" /></c:when>
30     <c:when test="${jum>=0}"><c:set var="grd" value="F" /></c:when>
31     <c:otherwise><c:set var="grd" value="점수 오류!" /></c:otherwise>
32    </c:choose>
33    <c:out value="${jum}(${grd})"></c:out><p>
34
35   <b>변수 삭제(remove)</b><Br>
36    <c:remove var="jum"></c:remove>
37    <c:out value="${jum}(${grd})"></c:out><p>
38
39   <b>예외 처리(catch)</b><Br>
40    <c:catch var="errmsg">
41     <%= 99 / 0 %>
42    </c:catch>
```

```
43    <c:out value="${errmsg}"></c:out><p>
44
45  </body>
46  </html>
```

⑤ 반복 처리 태그 – ⟨c:forEach⟩, ⟨c:forTokens⟩

<c:forEach>, <c:forTokens> 태그는 자바의 for 반복문과 유사하다. 자바의 배열이나 컬렉션에 저장되어 있는 값들을 순서대로 처리할 경우에 사용한다.

<c:forTokens> 태그는 구분자(delims)를 사용하여 값을 분할한 후 반복 실행을 한다.

예7)

```
<c:forEach> 태그 사용
 <c:set var="sum" value="0"></c:set>

 <c:forEach var="i" begin="1" end="10" step="${i = i + 2 }">
    <c:set var="sum" value="${sum = sum + i}"></c:set>
 </c:forEach>

 <c:out value="1부터 10까지 홀수 합 = ${sum}"></c:out>
```

예8)

```
<c:forTokens> 태그 사용
  <c:forTokens var="msg" items="JSTL program test!" delims=" ">
    ${msg}
  </c:forTokens>
```

JSTL 반복 처리 태그 사용에 관한 프로그램을 작성하고 실습해 보자.

■ jstl_loop.jsp

```
1   <%@ page language="java" contentType="text/html; charset=UTF-8" pageEncoding="UTF-8"%>
2
3   <%@ taglib prefix="c" uri="http://java.sun.com/jsp/jstl/core"%>
4
5   <!DOCTYPE html>
6   <html>
7   <head>
8    <title>jstl core(jstl_loop.jsp)</title>
9    <meta charset="UTF-8">
10  </head>
11
12  <body>
13   <b> 반복 처리(forEach)</b><Br>
14    <c:set var="sum" value="0"></c:set>
15
16    <c:forEach var="i" begin="1" end="10" step="${i = i + 2 }">
17      <c:set var="sum" value="${sum = sum + i}"></c:set>
18    </c:forEach>
19
20    <c:out value="1부터 10까지 홀수 합 = ${sum}"></c:out><p>
21
22   <b> 반복 처리(forTokens)</b><Br>
23    <c:forTokens var="msg" items="JSTL program test!" delims=" ">
```

```
24      ${msg}
25   </c:forTokens>
26
27 </body>
28 </html>
```

⑥ 페이지 관련 태그 – 〈c:import〉, 〈c:redirect〉, 〈c:url〉, 〈c:param〉

페이지 관련 태그는 페이지 이동 또는 파라미터를 전송할 경우에 사용한다. <c:import>
태그는 JSP import, include 대체하여 사용할 수 있다.

<c:redirect> 태그는 JSP의 response.sendRedirect() 메소드와 액션태그 사용과 유사하
며 페이지 이동과 함께 파라미터를 전송할 경우에 <c:param>를 사용한다.

예9)

```
<c:redirect>, <c:param> 태그 사용
 <c:redirect url="./jstl_redirect.jsp">
   <c:param name="para" value="massage"></c:param>
 </c:redirect>
```

예제 9-8

JSTL 페이지 이동과 파라미터 전송에 관한 프로그램을 작성하고 실습해 보자.

- jstl_redirect.jsp

```
1   <%@ page language="java" contentType="text/html; charset=UTF-8" pageEncoding="UTF-8"%>
2
3   <%@ taglib prefix="c" uri="http://java.sun.com/jsp/jstl/core"%>
4
5   <!DOCTYPE html>
6   <html>
7   <head>
8    <title>jstl core(jstl_redirect.jsp)</title>
9    <meta charset="UTF-8">
10  </head>
11
12  <body>
13   <b> 페이지 이동(파라미터 전송)(redirect - param)</b><Br>
14    <c:redirect url="./jstl_redirect_para.jsp">
15      <c:param name="para" value="massage"></c:param>
16    </c:redirect>
17
18  </body>
19  </html>
```

- jstl_redirect_para.jsp

```
1   <%@ page language="java" contentType="text/html; charset=UTF-8" pageEncoding="UTF-8"%>
2
3   <!DOCTYPE html>
4   <html>
5   <head>
6    <title>jstl core(jstl_redirect_para.jsp)</title>
7    <meta charset="UTF-8">
8   </head>
9
10  <body>
```

```
11  <b>페이지 이동</b><Br>
12    전송 파라미터 : <%= request.getParameter("para") %><Br>
13
14  </body>
15  </html>
```

http://localhost:8080/Exam/jstl/jstl_redirect_para.jsp?para=massage

jstl core(jstl_redirect_para.js... ×

페이지 이동
전송 파라미터 : massage

CHAPTER 10

실전 프로젝트
– 고객관리 시스템

10.1 고객관리 시스템 개요

10.2 고객정보 관리 시스템 분석 및 설계

10.3 고객정보 관리 시스템 개발

10.4 웹 사이트 구축을 위한 홈 페이지 관리

10.1 고객관리 시스템 개요

이제까지 학습한 내용을 바탕으로 쇼핑몰 시스템의 일부분인 고객 관리를 중심으로 분석 및 설계 그리고 구현 과정에 대해 자세히 살펴보기로 한다.

이 장의 고객정보 관리 시스템과 웹 사이트 구축을 위한 홈 페이지 관리는 쇼핑몰 시스템뿐만 아니라 개인 홈 페이지 관리 등 다양한 응용 영역에 유용하게 활용할 수 있다.

고객관리 시스템이 제공하는 주요 기능과 개발 환경의 폴더 구조는 다음과 같다.

- 고객정보 관리
- 프로그램 모듈화(include 지시문과 사용자 정의 자바 패키지)
- 테이블 검색과 페이지 제어
- 웹 사이트 구축을 위한 홈 페이지 관리
- 세션을 이용한 로그인 인증과 메뉴 관리

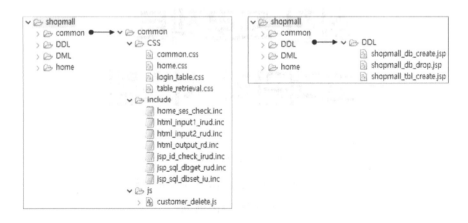

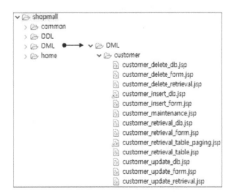

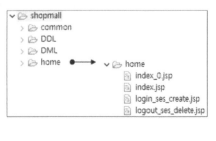

10.2 고객정보 관리 시스템 분석 및 설계

고객정보 관리 시스템은 사용자를 위한 회원 가입, 회원정보의 검색, 갱신, 탈퇴의 기본 기능을 제공한다. 그리고 관리자(운영자)를 위해 고객 정보의 테이블 검색과 개인 회원 정보의 갱신 및 삭제 기능을 제공한다.

또한 고객 정보의 테이블 검색의 불편함을 제거하기 위해 페이지 제어 기능을 추가한다. 이 기능은 쇼핑몰 시스템의 상품 검색, 게시판, 공지 사항 등의 다양한 응용 분야에 활용할 수 있다.

고객정보 관리 시스템의 주요 기능은 다음과 같다.

- 회원 가입
- 회원정보 검색
- 회원정보 갱신
- 회원 탈퇴(삭제)
- 고객정보 테이블 검색과 갱신 및 삭(관리자)
- 고객정보 테이블 검색과 페이지 제어

10.2.1 고객정보 관리 요구 분석

고객정보 관리를 위한 요구 분석 및 요구 분석 명세서(requirements specification)는 다음과 같다.

1. 고객은 쇼핑몰이 제공하는 서비스(상품 검색 및 구매, 게시판 글쓰기 등)를 이용하기 위해 회원으로 가입한다.

2. 기본 흐름
   ① 고객이 회원 가입을 신청한다.
   ② 고객은 회원 가입을 위해 필요한 정보(아이디, 비밀번호, 이름, 휴대전화번호, 주소, 성별, 이메일)를 입력한다.
   　㉠ 필수 입력 항목 : 아이디, 비밀번호, 이름, 휴대전화번호, 주소
   　㉡ 선택 입력 항목 : 성별(M/F), 이메일

ⓒ 정보 입력의 편리성을 위해 이름과 주소는 한글 입력모드, 나머지 항목은 영·숫자 모드로 전환한다.

③ 고객 정보는 데이터베이스에 저장되고 고객은 회원이 된다. 이때 가입일도 함께 저장한다.

3. 예외 흐름
 ① 만일 아이디가 중복되는 경우에는 오류 메시지를 출력하고 입력 폼으로 되돌아간다.

10.2.2 고객정보 관리 시스템의 구조와 모듈 설계

고객정보 관리를 위한 고객정보 관리 시스템의 구조와 모듈 설계는 다음과 같다.

(1) 고객정보 관리 시스템의 구조 설계

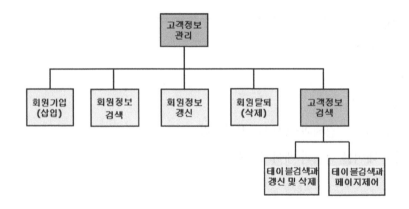

(2) 고객정보 관리 시스템의 모듈 설계

구분			모듈 이름
고객정보 관리			customer_maintenance.jsp
사용자		회원가입	customer_insert_form.jsp customer_insert_db.jsp
		회원정보 검색(아이디, 비밀번호)	customer_retrieval_form.jsp customer_retrieval_db.jsp
		회원정보 갱신	customer_update_form.jsp customer_update_retrieval.jsp customer_update_db.jsp
		회원정보 삭제(탈퇴)	customer_delete_form.jsp customer_delete_retrieval.jsp customer_delete_db.jsp
관리자	고객정보 테이블 검색과 갱신 및 삭제		customer_retrieval_table.jsp
고객정보 테이블 검색과 페이지 제어			customer_retrieval_table_paging.jsp

(3) 고객정보 관리 시스템의 프로그램 모듈화

설계한 각 모듈을 자세히 살펴보면 서로 동일한 부분을 공통적으로 포함하고 있다. 각 모듈 마다 동일한 페이지 내용을 포함하거나 JDBC를 통한 데이터베이스와의 연결과 해제처럼 반복되는 부분이 존재한다. 이러한 부분을 다음과 같이 모듈화하여 각각의 외부 파일로 저장하고 위의 각 모듈마다 필요한 공통 모듈을 공유하여 재사용 하도록 설계한다.

이렇게 모듈화하여 재사용함으로써 프로그램의 소스 코드를 단순화하여 가독성을 향상 시키고 반복하여 코딩하지 않아 코딩하는 시간과 노력을 줄일 수 있다.

특히 데이터베이스와 연결과 해제는 사용자 정의 자바 패키지를 정의하여 자바에서 제공하는 패키지처럼 사용하도록 한다.

프로그램 모듈화에 의한 공통 모듈 또는 패키지는 다음과 같다.

모듈/패키지 이름		설명
html_input1_irud.inc		회원정보 입력1(아이디)
html_input2_rud.inc		회원정보 입력2(나머지 입력 항목)
html_output_rd.inc		회원정보 출력(readonly 또는 disabled)
jsp_id_check_irud.inc		전송 데이터 아이디(PK) 확인(empty)
jsp_sql_dbget_rud.inc		질의처리 후 결과 값 변수 할당
jsp_sql_dbset_iu.inc		질의처리 전 전송 데이터 변수 할당
dbconnclose	getConnection()	데이터베이스 연결 메소드
	resourceClose()	데이터베이스 해제 메소드

> 🔍 **참고** 공통 모듈 이름
>
> 모듈 이름의 맨 앞은 공통 모듈을 HTML 페이지 또는 JSP 프로그램으로 구분하고 모듈 이름 끝의 "irud"는 공통 모듈을 공유하는 모듈을 표시한다. 즉 'i'는 가입(insert), 'r'은 검색(retrieval), 'u'는 갱신(update), 'd'는 삭제(delete) 모듈에서 각각 재사용 한다는 의미를 나타낸다.

① 회원정보 입력1(html_input1_irud.inc)

회원 정보의 아이디를 입력하는 HTML 페이지의 일부분 모듈로 회원 가입, 검색, 갱신, 삭제 모듈에서 공용으로 사용한다.

② 회원정보 입력2(html_input2_rud.inc)

회원 정보의 나머지 항목(이름~이메일)을 입력하는 HTML 페이지의 일부분 모듈로 회원 검색, 갱신, 삭제 모듈에서 공용으로 사용한다. 모든 항목을 readonly 또는 disabled로 처리한다.

③ 회원정보 출력(html_output_rd.inc)

데이터베이스 검색 후 회원 정보를 출력하는 HTML 페이지의 일부분 모듈로 회원 검색과 삭제 모듈에서 공용으로 사용한다. 모든 항목을 readonly 또는 disabled로 처리한다.

④ 전송 데이터 확인(jsp_id_check_irud.inc)

전송 데이터 중에 기본 키(PK)로 사용하는 아이디 항목의 전송 여부(empty)를 확인하는 JSP 모듈로 회원 검색, 갱신, 삭제 모듈에서 공용으로 사용한다.

특히 기본 키 항목을 확인하는 목적은 서버의 부담을 줄여 주기 위해서이다. 만일 아이디가 전송되지 않았을 경우에는 자바 스크립트를 사용하여 이전으로 되돌아간다.

회원정보 입력1에서 아이디 항목을 필수 입력(required)으로 지정 하였지만 여러 개발자가 함께 작업하다 보면 누락되는 경우가 종종 발생하기 때문이다.

⑤ 질의처리 후 결과 값 변수 할당(jsp_sql_dbget_rud.inc)

SQL 검색(select) 질의문 처리 후 결과 값을 HTML 페이지의 표현식에 사용할 변수에 할당하는 JSP 모듈로 회원 검색, 갱신, 삭제 모듈에서 공용으로 사용한다.

⑥ 질의처리 전 전송 데이터 변수 할당(jsp_sql_dbset_iu.inc)

SQL 삽입(insert)과 갱신(update) 질의문 처리 전 전송 데이터를 변수에 할당하는 JSP 모듈로 회원 가입과, 갱신 모듈에서 공용으로 사용한다.

10.2.3 사용자 인터페이스 설계

고객정보 관리를 위한 사용자 인터페이스 설계는 회원 가입 폼을 기본 폼으로 설계하고 회원 정보의 검색과 갱신 및 삭제에서 공용으로 사용한다. 단 회원 정보의 검색과 갱신 및 삭제의 경우는 아이디를 제외한 나머지 입력 항목을 읽기 전용(readonly) 또는 비 활성화(disabled) 한다.

그리고 전체 고객 정보의 테이블 검색과 페이지 제어를 위한 검색 폼을 설계한다.

고객정보 관리 시스템에서 사용하는 사용자 인터페이스 설계는 다음과 같다.

(1) 고객정보 관리 주 메뉴 설계

(2) 고객정보 관리 폼 설계

① 회원 가입 폼

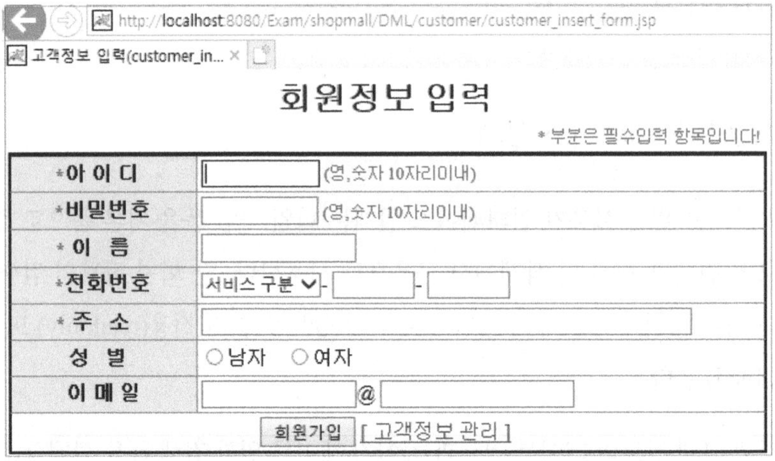

② 회원 검색과 갱신 및 삭제 폼

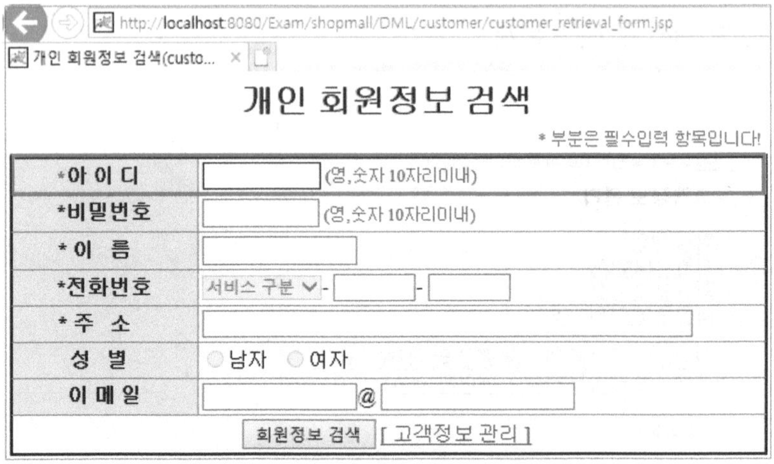

③ 고객정보 관리 폼 CSS

■ common.css

```
1   /* shopmall/common/CSS/common.css
2      쇼핑몰 회원정보 관리 스타일시트 */
3
4   table {width:600px; text-align:center; border:2px solid black; border-collapse:collapse;}
5   caption {font-size:20pt; font-weight:bold;}
6   th, td {border:1px solid grey; padding:3px;}
7   th {width:25%; background-color:#CFD0ED;}
8   td {background-color:#FAFAEE; text-align:left;}
9   .msg_red {font-size:10pt; color:red;}
10  .msg_blue {font-size:10pt; color:blue;}
```

(3) 고객정보 테이블 검색과 페이지 제어 폼 설계

① 고객정보 테이블 검색 폼

운영자 고객정보 관리

아이디	비밀번호	이름	전화번호	주소	성별	이메일	가입일	갱신	삭제
angel	angel	이천사	011-1004-2004	천사의 집	여자(F)	angel@jnu.ac.kr	2019-10-16	[갱신]	[삭제]
goara	goara	고아라	010-1234-1234	광주광역시 고은아파트	여자(F)	goara@naver.com	2019-10-17	[갱신]	[삭제]
handsome	handsome	나매력	016-0160-3752	전남 순천시	남자(M)	handsome@daum.net	2019-10-17	[갱신]	[삭제]
korea	korea	한국인	011-0011-0011	대한민국	남자(M)	korea@daum.net	2019-01-01	[갱신]	[삭제]
monster	monster	몬스터	010-0101-1010	서울 종로구	남자(M)	monster@naver.go.kr	2019-10-17	[갱신]	[삭제]
root	admin	관리자	010-0100-0010	관리자 집 주소	남자(M)	admin@jnu.ac.kr	2020-01-03	[갱신]	[삭제]

고객테이블(customer) 6개 레코드 검색 성공!

[고객정보관리]

② 고객정보 테이블 검색과 페이지 제어 폼

고객정보 테이블 검색과 페이지 제어

현재 회원 수 10명 (전체 10 쪽 중 현재 5 쪽)

아이디	비밀번호	이름	전화번호	주소	성별	이메일	가입일
angel	angel	이천사	011-1004-2004	천사의 집	여자(F)	angel@jnu.ac.kr	2019-10-16
			[맨 처음] [이전] 5 [6] [다음] [맨 끝]				

[고객정보관리]

③ 고객정보 테이블 검색 CSS

■ table_retrieval.css

```
1   /* shopmall/common/CSS/table_retrieval.css
2      쇼핑몰 고객정보 테이블 검색 출력 스타일시트 */
3
4   table {width:100%; text-align:center; border:2px solid black;
5          border-collapse:collapse;}
6   caption {font-size:20pt; font-weight:bold;}
7   th, td {border:1px solid grey; padding:3px;}
8   th {background-color:#CFD0ED;}
9   td {background-color:#FAFAEE; text-align:left;}
```

10.2.4 데이터베이스 스키마 설계

현실 세계의 데이터를 컴퓨터 세계의 데이터베이스로 저장하기 위해서는 여러 단계의 데이터 모델링 과정이 필요하다. 먼저 사람 중심의 개념적 설계 후 특정 DBMS가 지원하는 논리적 설계 단계의 변환 과정을 거친다.

개념적 설계 도구로 구조적 기법의 개체 관계 모델(Entity Relationship model)과 객체지향 기법의 UML(Unified Modeling Language) class diagram이 많이 사용되고 있으며 논리적 모델은 관계형 모델(Relational model)이 주류를 이루고 있다.

(1) 쇼핑몰 시스템 ER diagram

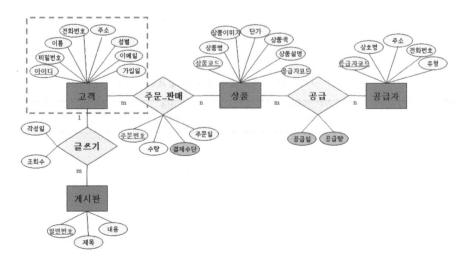

(2) 고객정보 데이터베이스 스키마 설계

데이터베이스/ 테이블 이름	애트리뷰트 이름	자료형/길이	키	참조	설명
shopmall					쇼핑몰DB
customer					고객테이블
	*cust_id	varchar(10)	not null, PK		아이디
	*cust_pw	varchar(10)			비밀번호
	*cust_name	varchar(15)			이름(한글)
	*cust_tel_no	varchar(13)			휴대전화번호
	*cust_addr	varchar(100)			주소
	cust_gender	char(1)			성별(남:M,여:F)
	cust_email	varchar(30)			이메일
	cust_join_date	date			가입일

10.3 고객정보 관리 시스템 개발

앞 절의 고객정보 관리에 대한 요구 분석과 시스템 설계를 참조하면서 데이터베이스를 활용하는 JSP 프로그램을 개발해 보자.

10.3.1 사용자 정의 자바 패키지 선언

데이터베이스를 사용하는 JSP 어플리케이션의 웹 페이지는 JDBC 드라이버 로딩과 데이터베이스와 연동하여 Connection 객체 생성 그리고 SQL 질의문 사용 후 사용 객체들의 반환(해제) 과정을 반복적으로 수행한다. 그리고 각 페이지 마다 데이터베이스 이름과 사용자의 아이디 및 비밀번호가 노출되어 있다.

이 절에서는 반복적으로 수행되는 데이터베이스와의 연결과 해제하는 공통부분을 모듈화하여 사용자 정의 자바 패키지를 선언하고 시스템 개발 과정에서 활용하도록 한다.

(1) 사용자 정의 자바 패키지 생성

사용자가 정의한 자바 패키지의 생성은 마우스 오른쪽 버튼을 사용하여 프로젝트 [Exam] → [Java Resource] → [src] → [New] → [Package] - 패키지 이름(dbconnclose, 반드시 소문자 사용)을 입력한다.

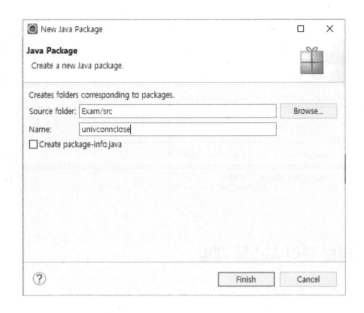

(2) 자바 클래스 생성

마우스 오른쪽 버튼을 사용하여 [생성된 패키지 dbconnclose] → [New] → [Class] - 클래스 이름(DbConnClose, 반드시 대문자 사용)을 입력한다. 그러면 자동으로 코딩을 위한 템플릿(DbConnClose.java) 창이 생성된다.

(3) 클래스와 메소드 코딩

자동으로 생성된 템플릿 창에서 dbconnclose 패키지의 DbConnClose 클래스에 getConnection() 메소드와 resourceClose() 메소드를 정의한다.

getConnection() 메소드는 데이터베이스와의 연결 기능을 제공하며 resourceClose() 메소드는 데이터베이스와의 연결을 해제하는 기능을 제공한다. 특히 resourceClose() 메소드의 파라미터는 JSP 프로그램에서 사용한 객체에 따라 변화될 수 있기 때문에 오버로딩(overloading)하여 정의한다.

 오버로딩(overloading)

오버로딩은 하나의 클래스 내에 동일한 이름을 갖는 복수의 메소드를 선언하여 서로 다른 기능을 수행 하도록 하는 기법이다. 이때 각 메소드의 파라미터의 수와 데이터 형이 서로 달라야 한다.

예 out 객체의 print(), print("문자열"), print(정수)

■ DbConnClose.java

```java
1   package dbconnclose;        // 패키지이름(소문자)
2
3   import java.sql.*;
4
5   public class DbConnClose {    // 클래스 이름(대문자)
6
7     public static Connection getConnection() {
8
9        // JDBC 드라이버 로딩(loading JDBC driver)
10       String driverClass = "org.mariadb.jdbc.Driver";
11
12       try {
13          Class.forName(driverClass);
14       } catch (ClassNotFoundException err) {
15          System.out.println("JDBC 드라이버 로딩 오류! " + err.getMessage());
16       }
17
18       // MariaDB 서버와 데이터베이스 연결(connect server & database )
19       String url = "jdbc:mariadb://localhost:3306/shopmall";
```

```
20      String id = "root";        // DB 사용자 아이디
21      String pw = "admin";       // DB 사용자 패스워드
22
23    Connection conn = null;
24
25    try {
26        conn = DriverManager.getConnection(url, id, pw);
27    } catch (SQLException sqlerr) {
28        System.out.println("데이터베이스 연결 오류! " + sqlerr.getMessage());
29    }
30    return conn;
31  }
32
33  // 데이터베이스 연결 종료(close database) - ResultSet, Statement, Connection 순
34  public static void resourceClose(ResultSet rset, Statement stmt, Connection conn) {
35
36    try {
37        if (rset != null) rset.close();
38        if (stmt != null) stmt.close();
39        if (conn != null) conn.close();
40    } catch (SQLException sqlerr) {
41        System.out.println("데이터베이스 종료 오류! " + sqlerr.getMessage());
42    }
43
44  }
45
46  public static void resourceClose(Statement stmt, Connection conn) {
47
48      try {
49          if (stmt != null) stmt.close();
50          if (conn != null) conn.close();
51      } catch (SQLException sqlerr) {
52          System.out.println("데이터베이스 종료 오류! " + sqlerr.getMessage());
53      }
54
55    }
56
57 }
```

(4) page 지시문과 사용자 정의 자바 패키지 활용

사용자가 정의한 자바 패키지를 활용할 경우에는 일반 자바 패키지처럼 반드시 page 지
시문을 사용하여 import시켜 주어야 한다.

사용자 정의 자바 패키지를 사용하는 경우의 프로그램 코딩 형식은 다음과 같다.

```jsp
<%@ page import="java.sql.*"%>

<%@ page import="dbconnclose.*"%>

<%

  // 객체 참조 변수
  Connection conn = null;
  PreparedStatement pstmt = null;
  ResultSet rset = null;


  // JDBC 드라이버 로딩(loading JDBC driver) &
  // MariaDB 서버와 데이터베이스 연결(connect server & database )
  conn = DbConnClose.getConnection();


  // SQL 질의어 처리(perform SQL query(DML))


  // 데이터베이스 연결 종료(close database)
  // ResultSet, PreparedStatement, Connection 객체 사용 경우
  DbConnClose.resourceClose(rset, pstmt, conn);

  // PreparedStatement, Connection 객체 사용 경우
  DbConnClose.resourceClose(pstmt, conn);

%>
```

10.3.2 데이터베이스와 테이블 생성

- 데이터베이스(shopmall) 생성
- 고객 테이블(customer) 생성
- 데이터베이스(shopmall) 삭제

(1) 데이터베이스 생성

- shopmall_db_create.jsp

```
1   <%@ page language="java" contentType="text/html; charset=UTF-8" pageEncoding="UTF-8"%>
2
3   <%@ page import="java.sql.*"%>
4
5   <!DOCTYPE html>
6   <html>
7   <head>
8   <title>쇼핑몰데이터베이스(shopmall) DB 생성(shopmall_db_create.jsp)</title>
9   <meta charset="UTF-8">
10  </head>
11
12  <body>
13  <%
14  // JDBC 드라이버 로딩(loading JDBC driver)
15  String driverClass = "org.mariadb.jdbc.Driver";
16
17  try {
18     Class.forName(driverClass);
19     out.println("JDBC Driver loading 성공!<Br>");
20  } catch (ClassNotFoundException err) {
21     out.println("JDBC Driver loading 실패!!...WEB-INF/lib 폴더 확인<Br>");
22  }
23
24  // MariaDB 서버 연결(connect server)
25  // "jdbc:mariadb://server_IP:3306/datbase_name
26  String url = "jdbc:mariadb://localhost:3306/";
27  String id = "root";        // DB 사용자 아이디
```

```
28    String pw = "admin";      // DB 사용자 패스워드
29
30    // 객체 참조 변수
31    Connection conn = null;
32    PreparedStatement pstmt = null;
33
34    try {
35       conn = DriverManager.getConnection(url, id, pw);
36
37       // SQL 질의어 처리(Perform SQL query(DDL))
38       // 쇼핑몰데이터베이스(shopmall) 스키마 생성
39       String sql = "CREATE DATABASE shopmall";
40       pstmt = conn.prepareStatement(sql);
41       pstmt.executeUpdate();
42       out.println("쇼핑몰데이터베이스(shopmall) 생성 성공!<Br>");
43
44    } catch (SQLException sqlerr) {
45       out.println("쇼핑몰데이터베이스(shopmall) 생성 실패!!" + sqlerr.getMessage() + "<Br>");
46
47    } finally {
48       // 데이터베이스 연결 종료(close database)
49       if (pstmt != null) try {pstmt.close();} catch (SQLException sqlerr) {}
50       if (conn != null) try {conn.close();} catch (SQLException sqlerr) {}
51    }
52  %>
53
54  </body>
55  </html>
```

http://localhost:8080/Exam/shopmall/DDL/shopmall_db_create.jsp

쇼핑몰데이터베이스(shop... ×

JDBC Driver loading 성공!
쇼핑몰데이터베이스(shopmall) 생성 성공!

(2) 고객 테이블 생성

■ shopmall_tbl_create.jsp

```
1   <%@ page language="java" contentType="text/html; charset=UTF-8" pageEncoding="UTF-8"%>
2
3   <%@ page import="java.sql.*"%>
4
5   <%@ page import="dbconnclose.*"%>
6
7   <!DOCTYPE html>
8   <html>
9   <head>
10  <title>쇼핑몰데이터베이스(shopmall) 테이블 생성(shopmall_tbl_create.jsp)</title>
11  <meta charset="UTF-8">
12  </head>
13
14  <body>
15  <%
16   // 객체 참조 변수
17   Connection conn = null;
18   PreparedStatement pstmt = null;
19
20   // JDBC 드라이버 로딩(loading JDBC driver) &
21   // MariaDB 서버와 데이터베이스 연결(connect server & database )
22   conn = DbConnClose.getConnection();
23
24
25
26
27   try {
28      // SQL 질의어 처리(perform SQL query(DML))
29      // 고객테이블(customer) 스키마 생성
30      String sql = "CREATE TABLE customer("
31                       + "cust_id         varchar(10) NOT NULL,"
32                       + "cust_pw         varchar(10),"
33                       + "cust_name       varchar(15),"
34                       + "cust_tel_no     varchar(13),"
35                       + "cust_addr       varchar(100),"
```

```
36                          + "cust_gender      char(1),"
37                          + "cust_email       varchar(30),"
38                          + "cust_join_date  date,"
39                          + "primary key(cust_id))";
40         pstmt = conn.prepareStatement(sql);
41         pstmt.executeUpdate();
42         out.println("고객테이블(customer) 생성 성공!<Br>");
43
44      } catch (SQLException sqlerr) {
45         out.println("SQL 질의처리 오류!" + sqlerr.getMessage());
46
47      } finally {
48         // 데이터베이스 연결 종료(close database)
49         DbConnClose.resourceClose(pstmt, conn);
50      }
51    %>
52
53   </body>
54   </html>
```

> http://**localhost**:8080/Exam/shopmall/DDL/shopmall_tbl_create.jsp
> 쇼핑몰데이터베이스(shop... ×
> 고객테이블(customer) 생성 성공!

(3) 데이터베이스 삭제

■ shopmall_db_drop.jsp

```
1    <%@ page language="java" contentType="text/html; charset=UTF-8" pageEncoding="UTF-8"%>
2
3    <%@ page import="java.sql.*"%>
4
5    <%@ page import="dbconnclose.*"%>
6
7    <!DOCTYPE html>
8    <html>
9    <head>
```

```
10   <title>쇼핑몰데이터베이스(shopmall) DB 삭제(shopmall_db_drop.jsp)</title>
11   <meta charset="UTF-8">
12   </head>
13
14   <body>
15   <%
16     // 객체 참조 변수
17     Connection conn = null;
18     PreparedStatement pstmt = null;
19
20     // JDBC 드라이버 로딩(loading JDBC driver) &
21     // MariaDB 서버와 데이터베이스 연결(connect server & database )
22     conn = DbConnClose.getConnection();
23
24     try {
25        // SQL 질의어 처리(Perform SQL query(DDL))
26        // 쇼핑몰데이터베이스(shopmall) 스키마 삭제
27        String sql = "DROP DATABASE shopmall";
28        pstmt = conn.prepareStatement(sql);
29        pstmt.executeUpdate();
30        out.println("쇼핑몰데이터베이스(shopmall) 삭제 성공!<Br>");
31
32     } catch (SQLException sqlerr) {
33        out.println("SQL 질의처리 오류!" + sqlerr.getMessage());
34
35     } finally {
36        // 데이터베이스 연결 종료(close database)
37        DbConnClose.resourceClose(pstmt, conn);
38     }
39   %>
40
41   </body>
42   </html>
```

10.3.3 고객정보 관리 메뉴

(1) 고객정보 관리 주 메뉴(customer_maintenance.jsp)

- customer_maintenance.jsp

```
1    <%@ page language="java" contentType="text/html; charset=UTF-8" pageEncoding="UTF-8"%>
2
3    <!DOCTYPE html>
4    <html>
5    <head>
6     <title>고객정보 관리(customer_maintenance.jsp)</title>
7     <meta charset="UTF-8">
8    </head>
9    <body>
10    <form name="customer_maintenance_form">
11     <b>고객정보 관리</b><p>
12     <a href="./customer_insert_form.jsp">회원 가입</a><Br>
13     <a href="./customer_retrieval_form.jsp">회원정보 검색</a><Br>
14     <a href="./customer_update_form.jsp">회원정보 갱신</a><Br>
```

```
15     <a href="./customer_delete_form.jsp">회원정보 삭제(탈퇴)</a><p>
16     <a href="./customer_retrieval_table.jsp">고객정보 테이블 검색과 갱신 및 삭제(관리자)</a><Br>
17     <a href="./customer_retrieval_table_paging.jsp">고객정보 테이블 검색과 페이지 제어</a><p>
18
19     <p><input type="button" value="홈 페이지" onClick="location.href='../../home/index.jsp';"><p>
20     </form>
21   </body>
22   </html>
```

10.3.4 모듈화 프로그램 개발

고객정보 관리 시스템의 모듈 설계와 사용자 인터페이스 설계에 따라서 웹 페이지에서
공통으로 반복되는 부분을 다음과 같이 코딩하고 각각의 외부 파일로 저장한다. 그리고
필요한 모듈에서 재사용 한다.

(1) 회원정보 입력1(html_input1_irud.inc)

■ html_input1_irud.inc

```
1   <!--  // file = "../../common/include/html_input1_irud.inc" -->
2
3    <tr>
4     <th><span class="msg_red">*</span>아 이 디  </th>
5     <td><input type="text" name="cust_id" size="10" maxlength="10"
6         style="ime-mode:disabled" required autofocus>
7         <span class="msg_blue">(영,숫자 10자리이내)</span></td>
8    </tr>
```

(2) 회원정보 입력2(html_input2_rud.inc)

■ html_input2_rud.inc

```
1   <!--  // file = "../../common/include/html_input2_rud.inc" -->
2
3     <tr>
4      <th><span class="mmsg_red">*</span>비밀번호</th>
5      <td><input type="password" name="cust_pw" size="11" maxlength="10"
6          readonly>
7         <span class="msg_blue">(영,숫자 10자리이내)</span></td>
8     </tr>
9     <tr>
10     <th><span class="mmsg_red">*</span> 이   름    </th>
11     <td><input type="text" name="cust_name" size="15" maxlength="15"
12         readonly></td>
13    </tr>
14    <tr>
15     <th><span class="mmsg_red">*</span>전화번호</th>
16     <td><select name="tel_no_gubun" disabled>
17                 <option selected value="">서비스 구분</option>
18                 <option value="010">010</option>
19                 <option value="011">011</option>
20                 <option value="016">016</option>
21                 <option value="017">017</option>
22                 <option value="018">018</option>
23                 <option value="019">019</option>
24        </select>-
25        <input type="text" name="tel_no_guk" size="5" maxlength="4"
26         readonly>-
27        <input type="text" name="tel_no_seq" size="5" maxlength="4"
28         readonly></td>
29    </tr>
30    <tr>
31     <th><span class="mmsg_red">*</span> 주   소    </th>
32     <td><input type="text" name="cust_addr" size="60" maxlength="60"
33         readonly></td>
34    </tr>
35    <tr>
```

```
36     <th>성   별   </th>
37     <td><input type="radio" name="cust_gender" value="M" disabled>남자  
38         <input type="radio" name="cust_gender" value="F" disabled>여자</td>
39     </tr>
40     <tr>
41     <th>이 메 일</th>
42     <td><input type="text" name="cust_email_1" size="15" maxlength="10"
43         readonly>@
44         <input type="text" name="cust_email_2" size="20" maxlength="20"
45         readonly></td>
46     </tr>
```

(3) 회원정보 출력(html_output_rd.inc)

- html_output_rd.inc

```
1    <!--  // file = "../../common/include/html_output_rd.inc" -->
2      <tr>
3       <th><span class="mmsg_red">*</span>아 이 디</th>
4       <td><input type="text" name="cust_id" size="10" maxlength="10"
5           value="<%=cust_id%>" readonly>
6           <span class="msg_blue">(영,숫자 10자리이내)</span></td>
7      </tr>
8      <tr>
9       <th><span class="mmsg_red">*</span>비밀번호</th>
10      <td><input type="text" name="cust_pw" size="11" maxlength="10"
11          value="<%=cust_pw%>" readonly>
12          <span class="msg_blue">(영,숫자 10자리이내)</span></td>
13      </tr>
14
15      <tr>
16       <th><span class="mmsg_red">*</span> 이   름    </th>
17      <td><input type="text" name="cust_name" size="10" maxlength="5"
18          value="<%=cust_name%>" readonly></td>
19      </tr>
20      <tr>
21       <th><span class="mmsg_red">*</span>전화번호</th>
```

```
22    <td><select name="tel_no_gubun" disabled>
23              <option selected value="">서비스 구분</option>
24              <option value="010">010</option>
25              <option value="011">011</option>
26              <option value="016">016</option>
27              <option value="017">017</option>
28              <option value="018">018</option>
29              <option value="019">019</option>
30  <%
31  // 문자열 내부 " 포함(\")
32  String[] cust_tel_no = custTelNo.split("-", 3);
33  if (cust_tel_no[0].equals("010")) {
34     out.print("<option selected value=\"010\">010</option>");
35  } else if (cust_tel_no[0].equals("011")) {
36         out.print("<option selected value=\"011\">011</option>");
37         } else if (cust_tel_no[0].equals("016")) {
38                 out.print("<option selected value=\"016\">016</option>");
39                 } else if (cust_tel_no[0].equals("017")) {
40                     out.print("<option selected
41                         value=\"017\">017</option>");
42                     } else if (cust_tel_no[0].equals("018")) {
43                         out.print("<option selected
44                             value=\"018\">018</option>");
45                         } else if (cust_tel_no[0].equals("019")) {
46                             out.print("<option selected
47                                 value=\"019\">019</option>");
48                             } else {
49                                 out.print("<option selected
50                                     value=\"\">서비스구분</option>");
51  }
52  %>
53      </select>-
54      <input type="text" name="tel_no_guk" size="5" maxlength="4"
55       value="<%=cust_tel_no[1]%>" readonly>-
56      <input type="text" name="tel_no_seq" size="5" maxlength="4"
57       value="<%=cust_tel_no[2]%>" readonly></td>
58  </tr>
59  <tr>
```

```
60    <th><span class="mmsg_red">*</span> 주   소    </th>
61    <td><input type="text" name="cust_addr" size="50" maxlength="50"
62        value="<%=cust_addr%>" readonly></td>
63  </tr>
64  <tr>
65   <th>성   별   </th>
66   <td>
67  <%
68   if (cust_gender == null) {
69     out.print("<input type=\"radio\" name=\"cust_gender\" value=\"M\"
70         disabled>남자  ");
71     out.print("<input type=\"radio\" name=\"cust_gender\" value=\"F\"
72         disabled>여자");
73   } else if (cust_gender.equals("M")) {
74         out.print("<input type=\"radio\" name=\"cust_gender\"
75             value=\"M\" checked disabled>남자  ");
76         out.print("<input type=\"radio\" name=\"cust_gender\"
77             value=\"F\" disabled>여자");
78       } else {
79           out.print("<input type=\"radio\" name=\"cust_gender\"
80               value=\"M\" disabled>남자  ");
81           out.print("<input type=\"radio\" name=\"cust_gender\"
82               value=\"F\" checked disabled>여자");
83   }
84  %>
85   </td>
86  </tr>
87  <tr>
88   <th>이 메 일</th>
89  <%
90   String array_email[], cust_email_1, cust_email_2;
91
92   if (cust_email.isEmpty()) {
93     cust_email_1 = "";
94     cust_email_2 = "";
95   } else {
96       array_email = cust_email.split("@", 2);
97       cust_email_1 = array_email[0];
```

```
98        cust_email_2 = array_email[1];
99    }
100  %>
101    <td><input type="text" name="cust_email_1" size="15" maxlength="10"
102        value="<%=cust_email_1%>" readonly>@
103        <input type="text" name="cust_email_2" size="20" maxlength="20"
104        value="<%=cust_email_2%>" readonly></td>
105    </tr>
106    <tr>
107    <th>가 입 일</th>
107    <td><input type="text" name="cust_join_date" size="10"
108        value="<%=cust_join_date%>" readonly></td>
110    </tr>
```

(4) 전송 데이터 확인(jsp_id_check_irud.inc)

- jsp_id_check_irud.inc

```
1   <%-- // file = "../../common/include/jsp_id_check_irud.inc"
2        // 전송 데이터(아이디) 확인 및 변수 할당 --%>
3   <%
4     String cust_id = request.getParameter("cust_id");
5
6     if (cust_id.isEmpty()) {
7       out.print("<script>alert('아이디를 입력하시오!!');"
8                    + "history.back();"
9             + "</script>");
10    }
11  %>
```

(5) 질의처리 후 결과 값 변수 할당(jsp_sql_dbget_rud.inc)

■ jsp_sql_dbget_rud.inc

```
1  <%--  // file = "../../common/include/jsp_sql_dbget_rud.inc"
2       // 고객테이블(customer) 튜플 검색 --%>
3  <%
4      // 고객테이블(customer) 튜플 검색
5      String sql = "SELECT * FROM customer WHERE (cust_id = ?)";
6      pstmt = conn.prepareStatement(sql);
7        pstmt.setString(1, cust_id);
8      rset = pstmt.executeQuery();
9
10     // 질의처리 결과(rset) 체크
11     // cursor - 초기 상태 아니거나 행(결과)이 없으면 false 리턴
12     if (!rset.isBeforeFirst()) {
13         out.print("<script>alert('존재하지 않는 아이디입니다!!');"
14                     + "history.back();"
15             + "</script>");
16     }
17
18     // 첫 번째 레코드 커서 이동
19     rset.next();
20
21     cust_id = rset.getString("cust_id");
22     String cust_pw = rset.getString("cust_pw");
23     String cust_name = rset.getString("cust_name");
24     String custTelNo = rset.getString("cust_tel_no");
25     String cust_addr = rset.getString("cust_addr");
26     String cust_gender = rset.getString("cust_gender");
27     String cust_email = rset.getString("cust_email");
28     String cust_join_date = rset.getString("cust_join_date");
39 %>
```

(6) 질의처리 전 전송 데이터 변수 할당(jsp_sql_dbset_iu.inc)

■ jsp_sql_dbset_iu.inc

```
1  <%-- // file = "../../common/include/jsp_sql_dbset_iu.inc"
2      // 전송 데이터 변수 할당 --%>
3  <%
4    String cust_pw = request.getParameter("cust_pw");
5    String cust_name = request.getParameter("cust_name");
6
7    // 전화번호 처리
8    String tel_no_gubun = request.getParameter("tel_no_gubun");
9    String tel_no_guk = request.getParameter("tel_no_guk");
10   String tel_no_seq = request.getParameter("tel_no_seq");
11   String cust_tel_no = tel_no_gubun + "-"
12                   + tel_no_guk + "-" + tel_no_seq;
13
14   String cust_addr = request.getParameter("cust_addr");
15   String cust_gender = request.getParameter("cust_gender"); // null
16
17   // 이메일 처리
18   String cust_email;
19   String cust_email_1 = request.getParameter("cust_email_1");
20   String cust_email_2 = request.getParameter("cust_email_2");
21
22   if ((cust_email_1.length() == 0) && (cust_email_2.length() == 0)) {
23      cust_email = "";                                    // empty
24   } else {
25      cust_email = cust_email_1 + "@" + cust_email_2;
26   }
27 %>
```

10.3.5 회원 가입

- 개인 회원정보 입력
- 데이터베이스 저장

회원 가입을 위한 고려 사항과 주요 처리 과정을 살펴보면 다음과 같다.

① 첫 번째 입력 항목(아이디)에 포인터 위치(auto focus)

② 필수 입력 항목(required)

③ 한글 입력 항목(이름, 주소)의 경우 한글/영문 변환키 사용의 번거로움을 제거하기 위해 자동 한글모드 전환(style="ime-mode:active")

④ 중복 아이디를 확인하여 만일 아이디가 중복되는 경우에는 오류 메시지를 출력하고 입력 폼으로 되돌아간다.

⑤ page 지시문 선언(import java.time)

⑥ 전송 정보와 함께 가입일(date)을 데이터베이스에 저장한 후 메시지를 출력하고 고객정보 관리 메뉴로 되돌아간다.

(1) 개인 회원정보 입력(customer_insert_form.jsp)

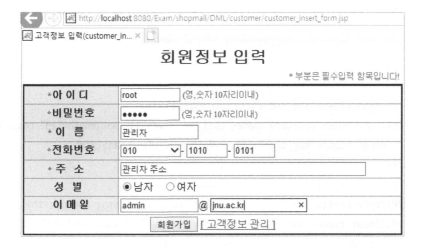

■ customer_insert_form.jsp

```
1   <%@ page language="java" contentType="text/html; charset=UTF-8" pageEncoding="UTF-8"%>
2
3   <!DOCTYPE html>
4   <html>
5   <head>
6    <title>고객정보 입력(customer_insert_form.jsp)</title>
7    <meta charset="UTF-8">
8    <link rel="stylesheet" href="../../common/CSS/common.css">
9   </head>
10
11  <body>
12  <form name="customer_form" method="post" action="customer_insert_db.jsp">
13  <!-- <form name="customer_form" method="post" action="customer_insert_db_inc.jsp">
14  -->
15   <table>
16    <caption>회원정보 입력</caption>
17    <tr style="border-style:hidden hidden solid hidden;">
18     <td colspan="2" style="background-color:white; text-align:right;">
19        <span class="msg_red">* 부분은 필수입력 항목입니다!</span></td>
20    </tr>
21
22    <%@ include file="../../common/include/html_input1_irud.inc"%>
23
24    <tr>
25     <th><span class="msg_red">*</span>비밀번호</th>
26     <td><input type="password" name="cust_pw" size="11" maxlength="10" required>
27        <span class="msg_blue">(영,숫자 10자리이내)</span></td>
28    </tr>
29    <tr>
30     <th><span class="msg_red">*</span> 이   름    </th>
31     <td><input type="text" name="cust_name" size="15" maxlength="15"
32        style="ime-mode:active" required></td>
33    </tr>
34    <tr>
35     <th><span class="msg_red">*</span>전화번호</th>
36     <td><select name="tel_no_gubun" required>
```

```
37              <option selected value="">서비스 구분</option>
38              <option value="010">010</option>
39              <option value="011">011</option>
40              <option value="016">016</option>
41              <option value="017">017</option>
42              <option value="018">018</option>
43              <option value="019">019</option>
44         </select>-
45         <input type="text" name="tel_no_guk" size="5" maxlength="4"
46          required>-
47         <input type="text" name="tel_no_seq" size="5" maxlength="4"
48          required></td>
49     </tr>
50     <tr>
51      <th><span class="msg_red">*</span> 주   소    </th>
52      <td><input type="text" name="cust_addr" size="60" maxlength="60" required></td>
53     </tr>
54     <tr>
55      <th>성   별   </th>
56      <td><input type="radio" name="cust_gender" value="M">남자  
57          <input type="radio" name="cust_gender" value="F">여자</td>
58     </tr>
59     <tr>
60      <th>이 메 일</th>
61      <td><input type="text" name="cust_email_1" size="15" maxlength="10"
62           style="ime-mode:disabled">@
63          <input type="text" name="cust_email_2" size="20" maxlength="20"
64           style="ime-mode:disabled"></td>
65     </tr>
66     <tr>
67      <td colspan="2" style="text-align:center;">
68          <input type="submit" value="회원가입">
69          <a href="./customer_maintenance.jsp">[ 고객정보 관리 ]</a></td>
70     </tr>
71    </table>
72   </form>
73   </body>
74   </html>
```

(2) 데이터베이스 저장(customer_insert_db.jsp)

■ customer_insert_db.jsp

```jsp
1   <%@ page language="java" contentType="text/html; charset=UTF-8" pageEncoding="UTF-8"%>
2
3   <%@ page import="java.sql.*"%>
4   <%@ page import="java.time.*"%>
5
6   <%@ page import="dbconnclose.*"%>
7
8   <% // 전송 한글 데이터 처리
9       request.setCharacterEncoding("UTF-8"); %>
10
11  <!DOCTYPE html>
12  <html>
13  <head>
14   <meta charset="UTF-8">
15   <title>고객테이블(customer) 개인 고객정보 DB 삽입(customer_insert_db.jsp)</title>
16  </head>
17
18  <body>
19   <%
20    // 전송 데이터(아이디) 확인 및 변수 할당
21   %>
22    <%@ include file="../../common/include/jsp_id_check_irud.inc"%>
23   <%
24
25    // 객체 참조 변수
26    Connection conn = null;
27    PreparedStatement pstmt = null;
28    ResultSet rset = null;
29
30    // JDBC 드라이버 로딩(loading JDBC driver) &
31    // MariaDB 서버와 데이터베이스 연결(connect server & database )
32    conn = DbConnClose.getConnection();
33
34
35    try {
```

```
36
37        // 아이디 중복 확인
38        String sql = "SELECT * FROM customer WHERE (cust_id = ?)";
39        pstmt = conn.prepareStatement(sql);
40          pstmt.setString(1, cust_id);
41        rset = pstmt.executeQuery();
42
43        if (rset.next()) {  // 중복
44          out.print("<script>alert('사용할 수 없는 아이디입니다!!');"
45                      + "history.back();"
46                + "</script>");
47        } else {
48
49          %>
50          <%@ include file="../../common/include/jsp_sql_dbset_iu.inc"%>
51          <%
52
53        // SQL 질의어 처리(perform SQL query(DML))
54        // 고객테이블(customer) 튜플 삽입
55        sql = "INSERT INTO customer VALUES(?,?,?,?,?,?,?,?)";
56        pstmt = conn.prepareStatement(sql);
57            pstmt.setString(1, cust_id);
58            pstmt.setString(2, cust_pw);
59            pstmt.setString(3, cust_name);
60            pstmt.setString(4, cust_tel_no);
61            pstmt.setString(5, cust_addr);
62            pstmt.setString(6, cust_gender);
63            pstmt.setString(7, cust_email);
64            pstmt.setString(8, LocalDate.now().toString());
65          pstmt.executeUpdate();
66
67        }
68
69  } catch (SQLException sqlerr) {
70      out.println("SQL 질의처리 오류!" + sqlerr.getMessage());
71
72  } finally {
73      // 데이터베이스 연결 종료(close database)
```

```
74      DbConnClose.resourceClose(rset, pstmt, conn);
75   }
76
77   // 튜플 삽입 후 고객정보 관리 메뉴
78   out.println("고객테이블(customer) 튜플 저장 성공!" + "<Br>");
79   out.println("<script>alert('회원 가입을 환영합니다!!');"
80               + "location.href = './customer_maintenance.jsp';"
81         + "</script>");
82  %>
83
84 </body>
85 </html>
```

10.3.6 회원정보 검색

- 아이디 입력
- 데이터베이스 검색과 회원정보 출력

회원정보 검색을 위한 고려 사항과 주요 처리 과정을 살펴보면 다음과 같다.

① 첫 번째 입력 항목(아이디)에 포인터 위치(auto focus)

② 아이디 존재 확인 - 만일 아이디가 존재하지 않는 경우에는 오류 메시지를 출력하고
검색 폼으로 되돌아간다.

③ 데이터베이스 검색 정보 출력 – 가입일 포함 모든 회원정보(readonly, disabled)

(1) 아이디 입력(customer_retrieval_form.jsp)

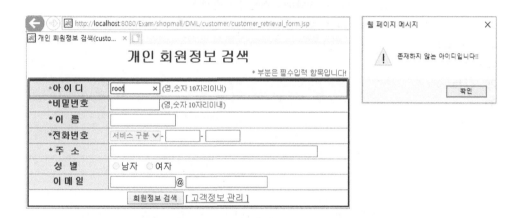

■ customer_retrieval_form.jsp

```
1   <%@ page language="java" contentType="text/html; charset=UTF-8" pageEncoding="UTF-8"%>
2
3   <!DOCTYPE html>
4   <html>
5   <head>
6    <title>개인 회원정보 검색(customer_retrieval_form.jsp)</title>
7    <meta charset="UTF-8">
8    <link rel="stylesheet" href="../../common/CSS/common.css">
9   </head>
10
11  <body>
12  <form name="customer_form" method="post" action="customer_retrieval_db.jsp">
13   <table>
14    <caption>개인 회원정보 검색</caption>
15    <tr style="border-style:hidden hidden solid hidden;">
16     <td colspan="2" style="background-color:white; text-align:right;">
17         <span class="msg_red"> * 부분은 필수입력 항목입니다!</span></td>
18    </tr>
19
20    <%@ include file="../../common/include/html_input1_irud.inc"%>
```

```
21    <%@ include file="../../common/include/html_input2_rud.inc"%>
22
23    <tr>
24    <td colspan="2" style="text-align:center;">
25        <input type="submit" value="회원정보 검색">
26        <a href="./customer_maintenance.jsp">[ 고객정보 관리 ]</a></td>
27    </tr>
28   </table>
29  </form>
30
31 </body>
32 </html>
```

(2) 데이터베이스 검색과 회원정보 출력(customer_retrieval_db.jsp)

■ customer_retrieval_db.jsp

```
1    <%@ page language="java" contentType="text/html; charset=UTF-8" pageEncoding="UTF-8"%>
2
3    <%@ page import="java.sql.*"%>
4
5    <%@ page import="dbconnclose.*"%>
6
7    <% // 전송 한글 데이터 처리
8        request.setCharacterEncoding("UTF-8"); %>
9
10   <!DOCTYPE html>
11   <html>
12   <head>
13    <title>개인 회원정보 검색(customer_retrieval_db.jsp)</title>
14    <meta charset="UTF-8">
15    <link rel="stylesheet" href="../../common/CSS/common.css">
16   </head>
17
18   <body>
19    <%
20     // 전송 데이터(아이디) 확인 및 변수 할당
```

```
21  %>
22  <%@ include file="../../common/include/jsp_id_check_irud.inc"%>
23  <%
24
25  // 객체 참조 변수
26  Connection conn = null;
27  PreparedStatement pstmt = null;
28  ResultSet rset = null;
29
30  // JDBC 드라이버 로딩(loading JDBC driver) &
31  // MariaDB 서버와 데이터베이스 연결(connect server & database )
32  conn = DbConnClose.getConnection();
33
34  try {
35      // SQL 질의어 처리(perform SQL query(DML))
36      // 고객테이블(customer) 튜플 검색
37  %>
38  <%@ include file="../../common/include/jsp_sql_dbget_rud.inc"%>
39  <%
40  // 회원 검색정보 출력
41  %>
42
43  <form name="customer_form">
44  <table>
45  <caption>회원정보 검색</caption>
46  <tr style="border-style:hidden hidden solid hidden;">
47   <td colspan="2" style="background-color:white; text-align:right;">
48      <span class="msg_red">* 부분은 필수입력 항목입니다!</span></td>
49  </tr>
50
51  <%@ include file="../../common/include/html_output_rd.inc"%>
52
53  <tr>
54   <td colspan="2" style="text-align:center;">
55      <a href="./customer_maintenance.jsp">[ 고객정보 관리 ]</a></td>
56  </tr>
57  </table>
58  </form>
```

```
59
60  <%
61    } catch (SQLException sqlerr) {
62      out.println("SQL 질의처리 오류!" + sqlerr.getMessage());
63
64    } finally {
65      // 데이터베이스 연결 종료(close database)
66      DbConnClose.resourceClose(rset, pstmt, conn);
67    }
68
69    out.println("고객테이블(customer) 튜플 검색 성공!" + "<Br>");
70  %>
71
72  </body>
73  </html>
```

10.3.7 회원정보 갱신

- 아이디 입력
- 데이터베이스 검색과 회원정보 출력 및 갱신정보 입력
- 데이터베이스 갱신

회원정보 갱신을 위한 고려 사항과 주요 처리 과정을 살펴보면 다음과 같다.

① 첫 번째 입력 항목(아이디)에 포인터 위치(auto focus)

② 아이디 존재 확인 - 만일 아이디가 존재하지 않는 경우에는 오류 메시지를 출력하고 갱신 폼으로 되돌아간다.

③ 데이터베이스 검색 정보 출력 후 첫 번째 갱신 항목(비밀번호)에 포인터 위치(auto focus)

④ 아이디와 가입일(readonly)을 제외한 모든 항목 갱신 가능

⑤ 데이터베이스의 회원 정보를 갱신한 후 메시지를 출력하고 고객정보 관리 메뉴로 되돌아간다. 갱신 취소의 경우에는 고객정보 관리 메뉴로 되돌아간다.

(1) 아이디 입력(customer_update_form.jsp)

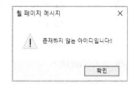

■ customer_update_form.jsp

```
1  <%@ page language="java" contentType="text/html; charset=UTF-8" pageEncoding="UTF-8"%>
2
3  <!DOCTYPE html>
4  <html>
5  <head>
6   <title>고객정보 갱신(customer_update_form.jsp)</title>
7   <meta charset="UTF-8">
8   <link rel="stylesheet" href="../../common/CSS/common.css">
9  </head>
10
11 <body>
12 <form name="customer_form" method="post"
13 action="customer_update_retrieval.jsp">
14  <table>
15   <caption>회원정보 갱신</caption>
16   <tr style="border-style:hidden hidden solid hidden;">
17    <td colspan="2" style="background-color:white; text-align:right;">
18        <span class="msg_red"> * 부분은 필수입력 항목입니다!</span></td>
19   </tr>
20
21   <%@ include file="../../common/include/html_input1_irud.inc"%>
22   <%@ include file="../../common/include/html_input2_rud.inc"%>
23
24   <tr>
25    <td colspan="2" style="text-align:center;">
26        <input type="submit" value="회원정보 검색">
27        <a href="./customer_maintenance.jsp">[ 고객정보 관리 ]</a></td>
28   </tr>
29  </table>
30 </form>
31
32 </body>
33 </html>
```

(2) 데이터베이스 검색과 회원정보 출력 및 갱신정보 입력(customer_update_retrieval.jsp)

■ customer_update_retrieval.jsp

```
1   <%@ page language="java" contentType="text/html; charset=UTF-8" pageEncoding="UTF-8"%>
2
3   <%@ page import="java.sql.*"%>
4
5   <%@ page import="dbconnclose.*"%>
6
7   <% // 전송 한글 데이터 처리
8       request.setCharacterEncoding("UTF-8"); %>
9
10  <!DOCTYPE html>
11  <html>
12  <head>
13   <title>개인 회원정보 갱신(customer_update_retrieval.jsp)</title>
14   <meta charset="UTF-8">
15   <link rel="stylesheet" href="../../common/CSS/common.css">
16  </head>
17
18  <body>
19   <%
20    // 전송 데이터(아이디) 확인 및 변수 할당
21   %>
22   <%@ include file="../../common/include/jsp_id_check_irud.inc"%>
23   <%
24
25    // 객체 참조 변수
26    Connection conn = null;
27    PreparedStatement pstmt = null;
28    ResultSet rset = null;
29
30    // JDBC 드라이버 로딩(loading JDBC driver) &
31    // MariaDB 서버와 데이터베이스 연결(connect server & database )
32    conn = DbConnClose.getConnection();
33
34    try {
35        // SQL 질의어 처리(perform SQL query(DML))
```

```
36        // 고객테이블(customer) 튜플 검색
37  %>
38   <%@ include file="../../common/include/jsp_sql_dbget_rud.inc"%>
39  <%
40   // 회원 검색정보 출력
41  %>
42
43 <form name="customer_form" method="post" action="customer_update_db.jsp">
44  <table>
45   <caption>회원정보 갱신</caption>
46   <tr style="border-style:hidden hidden solid hidden;">
47    <td colspan="2" style="background-color:white; text-align:right;">
48        <span class="msg_red">* 부분은 필수입력 항목입니다!</span></td>
49   </tr>
50   <tr>
51    <th><span class="mmsg_red">*</span>아 이 디</th>
52    <td><input type="text" name="cust_id" size="10" maxlength="10"
53        value="<%=cust_id%>" readonly>
54        <span class="msg_blue">(영,숫자 10자리이내)</span></td>
55   </tr>
56   <tr>
57    <th><span class="msg_red">*</span>비밀번호</th>
58    <td><input type="text" name="cust_pw" size="11" maxlength="10"
59        value="<%=cust_pw%>" style="ime-mode:disabled" autofocus required>
60        <span class="msg_blue">(영,숫자 10자리이내)</span></td>
61   </tr>
62
63   <tr>
64    <th><span class="msg_red">*</span> 이   름    </th>
65    <td><input type="text" name="cust_name" size="10" maxlength="5"
66        value="<%=cust_name%>" style="ime-mode:active" required></td>
67   </tr>
68   <tr>
69    <th><span class="msg_red">*</span>전화번호</th>
70    <td><select name="tel_no_gubun" required>
71                <option selected value="">서비스 구분</option>
72                <option value="010">010</option>
73                <option value="011">011</option>
```

```
74              <option value="016">016</option>
75              <option value="017">017</option>
76              <option value="018">018</option>
77              <option value="019">019</option>
78  <%
79  // 문자열 내부 " 포함(\")
80  String[] cust_tel_no = custTelNo.split("-", 3);
81  if (cust_tel_no[0].equals("010")) {
82     out.print("<option selected value=\"010\">010</option>");
83  } else if (cust_tel_no[0].equals("011")) {
84          out.print("<option selected value=\"011\">011</option>");
85      } else if (cust_tel_no[0].equals("016")) {
86              out.print("<option selected value=\"016\">016</option>");
87          } else if (cust_tel_no[0].equals("017")) {
88              out.print("<option selected
89                      value=\"017\">017</option>");
90          } else if (cust_tel_no[0].equals("018")) {
91                  out.print("<option selected
92                      value=\"018\">018</option>");
93              } else if (cust_tel_no[0].equals("019")) {
94                  out.print("<option selected
95                          value=\"019\">019</option>");
96                  } else {
97                      out.print("<option selected
98                          value=\"\">서비스구분</option>");
99  }
100 %>
101     </select>-
102     <input type="text" name="tel_no_guk" size="5" maxlength="4"
103      value="<%=cust_tel_no[1]%>" style="ime-mode:disabled" required>-
104     <input type="text" name="tel_no_seq" size="5" maxlength="4"
105      value="<%=cust_tel_no[2]%>" style="ime-mode:disabled" required></td>
106 </tr>
107 <tr>
108 <th><span class="msg_red">*</span> 주   소    </th>
109 <td><input type="text" name="cust_addr" size="50" maxlength="50"
110      value="<%=cust_addr%>" style="ime-mode:active" required></td>
111 </tr>
```

```
112   <tr>
113     <th>성   별   </th>
114     <td>
115   <%
116   if (cust_gender == null) {
117       out.print("<input type=\"radio\" name=\"cust_gender\" value=\"M\">남자
118            ");
119       out.print("<input type=\"radio\" name=\"cust_gender\"
120           value=\"F\">여자");
121   } else if (cust_gender.equals("M")) {
122           out.print("<input type=\"radio\" name=\"cust_gender\"
123               value=\"M\" checked>남자  ");
124           out.print("<input type=\"radio\" name=\"cust_gender\"
125               value=\"F\">여자");
126       } else {
127           out.print("<input type=\"radio\" name=\"cust_gender\"
128               value=\"M\">남자  ");
129           out.print("<input type=\"radio\" name=\"cust_gender\"
130               value=\"F\" checked>여자");
131   }
132   %>
133     </td>
134   </tr>
135   <tr>
136     <th>이 메 일</th>
137   <%
138   String array_email[], cust_email_1, cust_email_2;
139
140   if (cust_email.isEmpty()) {
141       cust_email_1 = "";
142       cust_email_2 = "";
143   } else {
144       array_email = cust_email.split("@", 2);
145       cust_email_1 = array_email[0];
146       cust_email_2 = array_email[1];
147   }
148   %>
149     <td><input type="text" name="cust_email_1" size="15" maxlength="10"
```

```
150        value="<%=cust_email_1%>" style="ime-mode:disabled">@
151      <input type="text" name="cust_email_2" size="20" maxlength="20"
152        value="<%=cust_email_2%>" style="ime-mode:disabled"></td>
153    </tr>
154    <tr>
155     <th>가 입 일</th>
156     <td><input type="text" name="cust_join_date" size="10"
157        value="<%=cust_join_date%>" readonly></td>
158    </tr>
159    <tr>
160     <td colspan="2" style="text-align:center;">
161        <input type="submit" value="갱신하시겠습니까?">
162        <input type="button" value="갱신 취소" onClick="location.href =
163        './customer_maintenance.jsp';"></td>
164    </tr>
165    </table>
166  </form>
167
168  <%
169    } catch (SQLException sqlerr) {
170        out.println("SQL 질의처리 오류!" + sqlerr.getMessage());
171
172    } finally {
173        // 데이터베이스 연결 종료(close database)
174        DbConnClose.resourceClose(rset, pstmt, conn);
175    }
176
177    out.println("고객테이블(customer) 튜플 검색 성공!" + "<Br>");
178  %>
179
180  </body>
181  </html>
```

(3) 데이터베이스 갱신(customer_update_db.jsp)

■ customer_update_db.jsp

```
1   <%@ page language="java" contentType="text/html; charset=UTF-8" pageEncoding="UTF-8"%>
2
3   <%@ page import="java.sql.*"%>
4
5   <%@ page import="dbconnclose.*"%>
6
7   <% // 전송 한글 데이터 처리
8      request.setCharacterEncoding("UTF-8"); %>
9
10  <!DOCTYPE html>
11  <html>
12  <head>
13   <title>개인 회원정보 DB 갱신(customer_update_db.jsp)</title>
14   <meta charset="UTF-8">
15   <link rel="stylesheet" href="../../common/CSS/common.css">
16  </head>
17
18  <body>
19   <%
20    // 전송 데이터 변수 할당
21    String cust_id = request.getParameter("cust_id");
22
```

```
23   %>
24   <%@ include file="../../common/include/jsp_sql_dbset_iu.inc"%>
25   <%
26
27     // 객체 참조 변수
28     Connection conn = null;
29     PreparedStatement pstmt = null;
30     ResultSet rset = null;
31
32     // JDBC 드라이버 로딩(loading JDBC driver) &
33     // MariaDB 서버와 데이터베이스 연결(connect server & database )
34     conn = DbConnClose.getConnection();
35
36     try {
37       // SQL 질의어 처리(perform SQL query(DML))
38       // 고객테이블(customer) 튜플 검색 - 아이디, 가입일 갱신 불가
39       String sql = "UPDATE customer SET "
40                       + "cust_pw=?, cust_name=?, "
41                       + "cust_tel_no=?, cust_addr=?, "
42                       + "cust_gender=?, cust_email=? "
43                       + "WHERE cust_id=?";
44       pstmt = conn.prepareStatement(sql);
45          pstmt.setString(1, cust_pw);
46          pstmt.setString(2, cust_name);
47          pstmt.setString(3, cust_tel_no);
48          pstmt.setString(4, cust_addr);
49          pstmt.setString(5, cust_gender);
50          pstmt.setString(6, cust_email);
51          pstmt.setString(7, cust_id);
52       pstmt.executeUpdate();
53
54     } catch (SQLException sqlerr) {
55        out.println("SQL 질의처리 오류!" + sqlerr.getMessage());
56
57     } finally {
58        // 데이터베이스 연결 종료(close database)
59        DbConnClose.resourceClose(pstmt, conn);
60     }
```

```
61
62   // 튜플 갱신 후 고객정보 관리 메뉴
63   out.println("고객테이블(customer) 튜플 갱신 성공!" + "<Br>");
64   out.println("<script>alert('회원 정보가 갱신 되었습니다!!');"
65              + "location.href = './customer_maintenance.jsp';"
66              + "</script>");
67   %>
68
69   </body>
70   </html>
```

10.3.8 회원정보 삭제

- 아이디 입력
- 데이터베이스 검색과 회원정보 출력
- 데이터베이스 삭제

회원정보 삭제를 위한 고려 사항과 주요 처리 과정을 살펴보면 다음과 같다.

① 첫 번째 입력 항목(아이디)에 포인터 위치(auto focus)

② 아이디 존재 확인 - 만일 아이디가 존재하지 않는 경우에는 오류 메시지를 출력하고 삭제 폼으로 되돌아간다.

③ 데이터베이스 검색 정보 출력 - 모든 회원정보(readonly, disabled)

④ 회원정보를 삭제할 경우에 삭제 여부 추가 확인(자바 스크립트 사용)

⑤ 탈퇴의 경우는 데이터베이스의 회원 정보를 삭제한 후 메시지를 출력하고 고객정보 관리 메뉴로 되돌아간다. 탈퇴 취소의 경우에는 고객정보 관리 메뉴로 되돌아간다.

(1) 아이디 입력(customer_delete_form.jsp)

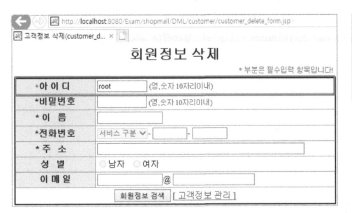

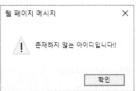

■ customer_delete_form.jsp

```
1   <%@ page language="java" contentType="text/html; charset=UTF-8" pageEncoding="UTF-8"%>
2
3   <!DOCTYPE html>
4   <html>
5   <head>
6    <title>고객정보 삭제(customer_delete_form.jsp)</title>
7    <meta charset="UTF-8">
8    <link rel="stylesheet" href="../../common/CSS/common.css">
9   </head>
10
11  <body>
12  <form name="customer_form" method="post" action="customer_delete_retrieval.jsp">
13   <table>
14    <caption>회원정보 삭제</caption>
15    <tr style="border-style:hidden hidden solid hidden;">
16     <td colspan="2" style="background-color:white; text-align:right;">
```

```
17        <span class="msg_red"> * 부분은 필수입력 항목입니다!</span></td>
18     </tr>
19
20     <%@ include file="../../common/include/html_input1_irud.inc"%>
21     <%@ include file="../../common/include/html_input2_rud.inc"%>
22
23     <tr>
24      <td colspan="2" style="text-align:center;">
25         <input type="submit" value="회원정보 검색">
26         <a href="./customer_maintenance.jsp">[ 고객정보 관리 ]</a></td>
27     </tr>
28    </table>
29   </form>
30
31  </body>
32  </html>
```

(2) 데이터베이스 검색과 회원정보 출력(customer_delete_retrieval.jsp)

■ customer_delete_retrieval.jsp

```
1   <%@ page language="java" contentType="text/html; charset=UTF-8" pageEncoding="UTF-8"%>
2
3   <%@ page import="java.sql.*"%>
4
5   <%@ page import="dbconnclose.*"%>
6
7   <% // 전송 한글 데이터 처리
8      request.setCharacterEncoding("UTF-8"); %>
9
10  <!DOCTYPE html>
11  <html>
12  <head>
13   <title>개인 회원정보 삭제(customer_delete_retrieval.jsp)</title>
14   <meta charset="UTF-8">
15   <link rel="stylesheet" href="../../common/CSS/common.css">
16   <script src="../../common/js/customer_delete.js"></script>
```

```
17  </head>
18
19  <body>
20   <%
21    // 전송 데이터(아이디) 확인 및 변수 할당
22   %>
23    <%@ include file="../../common/include/jsp_id_check_irud.inc"%>
24   <%
25
26    // 객체 참조 변수
27    Connection conn = null;
28    PreparedStatement pstmt = null;
29    ResultSet rset = null;
30
31    // JDBC 드라이버 로딩(loading JDBC driver) &
32    // MariaDB 서버와 데이터베이스 연결(connect server & database )
33    conn = DbConnClose.getConnection();
34
35    try {
36       // SQL 질의어 처리(perform SQL query(DML))
37       // 고객테이블(customer) 튜플 검색
38   %>
39    <%@ include file="../../common/include/jsp_sql_dbget_rud.inc"%>
40   <%
41    // 회원 검색정보 출력
42   %>
43
44  <form name="customer_form" method="post" action="customer_delete_db.jsp">
45   <table>
46   <caption>회원정보 삭제</caption>
47   <tr style="border-style:hidden hidden solid hidden;">
48    <td colspan="2" style="background-color:white; text-align:right;">
49       <span class="msg_red">* 부분은 필수입력 항목입니다!</span></td>
50   </tr>
51
52   <%@ include file="../../common/include/html_output_rd.inc"%>
53
54   <tr>
```

```
55    <td colspan="2" style="text-align:center;">
56        <input type="button" value="탈퇴하시겠습니까?" onClick="confirm_onClick();">
57        <input type="button" value="탈퇴 취소" onClick="location.href =
58        './customer_maintenance.jsp';"></td>
59    </tr>
60    </table>
61  </form>
62
63  <%
64    } catch (SQLException sqlerr) {
65        out.println("SQL 질의처리 오류!" + sqlerr.getMessage());
66
67    } finally {
68        // 데이터베이스 연결 종료(close database)
69        DbConnClose.resourceClose(rset, pstmt, conn);
70    }
71
72    out.println("고객테이블(customer) 튜플 검색 성공!" + "<Br>");
73  %>
74
75  </body>
76  </html>
```

■ customer_delete.js

```
1   /* shopmall/common/js/customer_delete.js
2    * 고객 탈퇴 확인 자바 스크립트
3    */
4
5   function confirm_onClick() {
6
7      var answer = confirm("정말로 탈퇴하시겠습니까 ?");
8
9      if (answer) {
10        document.customer_form.submit();
11     } else {
12        location.href = "./customer_maintenance.jsp"
13     }
14
15  }
```

(3) 데이터베이스 삭제(customer_delete_db.jsp)

■ customer_delete_db.jsp

```
1   <%@ page language="java" contentType="text/html; charset=UTF-8" pageEncoding="UTF-8"%>
2
3   <%@ page import="java.sql.*"%>
4
5   <%@ page import="dbconnclose.*"%>
6
7   <% // 전송 한글 데이터 처리
8      request.setCharacterEncoding("UTF-8"); %>
9
10  <!DOCTYPE html>
11  <html>
12  <head>
13  <title>개인 회원정보  DB 삭제(customer_delete_db.jsp)</title>
14  <meta charset="UTF-8">
15  <link rel="stylesheet" href="../../common/CSS/common.css">
```

```
16  </head>
17
18  <body>
19   <%
20    // 전송 데이터 변수 할당
21    String cust_id = request.getParameter("cust_id");
22    String cust_pw = request.getParameter("cust_pw");
23
24    // 객체 참조 변수
25    Connection conn = null;
26    PreparedStatement pstmt = null;
27
28    // JDBC 드라이버 로딩(loading JDBC driver) &
29    // MariaDB 서버와 데이터베이스 연결(connect server & database )
30    conn = DbConnClose.getConnection();
31
32    try {
33       // SQL 질의어 처리(perform SQL query(DML))
34       // 고객테이블(customer) 튜플 검색
35       String sql = "DELETE FROM customer "
36                 + "WHERE (cust_id = ?) and (cust_pw = ?)";
37       pstmt = conn.prepareStatement(sql);
38          pstmt.setString(1, cust_id);
39          pstmt.setString(2, cust_pw);
40       pstmt.executeUpdate();
41
42    } catch (SQLException sqlerr) {
43       out.println("SQL 질의처리 오류!" + sqlerr.getMessage());
44
45    } finally {
46       // 데이터베이스 연결 종료(close database)
47       DbConnClose.resourceClose(pstmt, conn);
48    }
49
50    // 튜플 삭제 후 고객정보 관리 메뉴
51    out.println("고객테이블(customer) 튜플 삭제 성공!" + "<Br>");
52    out.println("<script>alert('회원 정보가 삭제 되었습니다!!');"
53                 + "location.href = './customer_maintenance.jsp';"
```

```
54              + "</script>");
55  %>
56
57  </body>
58  </html>
```

10.3.9 고객정보 테이블 검색과 페이지 제어

관리자를 위한 고객정보 테이블 검색과 개인 회원 정보의 갱신 및 삭제 기능을 구현한다. 그리고 다량의 검색 정보에 대한 테이블 검색의 불편함(스크롤 바 조작)을 제거하기위해 페이지 제어 기능을 추가한다.

특히 페이지 제어 기능은 쇼핑몰 시스템의 상품 검색, 게시판, 공지 사항 관리 등의 다양한 응용 분야에 활용할 수 있다.

고객 정보의 테이블 검색과 갱신 및 삭제를 위한 고려 사항과 주요 처리 과정을 살펴보면 다음과 같다.

① 아이디 오름차순 정렬(ascending sort) 테이블 검색

② 회원 정보의 갱신

    - 기존의 customer_update_retrieval.jsp, customer_update_db.jsp 모듈과 연결

③ 회원 정보의 삭제

    - 기존의 customer_delete_retrieval.jsp, customer_delete_db.jsp 모듈과 연결

고객 정보의 테이블 검색과 페이지 제어를 위한 고려 사항과 주요 처리 과정을 살펴보면 다음과 같다.

① 아이디 오름차순 정렬(ascending sort) 테이블 검색

② page 지시문(import="java.lang.Math.*")

    전체 페이지 수 계산에 ceil() 메소드(소숫점 이하 올림) 사용

③ page 지시문(import="java.text.DecimalFormat")

    전체 회원 수 편집에 DecimalFormat 클래스의 format() 메소드(천 단위 콤마) 사용

④ 사용하는 주요 상수

    페이지 당 출력 줄 수(LINE_PER_PAGE)와 블럭 당 페이지 수(PAGE_PER_BLOCK) 상수는 폼에 출력할 테이블의 줄 수와 검색 테이블 하단의 페이지 갯수를 정의한다.

이들 상수 값의 변경만으로 프로그램과는 무관하게 임의의 출력 폼으로 손쉽게 바꿀 수 있다.

상수	설명
int LINE_PER_PAGE	페이지 당 출력 줄 수
int PAGE_PER_BLOCK	블럭 당 페이지 수

⑤ 사용하는 주요 변수

	설명
int nbr_of_row	총 회원 수
int nbr_of_page	총 페이지 수
int start_pointer	DB 검색 시작 위치

	설명
int cur_page_no	현재 페이지 번호
int block_nbr	블럭 번호
int block_startpage_no	블럭의 시작 페이지 번호
int block_endpage_no	블럭의 끝 페이지 번호
int previous_block_start_pageno	이전 블럭의 시작 페이지 번호
int next_block_start_pageno	다음 블럭의 시작 페이지 번호

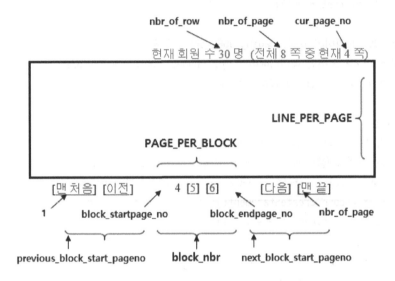

(1) 고객정보 테이블 검색(customer_retrieval_table.jsp)

■ customer_retrieval_table.jsp

```
1  <%@ page language="java" contentType="text/html; charset=UTF-8" pageEncoding="UTF-8"%>
2
3  <%@ page import="java.sql.*"%>
4
5  <%@ page import="dbconnclose.*"%>
6
7  <!DOCTYPE html>
8  <html>
9  <head>
10 <title>고객정보 테이블 검색과 갱신 및 삭제(customer_retrieval_table.jsp)</title>
11 <meta charset="UTF-8">
```

```
12    <link rel="stylesheet" href="../../common/CSS/table_retrieval.css">
13    </head>
14
15    <body>
16    <%
17        // 객체 참조 변수
18        Connection conn = null;
19        Statement stmt = null;
20        ResultSet rset = null;
21
22        // JDBC 드라이버 로딩(loading JDBC driver) &
23        // MariaDB 서버와 데이터베이스 연결(connect server & database )
24        conn = DbConnClose.getConnection();
25
26        try {
27            // SQL 질의어 처리(perform SQL query(DML))
28            // 고객테이블(customer) 튜플 검색 - prepareStatement(sql)
29            String sql = "SELECT * FROM customer ORDER BY cust_id ASC";
30            stmt = conn.createStatement();
31            rset = stmt.executeQuery(sql);
32
33            // 질의처리 결과(rset) 체크
34            // cursor - 초기 상태 아니거나 행(결과)이 없으면 false 리턴
35            if (!rset.isBeforeFirst()) {
36                out.print("<script>alert('고객테이블(customer)이 비어 있습니다!!');"
37                            + "history.back();"
38                    + "</script>");
39            }
40
41        // 회원 검색정보 출력
42    %>
43
44    <form name="customer_form_table">
45     <table>
46     <caption>운영자 고객정보 관리</caption>
47     <tr>
48     <th>아이디</th>
49     <th>비밀번호</th>
```

```
50    <th>이름</th>
51    <th>전화번호</th>
52    <th>주소</th>
53    <th>성별</th>
54    <th>이메일</th>
55    <th>가입일</th>
56    <th>갱신</th>
57    <th>삭제</th>
58   </tr>
59  <%
60      // 고객정보(레코드 셋) 출력
61      // ResultSet 객체 rset 생성, cursor positioned before the first row
62      while (rset.next()) {
63
64          String cust_id = rset.getString("cust_id");
65          String cust_pw = rset.getString("cust_pw");
66          String cust_name = rset.getString("cust_name");
67          String cust_tel_no = rset.getString("cust_tel_no");
68          String cust_addr = rset.getString("cust_addr");
69          String cust_gender = rset.getString("cust_gender");
70          if (cust_gender == null) {
71              cust_gender = "";
72          } else if (cust_gender.equals("M")) {
73                  cust_gender = "남자(" + cust_gender + ")";
74              } else {
75                  cust_gender = "여자(" + cust_gender + ")";
76          }
77          String cust_email = rset.getString("cust_email");
78          String cust_join_date = rset.getString("cust_join_date");
79  %>
80   <tr>
81   <td><%=cust_id%></td>
82   <td><%=cust_pw%></td>
83   <td><%=cust_name%></td>
84   <td><%=cust_tel_no%></td>
85   <td><%=cust_addr%></td>
86   <td><%=cust_gender%></td>
87   <td><%=cust_email%></td>
```

```
88      <td><%=cust_join_date%></td>
89      <td style="text-align:center;">
90          <a href="./customer_update_retrieval.jsp?cust_id=<%=cust_id%>">[갱신]</a></td>
91      <td style="text-align:center;">
92          <a href="./customer_delete_retrieval.jsp?cust_id=<%=cust_id%>">[삭제]</a></td>
93   </tr>
94 <%
95        }
96
97   } catch (SQLException sqlerr) {
98       out.println("SQL 질의처리 오류!" + sqlerr.getMessage());
99
100  } finally {
101
102 %>
103  </table>
104 </form>
105 <%
106      rset.last();                // 마지막  행으로 cursor 이동
107      int row_cnt = rset.getRow(); // 커서의 인덱스 값 리턴(튜플 수)
108      out.println("고객테이블(customer) " + row_cnt + "개 레코드 검색 성공!"
109                                      + "<Br>");
110
111      // 데이터베이스 연결 종료(database close)
112      DbConnClose.resourceClose(rset, stmt, conn);
113   }
114 %>
115
116 </body>
117 </html>
```

운영자 고객정보 관리

아이디	비밀번호	이름	전화번호	주소	성별	이메일	가입일	갱신	삭제
angel	angel	이천사	011-1004-2004	천사의 집	여자(F)	angel@jnu.ac.kr	2019-10-16	[갱신]	[삭제]
goara	goara	고아라	010-1234-1234	광주광역시 고은아파트	여자(F)	goara@naver.com	2019-10-17	[갱신]	[삭제]
handsome	handsome	나매력	016-0160-3752	전남 순천시	남자(M)	handsome@daum.net	2019-10-17	[갱신]	[삭제]
korea	korea	한국인	011-0011-0011	대한민국	남자(M)	korea@daum.net	2019-01-01	[갱신]	[삭제]
monster	monster	몬스터	010-0101-1010	서울 종로구	남자(M)	monster@naver.go.kr	2019-10-17	[갱신]	[삭제]
root	admin	관리자	010-0100-0010	관리자 집 주소	남자(M)	admin@jnu.ac.kr	2020-01-03	[갱신]	[삭제]

고객테이블(customer) 6개 레코드 검색 성공!
[고객정보관리]

(2) 고객정보 테이블 검색과 페이지 제어(customer_retrieval_table_paging.jsp)

■ customer_retrieval_table_paging.jsp

```
1   <%@ page language="java" contentType="text/html; charset=UTF-8" pageEncoding="UTF-8"%>
2
3   <%@ page import="java.sql.*"%>
4
5   <%@ page import="java.lang.Math.*"%>
6   <%@ page import="java.text.DecimalFormat"%>
7
8   <%@ page import="dbconnclose.*"%>
9
10  <!DOCTYPE html>
11  <html>
12  <head>
13  <title>고객정보 테이블 검색과 페이지 제어(customer_retrieval_table_paging.jsp)</title>
14  <meta charset="UTF-8">
15  <link rel="stylesheet" href="../../common/CSS/table_retrieval.css">
16  </head>
17
18  <body>
19  <%
20      //상수와 변수 선언
21  //***************************************************************
22      int LINE_PER_PAGE = 1;                  // 페이지 당 출력 줄 수
23      int PAGE_PER_BLOCK = 2;                 // 블럭 당 페이지 수
24  //***************************************************************
25      int nbr_of_row = 0;                     // 총 회원 수
26      int nbr_of_page = 0;                    // 총 페이지 수
27
28      int start_pointer = 0;                  // DB 검색 시작 위치
29      int cur_page_no = 0;                    // 현재 페이지 번호
30      int block_nbr = 0;                      // 블럭 번호
31      int block_startpage_no = 0;             // 블럭 시작 페이지 번호
32      int block_endpage_no = 0;               // 블럭 끝 페이지 번호
33      int previous_block_start_pageno = 0;    // 이전 블럭 시작 페이지 번호
34      int next_block_start_pageno = 0;        // 다음 블럭 시작 페이지 번호
```

```
35
36      // 객체참조변수 선언
37      Connection conn = null;
38      PreparedStatement pstmt = null;
39      Statement stmt = null;
40      ResultSet rset = null;
41
42      // JDBC 드라이버 로딩(loading JDBC driver) &
43      // MariaDB 서버와 데이터베이스 연결(connect server & database )
44      conn = DbConnClose.getConnection();
45
46    try {
47        // SQL 질의어 처리(Perform SQL query(DML))
48        // 고객테이블(customer) 전체  회원 수 검색 - count(*)
49        String sql = "SELECT count(*) FROM customer";
50        stmt = conn.createStatement();
51        rset = stmt.executeQuery(sql);
52
53 //*****************************************************************
54        // 총 회원 수 계산
55        rset.next();
56        nbr_of_row = Integer.parseInt(rset.getString("count(*)"));
57
58        // 총 페이지 수 계산 - ceil(올림), floor(버림), round(반올림)
59        nbr_of_page = (int)Math.ceil((float)nbr_of_row / LINE_PER_PAGE);
60
61        // 검색 페이지 확인
62        if (request.getParameter("pageno") == null) {
63          // 맨 처음 검색
64          cur_page_no = 1;
65        } else if (nbr_of_page < Integer.parseInt(request.getParameter("pageno"))) {
66                // DB검색 시작 위치 계산
67                cur_page_no = nbr_of_page;
68            } else {
69                // 특정 페이지 검색
70                cur_page_no = Integer.parseInt(request.getParameter("pageno"));
71      }
72
```

```
73      // DB 검색 시작 위치와 갯수
74      start_pointer = (cur_page_no - 1) * LINE_PER_PAGE;
75  //*********************************************************************
76
77      //SQL 질의어 처리(perform SQL query(DML))
78      // 고객테이블(customer) 튜플 검색 - prepareStatement(sql)
79      sql = "SELECT * FROM customer ORDER BY cust_id ASC LIMIT ?, ?";
80      pstmt = conn.prepareStatement(sql);
81          pstmt.setInt(1, start_pointer);
82          pstmt.setInt(2, LINE_PER_PAGE);
83      rset = pstmt.executeQuery();
84
85      // 질의처리 결과(rset) 체크
86      // cursor - 초기 상태 아니거나 행(결과)이 없으면 false 리턴
87      if (!rset.isBeforeFirst()) {
88          out.print("<script>alert('고객테이블(customer)이 비어 있습니다!!');"
89                      + "history.back();"
90              + "</script>");
91      }
92
93    // 회원 검색정보 출력
94  %>
95
96  <form name="customer_form_table">
97  <table>
98   <caption>고객정보 테이블 검색과 페이지 제어</caption>
99   <tr style="border-style:hidden hidden solid hidden;">
100   <td colspan="8" style="background-color:white; text-align:right; color:blue;">
101    현재 회원 수 <%=new DecimalFormat("#,###").format(nbr_of_row)%> 명 
102    (전체 <%=nbr_of_page%> 쪽 중 현재 <%=cur_page_no%> 쪽)</td>
103  </tr>
104  <tr>
105  <th>아이디</th>
106  <th>비밀번호</th>
107  <th>이름</th>
108  <th>전화번호</th>
109  <th>주소</th>
110  <th>성별</th>
```

```jsp
111     <th>이메일</th>
112     <th>가입일</th>
113   </tr>
114
115 <%
116   // 고객정보(레코드 셋) 출력
117   while (rset.next()) {
118
119     String cust_id = rset.getString("cust_id");
120     String cust_pw = rset.getString("cust_pw");
121     String cust_name = rset.getString("cust_name");
122     String cust_tel_no = rset.getString("cust_tel_no");
123     String cust_addr = rset.getString("cust_addr");
124     String cust_gender = rset.getString("cust_gender");
125     if (cust_gender == null) {
126       cust_gender = "";
127     } else if (cust_gender.equals("M")) {
128             cust_gender = "남자(" + cust_gender + ")";
129           } else {
130                 cust_gender = "여자(" + cust_gender + ")";
131     }
132     String cust_email = rset.getString("cust_email");
133     String cust_join_date = rset.getString("cust_join_date");
134 %>
135   <tr>
136   <td><%=cust_id%></td>
137   <td><%=cust_pw%></td>
138   <td><%=cust_name%></td>
139   <td><%=cust_tel_no%></td>
140   <td><%=cust_addr%></td>
141   <td><%=cust_gender%></td>
142   <td><%=cust_email%></td>
143   <td><%=cust_join_date%></td>
144   </tr>
145 <%
146   }
147 %>
148   <tr>
```

```jsp
149    <td colspan="8" style="text-align:center;">
150    <%
151    //*****************************************************************
152    // 페이지 리스트 제어
153
154    // 블럭 번호
155    block_nbr = ((cur_page_no - 1) / PAGE_PER_BLOCK) + 1;
156    // 블럭 시작 페이지 번호
157    block_startpage_no = ((block_nbr - 1) * PAGE_PER_BLOCK) + 1;
158    // 블럭 끝 페이지 번호
159    block_endpage_no = (block_startpage_no + PAGE_PER_BLOCK) - 1;
160
161    if (block_nbr > 1) {
162        out.print(" [<a href='./customer_retrieval_table_paging.jsp?pageno=1'>"
163                            + "맨 처음</a>] ");
164        // 이전블럭 시작 페이지
165        previous_block_start_pageno = block_startpage_no - PAGE_PER_BLOCK;
166        out.print(" [<a href='./customer_retrieval_table_paging.jsp?pageno="
167                        + previous_block_start_pageno + "'>이전</a>] ");
168    }
169
170    for (int pgn = block_startpage_no; pgn <= block_endpage_no; pgn++) {
171
172        if (pgn > nbr_of_page) {
173            break;
174        }
175
176        if (pgn == cur_page_no) {
177            out.print(" " + pgn + " ");
178        } else {
179            out.print(" [" + "<a href='./customer_retrieval_table_paging.jsp?"
180                            + "pageno=" + pgn + "'>" + pgn + "</a>] ");
181        }
182    }
183
184    if (block_endpage_no < nbr_of_page) {
185        // 다음블럭 시작 페이지
186        next_block_start_pageno = block_endpage_no + 1;
```

```
187        out.print(" [<a href='./customer_retrieval_table_paging.jsp?pageno="
188                          + next_block_start_pageno + "'>다음</a>] ");
189        out.print(" [<a href='./customer_retrieval_table_paging.jsp?pageno="
190                          + nbr_of_page + "'>맨 끝</a>] ");
191    }
192 //******************************************************************
193 %>
194    </td>
195    </tr>
196 <%
197
198    } catch (SQLException sqlerr) {
199        System.out.println("SQL 질의처리 오류!" + sqlerr.getMessage());
200
201    } finally {
202        // 데이터베이스 연결 종료(close database)
203        DbConnClose.resourceClose(rset, pstmt, conn);
204    }
205 %>
206 </table>
207 </form>
208
209    <a href="./customer_maintenance.jsp">[ 고객정보관리 ]</a>
210
211 </body>
212 </html>
```

고객정보 테이블 검색과 페이지 제어

현재 회원 수 10 명 (전체 10 쪽 중 현재 5 쪽)

아이디	비밀번호	이름	전화번호	주소	성별	이메일	가입일
angel	angel	이천사	011-1004-2004	천사의 집	여자(F)	angel@jmu.ac.kr	2019-10-16

[맨 처음] [이전] 5 [6] [다음] [맨 끝]

[고객정보관리]

10.4 웹 사이트 구축을 위한 홈 페이지 관리

웹 사이트 구축과 운영을 위해 이 절에서는 간단한 홈 페이지에 대한 모듈과 레이아웃을 설계하고 구현해 본다. 그리고 이미 구현해 놓은 고객정보 관리 시스템과 연동하여 세션을 이용한 사용자 로그인 인증과 함께 로그인 전·후의 메뉴 관리에 대해 살펴보기로 한다.

- 홈 페이지 모듈 설계
- 홈 페이지 레이아웃 설계
- 세션의 생성과 삭제
- 로그인 전·후 메뉴 관리

이러한 홈 페이지를 설계하고 구축한 경험은 독자 자신만의 홈 페이지 관리는 물론 다른 여러 응용 분야에 적용하여 활용할 수 있다. 미완성 부분은 독자의 몫으로 남겨 두기로 한다.

10.4.1 홈 페이지 모듈 설계

(1) 홈 페이지 관리의 기본 모듈

구분	모듈 이름
로그인과 메뉴 관리	index.jsp
세션 정보 생성	login_ses_create.jsp
세션 정보 삭제	logout_ses_delete.jsp

(2) 프로그램 모듈화

로그인 상태 여부에 따른 메뉴 관리와 세션 정보를 삭제하는 로그아웃 모듈에서 공통으로 사용하는 부분을 모듈화하여 외부 파일로 저장하고 활용한다.

모듈 이름	설명
home_ses_check.inc	세션 정보 확인

■ home_ses_check.inc

```
1    <%
2    // file = "../common/include/home_ses_check.inc"
3
4    // 세션 객체의 속성 확인
5    String cust_id = (String)session.getAttribute("cust_id");
6    String cust_name = (String)session.getAttribute("cust_name");
7    Boolean login = false;
8
9    if ((cust_id != null) && (cust_name != null)) {
10       login = true;        // 로그인 상태
11   }
12   %>
```

10.4.2 홈 페이지 레이아웃 설계

다음의 홈 페이지 레이아웃 설계는 대부분의 웹 사이트에서 사용하고 있는 가장 기초적인 패턴 중 하나이다.

(1) 초기 홈 페이지 레이아웃 설계

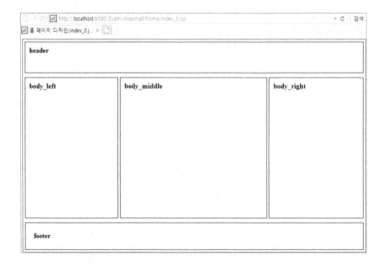

(2) 홈 페이지 레이아웃과 초기 메뉴 설계

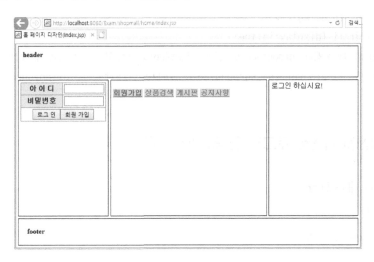

(3) CSS(home.css)

■ home.css

```
1   /* shopmall/common/CSS/home.css
2        쇼핑몰 홈 페이지 스타일시트 */
3
4   #out_box {width:800px; margin:0px; padding:5px; border:1px solid blue;}
5   #header {height:50px; padding:10px; margin-bottom:5px; border:1px solid black;}
6   #body_left {width:200px; height:300px; padding:5px; margin-bottom:5px;
7              float:left; border:1px solid black;}
8   #body_middle {width:355px; height:300px; padding:5px; margin-left:5px;
9                  margin-bottom:5px; float:left; border:1px solid black;
10                 text-align:left; overflow:auto;}
11  #body_right {width:200px; height:300px; padding:5px; margin-bottom:5px;
12                float:right; border:1px solid black; text-align:left; overflow:auto;}
13  #footer {height:20px; padding:20px; clear:both; border:1px solid black;}
14
15  table {width:200px; text-align:center; border-collapse:collapse;}
16  th, td {border:1px solid grey; padding:3px;}
17  th {width:50%; background-color:#CFD0ED;}
18  td {background-color:#FAFAEE; text-align:left;}
```

```
19
20    #menu_ul {padding:0;}
21    #menu_ul li {display:inline;}
22    #menu_ul li a {background-color:pink; font-weight:bold; margin:0px; padding:1px;}
23    #menu_ul li a:hover {background-color:yellow; text-decoration:underline;}
```

10.4.3 세션을 사용한 로그인 인증과 메뉴 관리

- 로그인과 메뉴 관리
- 세션 생성
- 로그아웃(세션 삭제)

(1) 로그인과 메뉴 관리

홈 페이지의 초기 화면은 로그인 전·후의 세션 정보를 확인함으로써 메뉴 관리 기능을 제공한다. 로그인 전과 후의 초기 화면은 다음과 같다.

이때 로그인 전·후의 버튼의 상태 변화와 메뉴의 변경 등을 눈여겨 살펴보기 바란다. 만일 존재하지 않는 아이디와 비밀번호를 입력하였을 경우에는 response.sendRedirect() 메소드를 사용하기 때문에 화면의 변화가 없다.

① 로그인 전 화면

아 이 디	root
비밀번호	•••••
로그 인	회원 가입

회원가입 상품검색 게시판 공지사항

로그인 하십시오!

② 로그인 후 화면

아 이 디	
비밀번호	
로그 인	회원 가입

회원정보 갱신 상품검색 게시판 공지사항

(관리자)님 로그인 중
로그아웃

■ index.jsp

```jsp
1   <%@ page language="java" contentType="text/html; charset=UTF-8" pageEncoding="UTF-8"%>
2
3   <!DOCTYPE html>
4   <html>
5   <head>
6    <meta charset="UTF-8">
7    <title>홈 페이지 디자인(index.jsp)</title>
8    <link rel="stylesheet" href="../common/CSS/home.css">
9   </head>
10  <body>
11     <!-- 세션 객체의 속성 확인 -->
12     <%@ include file="../common/include/home_ses_check.inc"%>
13
14   <!-- 가장자리_box -->
15   <div id="out_box">
16
17   <div id="header">
18    <b>header</b>
19   </div>
20
21   <!-- body_left -->
22   <div id="body_left">
23    <form name="login_form" method="POST" action="./login_ses_create.jsp">
24    <table>
25     <tr>
26      <th>아 이 디</th>
27       <td><input type="text" name="cust_id" size="10" maxlength="10"
28           required autofocus></td>
29     </tr>
30     <tr>
31    <th>비밀번호</th>
32    <td><input type="password" name="cust_pw" size="11" maxlength="10"
33         required></td>
34     </tr>
35     <tr>
36      <td colspan="2" style="text-align:center;">
```

```
37       <%
38       if (login) {   // 로그인 경우 버튼 상태
39         out.print("<input type='submit' value='로그 인' disabled>"
40                 + "<input type='button' value='회원 가입' disabled</td>");
41       } else {     // 로그아웃 경우 버튼 상태
42         out.print("<input type='submit' value='로그 인'>"
43                 + "<input type='button' value='회원 가입'"
44                     + "onClick=location.href='../DML/customer/"
45                     + "customer_insert_form.jsp'></td>");
46       }
47       %>
48       </tr>
49      </table>
50     </form>
51    </div>
52
53
54    <!-- body_middle -->
55    <div id="body_middle">
56     <ul id="menu_ul">
57     <%
58     if (login) {   // 로그인 경우 메뉴
59        out.print("<li><a href='../DML/customer/customer_update_form.jsp'"
60                     + "target='_parent'>회원정보 갱신</a></li>");
61     } else {     // 로그아웃 경우 메뉴
62        out.print("<li><a href='../DML/customer/customer_insert_form.jsp'"
63                     + "target='_parent'>회원가입</a></li>");
64     }
65     %>
66      <li><a href="../DML/order_sale/.jsp" target="_blank">상품검색</a></li>
67      <li><a href="../DML/board_auto/.jsp" target="_blank">게시판</a></li>
68      <li><a href="../DML/notice/.jsp" target="_blank">공지사항</a></li>
69     </ul>
70    </div>
71
72    <!-- body_right -->
73    <div id="body_right">
74      <%
```

```
75     if (login) {    // 로그인 경우
76        out.print("(" + cust_name + ")님 로그인 중"
77                     + "<input type='button' value='로그아웃'"
78                     + "onClick=location.href='./logout_ses_delete.jsp'>");
79     } else {        // 로그아웃 경우
80        out.print("로그인 하십시요!");
81     }
82     %>
83  </div>
84
85  <!-- footer -->
86  <div id="footer">
87   <b>footer</b>
88  </div>
89
90  </div>
91
92 </body>
93 </html>
```

(2) 세션 생성

전송받은 아이디와 비밀번호로 데이터베이스를 검색하여 존재하는 경우에는 고객의 아이디와 이름을 세션 객체의 속성(세션 변수) 값으로 생성한다. 만일 존재하지 않는 경우에는 response.sendRedirect() 메소드를 사용하여 초기 입력 화면으로 되돌아간다.

■ login_ses_create.jsp

```
1  <%@ page language="java" contentType="text/html; charset=UTF-8" pageEncoding="UTF-8"%>
2
3  <%@ page import="java.sql.*"%>
4
5  <%@ page import="dbconnclose.*"%>
6
7  <% // 전송 한글 데이터 처리
```

```
8       request.setCharacterEncoding("UTF-8"); %>
9
10 <!DOCTYPE html>
11 <html>
12 <head>
13 <meta charset="UTF-8">
14 <title>로그인 체크 및 세션 설정(login_ses_create.jsp)</title>
15 </head>
16 <body>
17  <%
18   // 전송 데이터 변수 할당
19   String cust_id = request.getParameter("cust_id");
20   String cust_pw = request.getParameter("cust_pw");
21
22   // 아이디, 비밀번호 체크
23   if (cust_id.isEmpty() || cust_pw.isEmpty()) {
24     out.print("<script>alert('아이디와 비밀번호를 확인하십시오!!');"
25                   + "history.back();"
26          + "</script>");
27   }
28
29   // 객체 참조 변수
30   Connection conn = null;
31   PreparedStatement pstmt = null;
32   ResultSet rset = null;
33
34   // JDBC 드라이버 로딩(loading JDBC driver) &
35   // MariaDB 서버와 데이터베이스 연결(connect server & database )
36   conn = DbConnClose.getConnection();
37
38   try {
39     // SQL 질의어 처리(perform SQL query(DML))
40     // 고객테이블(customer) 튜플 검색
41     String sql = "SELECT * FROM customer WHERE (cust_id = ?) and (cust_pw = ?)";
42     pstmt = conn.prepareStatement(sql);
43       pstmt.setString(1, cust_id);
44       pstmt.setString(2, cust_pw);
45     rset = pstmt.executeQuery();
```

```
46
47      // 질의처리 결과(rset) 체크
48      // cursor - 초기 상태 아니거나 행(결과)이 없으면 false 리턴
49      if (!rset.isBeforeFirst()) {
50        out.print("<script>alert('존재하지 않는 아이디와 비밀번호입니다!!');"
51                      + "history.back();"
52              + "</script>");
53      }
54
55      // 첫 번째 레코드 커서 이동
56      rset.next();
57
58      String cust_name = rset.getString("cust_name");
59
60      // 세션 객체의 속성(세션 변수) 생성
61      session.setAttribute("cust_id", cust_id);
62      session.setAttribute("cust_name", cust_name);
63
64  } catch (SQLException sqlerr) {
65      out.println("SQL 질의처리 오류!" + sqlerr.getMessage());
66
67  } finally {
68      // 데이터베이스 연결 종료(close database)
69      DbConnClose.resourceClose(rset, pstmt, conn);
70  }
71
72  // 경고 창 무시하고 지정 페이지(URL)로 강제 이동
73  response.sendRedirect("./index.jsp");
74  %>
75
76  </body>
77  </html>
```

(3) 로그아웃(세션 삭제)

[로그아웃] 버튼을 클릭하면 세션 정보를 삭제하고 초기 화면으로 되돌아간다. 이때
response.sendRedirect() 메소드를 사용한다.

① 로그아웃 전 화면

② 로그아웃 후 화면

■ logout_ses_delete.jsp

```
1   <%@ page language="java" contentType="text/html; charset=UTF-8" pageEncoding="UTF-8"%>
2
3   <!DOCTYPE html>
4   <html>
5   <head>
6   <meta charset="UTF-8">
7   <title>로그아웃과 세션 삭제(logout_ses_delete.jsp)</title>
8   </head>
9   <body>
10    <!-- 세션 객체의 속성 확인 -->
11    <%@ include file="../common/include/home_ses_check.inc"%>
12
13  <%
14   // 세션 객체 삭제 - 세션 초기화
15   session.invalidate();
16
17   // 경고 창 무시하고 지정 페이지(URL)로 강제 이동
```

```
18    response.sendRedirect("./index.jsp");
19  %>
20
21  </body>
22  </html>
```

INDEX

초보자를 위한 JSP 프로그래밍

1판 1쇄 발행 2020년 02월 25일
1판 3쇄 발행 2022년 06월 27일
저　　　자 조혁현·정희택·이영록
발 행 인 이범만
발 행 처 **21세기사** (제406-2004-00015호)
　　　　　경기도 파주시 산남로 72-16 (10882)
　　　　　Tel. 031-942-7861　　　Fax. 031-942-7864
　　　　　E-mail : 21cbook@naver.com
　　　　　Home-page : www.21cbook.co.kr
　　　　　ISBN 978-89-8468-863-6

정가 30,000원